JN079126

CYCLING ANATOMY SECOND EDITION

新スポーツ解剖学シリーズ

サイクリング解剖学

第2版

シャノン・ソヴンダル 著
田畑昭秀 監訳
柴 みちる・増田恵美子 訳

ベースボール・マガジン社

Japanese translation right arrenged with Human Kinetics, Inc., Illinois through Tuttle-Mori Agency, Inc., Tokyo, Japan.

CONTENTS

サイクリング解剖学　第2版
CYCLING ANATOMY SECOND EDITION

本書に寄せて

シャノン・ソヴンダル氏に初めて会ったのは、カリフォルニア大学デイビス校であった。当時、私たちは同じ大学でしのぎを削る自転車レーサーだった。二人にとって向上するためのプロセスに重要なのはパワーをつけることだけでなく知識をつけることでもあったため、私たちは人体のパフォーマンスにおける知識を最大限に高めることに没頭していた。そして、私が大学の4年間を終えその後の進路を思案していた時、シャノンはある壮大なビジョンを思いついた。そのアイデアとは、まず私が大学院で運動生理学を学び、彼は医学に進む。そしてその後、コロラドのボルダーで再会し、ツール・ド・フランスでプロサイクリングチームについて働く、というものだった。シャノンがこの計画の実現にあまりに自信を持っていたので、私もこの壮大なプランに乗ることにした。

それから何年もの月日が経ったある日、私はツール・ド・フランスのスポーツ科学ディレクターとしてガーミン・プロフェッショナル・サイクリング・チームでの長い1日を終え、疲労困憊していた。同様に憔悴した同室のチームドクターのいるフランスの小さなホテルの部屋に入ると、互いの疲労を認め合うように私は皮肉なプライドを込めて言った。「シャノン、俺たちやったな」と。

ソヴンダル氏の言葉がなければ、世界レベルの自転車競技者のトレーナーを務める機会に恵まれることもなかっただろう。何よりも、私のキャリアを通じて、手本であり、また忠実なる友人であるソヴンダル博士ほどうまく練習に科学を取り込むことができる人はいない。

『サイクリング解剖学』には、人体解剖学という複雑なものをシンプルにかつ実践的に、しかしきちんと奥行きや正確さを失わず提示することができるというソヴンダル氏の能力が如実に反映されている。知識とは力なり。個人の身体能力の向上は知的で聡明なアプローチによって始まるのである。ソヴンダル氏は、実際の自転車の動きに置き換えられた詳細なイラストとシンプルなエクササイズを通じて、すべての自転車競技者やコーチ、学生、専門家に現実的な方法で学習や計画を提供するためのしっかりとした仕組みを作り出している。

自転車のパフォーマンスは有酸素運動と思われがちだが、ストレングス（筋力）こそが基盤なのである。この基盤なくして有酸素能力は限定的となり、ライダーのバランスは保たれなくなり、ケガを引き起こす。要するに、自転車上のパワーを向上させるためにできることは2つ、より速くペダルを踏むか、より強く踏むか、である。エリートライダーとそれ以外のライダーの基本的な違いは、前者はより強くペダルを踏めるということである。より良い自転車競技者はより良い筋力を持つ。それは脚だけにいえることではなく、自転車力学に基づく機能的な、またサポート的な役割を果たす無数の筋においても同じだ。

ソヴンダル氏が『サイクリング解剖学』を著そうと思い立ったことは、彼の長年の経験を知れば納得の決断だ。何年も慢性的にケガを負う自転車競技者を見続けてきたソヴンダル氏は、彼らをジムに赴かせ、構造上の弱点を強化するサポートを始めた。強化すべきポイントは脚だけではなく、胴や腕、首、背中にかけての安定化筋群にまで及んだ。それらの障害について言及するのみにとどまらず、ソヴンダル氏はアスリートたちに適切な言葉と知識で問題点を指摘し、治すことに努めた。

『サイクリング解剖学』は、自転車に乗る上で心身ともに向上を目指すすべての人に実践的な教えを提示している。私にとってこの本は世界に通じる最良の自転車競技者をサポートし続ける者として、そしてスポーツを学び続ける者として欠かせない参考書である。人生のどの過程に立っているにしろ、向上する道を探すことに遅いも早いもないのである。

アレン・リム PhD
(スクラッチ・ラボ創始者)

(訳者注:運動生理学者であり、フォナック、ガーミン、レディオシャックなどのプロサイクリングチームのトレーナー、コーチとして活動したのち、100%天然素材のスポーツドリンクメーカーであるスクラッチ・ラボを設立。米国オリンピックチームのコンサルタントを務めた人物)

第 1 章

THE CYCLIST IN MOTION

サイクリング動作

サイクリング動作は驚異的である。自転車に乗る時には、人体生理学の多様な側面が作用する。まず、自転車に乗車すると、大脳皮質がモチベーションを高め、アタック計画を提供する。また、小脳による姿勢の自動制御作用によってバランスと協調が提供され、それを通して自転車の安定と方向をたやすく維持できてしまう。心臓、肺、血管システムは、筋のミトコンドリアが必要とする酸素を供給する。有酸素ならびに無酸素エネルギー変換を通して、筋が収縮し、大きな運動量を発揮する。この運動量によって体温が高まり、皮膚と呼吸によって体温調整が図られる。骨格システムは全システムの構造基盤になる。このようにほぼすべての生理システムは、ライディングをするために協調しながら機能する必要がある。立ち止まってよく考えてみると、実に驚くべきことである！

自転車競技者として秀でるためには、身体はよくコンディショニングされ、強靭で、バランスが取れていなくてはならない。これらの要点はトップ・パフォーマンスを達成するためにも、ケガを回避するためにも、長い選手生命を維持するためにも、重要な鍵となる。また、ピーク・パフォーマンスを達成するためには、すべてのシステムが１つの目的のために協調して機能しなければならない。自転車競技に必要なのは脚だけだという錯覚に陥る自転車競技者は少なくない。残念ながら自転車競技はそれほど単純なスポーツではない。確かに、サイクリング・パワーの大部分は脚、股関節（こかんせつ）、臀部（でんぶ）で生み出されるが、下半身を安定させるためには、強固な腹部、背部、上半身が欠かせない。自転車を安定させ、ペダルに最大パワーを伝達するためには、身体のすべての部位を協調させなければならない。

本書ではさまざまなトレーニング・エクササイズを通して、サイクリング解剖学を説明する。ここに紹介する知識があれば、より集中してトレーニングを行えるだろう。好結果を出せるケガをしないライディングへの鍵は完全なバランスと筋力だということを理解し、その理解に基づいてトレーニング計画を作成することができるようになるだろう。各エクササイズを自転車競技にどう適用すべきかを、各章のイラストと解説で説明している。ジムでトレーニングしたことをロードでのトレーニングにそのまま生かせるのだ。自転車競技の視点に立ってトレーニングに集中すれば、ジムのトレーニングに費やす時間を最大限に活用することができる。結果として、各エクササイズからより多くの恩恵を受けることができる。

本書では全身トレーニングの必要性を強調している。特定の章だけがほかの章よりも勝っていることはない。自転車競技は全身を使うスポーツである。サイクリング動作で説明している解剖学の解説を読めば、それは明らかである。ペダルへのパワー伝達、自転車のコントロール、ケガの防止において、身体の各部位はそれぞれ極めて重要な役割を担っている。身体の一部だけトレーニングを怠ってしまうと、全システムの連携が崩れてしまう。そして、パフォーマンスの低下のみならず、痛みやケガにつながることにもなりかねない。

サイクリングにおける筋構造と機能

『サイクリング解剖学』は、自転車競技に特化したパフォーマンス向上のためのウエイトトレーニングにフォーカスを置いている。私はアスリートをトレーニングさせる時、目の前のタスクに対して心で考えて取り組むよう求める。知識は力なり！ トレーニングの「なぜ」にフォーカスし、身体の反応や適応について考えると、より早く、効率的に向上できると考える。効率性は効果的なトレーニングプログラムには重要な特性だ。

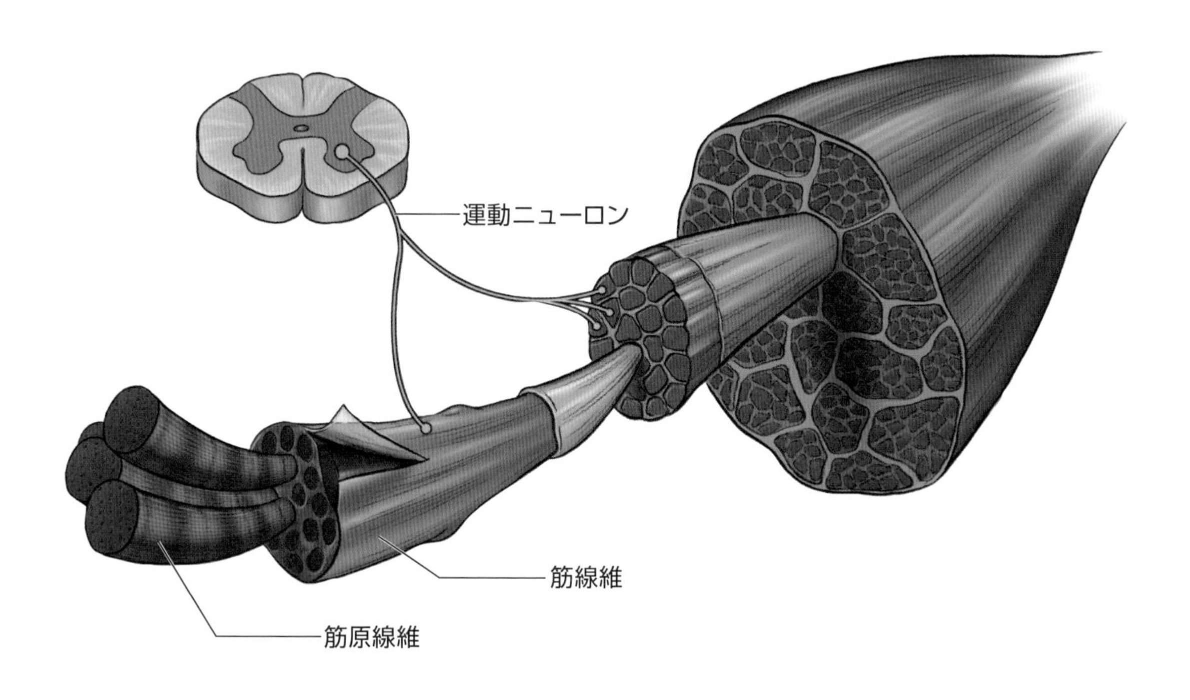

図 1-1　筋線維の詳細

この知識と理解を深めるために、まず筋生理学について簡単に説明しよう。筋がどのように機能するかが理解できたら、最適な筋のポジション、つまりエクササイズの適切なフォームが理解できるであろう。

骨格筋の基本機能単位は、運動単位と呼ばれている。単一運動神経（運動ニューロン）と、それが支配する筋線維によって構成されている。各筋線維は多数のロープのような筋原線維が束になったものである（**図1-1**参照）。より多くの、あるいはより少ない運動単位が活動することにより、筋は張力を段階的に発生させる。段階的活動とはこの可動的な張力発生のことを指す。神経が運動単位を活発にする頻度もまた、筋の張力に関係する。この極端な例が筋の強縮であり、神経があまりにも速くインパルスを発するため、筋が弛緩（しかん）する時間がなくなってしまうときに起こる。

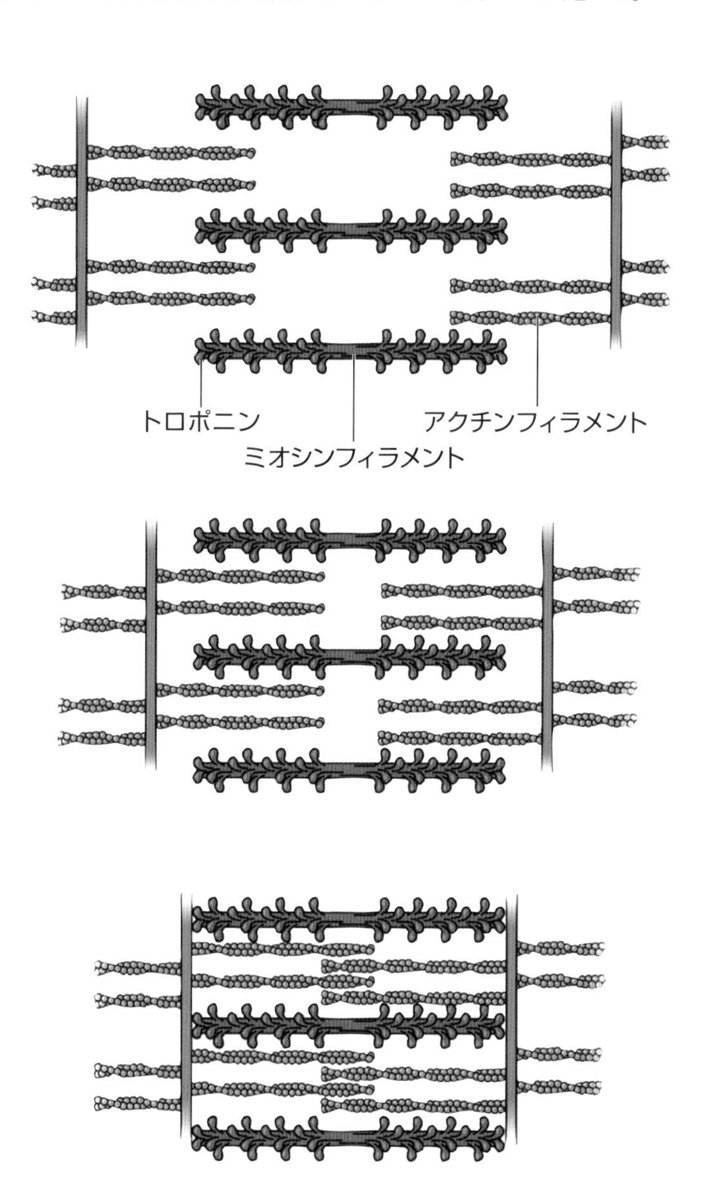

図1-2　筋線維のアクチンフィラメントとミオシンフィラメントは ラチェット・システム（爪車装置）のように機能する

ジムでダンベルを持ち上げたり、もしくはデスクでコーヒーマグを取り上げたり、特定の質量のある物体を持ち上げようとする時、インパルスが伝わる運動神経の数とインパルスを伝える割合の両方を、脳がコントロールしている。必要な筋力発揮の予測における脳の能力は素晴らしいものがある。その予測の誤算に、私たちが気づくのは至ってまれだ。最近気づいたよい例がある。牛乳のカートンを満杯だと思って持ち上げたら、実際は私の子どもたちがほとんど飲んでしまっていた。意図していたより急に高くカートンを持ち上げてしまった瞬間、私は驚いた。私の脳が予測した重さに誤算が生じたのだ。

図1-2は筋の機能構造を示している。アクチンフィラメントとミオシンフィラメントで構成されている筋線維は、ラチェット・システム（爪車装置）のように機能する。筋線維の動きは、ロープを付けたロック・クライマーに例えられる。この例えでは、ロープが筋アクチンであり、クライマーが筋ミオシンである。クライマーが腕で身体を引き上げるのと同じように、ミオシンはアクチンに沿って進む。ロープを身体に付けたクライマーを想像してみよう。登るためには、足場を固め、腕を伸ばし、身体を引き上げる。繰り返し、ミオシンもアクチンを登る。ミオシンが動くと線維は短くなる、あるいは収縮する。これが張力を引き起こし、筋が機能するのである。

筋にはそれぞれ最適な静止長（筋長）がある（Fitts, McDonald, and Schluter 1991）。この最適な筋長とは、クロスリンクしたアクチンとミオシンの数の多さと、ミオシンが登るのに十分な長さの「スペアロープ」が残されているかという絶妙な歩み寄りによって決まる。過伸展したりあるいは伸展が足りなかったりすると、筋の潜在的最大エネルギーを無駄にしてしまう。ゆえに自転車の適切なフィッティングは非常に重要なのである。シートが低すぎれば、筋は最適な長さまで伸展できない。シートが高すぎれば、筋は伸び切ってしまう。

自転車上とジムでのボディ・ポジション

図1-3はロードバイクにおける適切なライディング・ポジションである。筋線維の長さが最適なパフォーマンスを決定づけるので、正しいポジションを知るために時間をかけるのはよい。

自転車のフィッティングで情報が必要であれば、『Fitness Cycling』（Sovndal 2013）を参照してみよう。プロのバイクフィッターに相談してもいいだろう。地元のバイク・ショップやクラブで最適なフィッティングについて尋ねてみるのも手である。

ライディング・ポジションと同様に、ジムでウエイトを持ち上げるポジションも重要である。ジムで最適な筋のトレーニングができるように、サイクリング解剖学では各エクササイズで正しいポジションの取り方を説明している。持ち上げるウエイトを重くするために、適切なフォームをなおざりにしてしまうウエイトリフターがよくいる。これでは逆効果であるし、リスクがある。ウエイトの重さよりも正確にエクササイズをこなすことを優先させるべきである。この本では、さまざまな筋群を効果的に鍛える適切なテクニックを紹介する。百聞は一見にしかず。この本に出てくる多くのイラストによって、理想的なフォームとそれにかかわる筋線維の位置が理解できるであろう。イラストに従うことにより、トレーニングの最大効果を得ることができる。

自転車に乗っている時、自転車と身体には5つの接触ポイントがある（脚、臀部（でんぶ）、腕）。さらに、サイクリング動作中にはほとんどの主要な筋群が動員される。この本の各章では、さまざまな身体の部位の解剖学にスポットを当てている。しかし、特定のエクササイズと身体の個々の部位にスポットを当てる前に、ライディング中の自転車競技者の解剖学的な概要を見てみよう。

自転車のクランクはそれぞれ反対方向に180度伸びているため、片脚が伸展する一方でもう片脚は屈曲する。つまり片脚の屈筋群が作用すると同時に、もう一方の脚の伸筋群が作用していることになる。クランクのリズミカルな回転とともに、脚も回転しながらさまざまな筋群を動員している。だからこそサイクリングはよい運動であり、ペダル・ストロークは効率的な推進力になるのである。適切なフォームであれば、脚が6時の方向にある時に膝はわずかに曲がる。そうすればハムストリングが理想的な長さに伸び、上方向のペダル・ストロークの時に最適な筋力を発揮できる。同時に、反対側のペダルは12時の位置にあり、大腿は地面とほぼ平行になる。このポジションは、大臀筋による下方

図 1-3　最適なサイクリング・ポジション

向へのペダル・ストロークでの最大パワー出力、また大腿四頭筋によるペダリングの最高到達点（上死点）からの強いキックを可能にする。

ペダル・ストロークで脚を回転させる時、足首は膝の屈曲ポジションから伸展ポジションへのスムーズな移行を助ける。脚上部の屈筋群と伸筋群がペダリング運動に交互に作用している時、ふくらはぎと下腿（かたい）の筋群はペダリングの大部分でパワーをプラスしている。ふくらはぎと下腿は足首と脚も安定させる。

前述の通り、筋の潜在的最大エネルギー（張力）は、アクチンとミオシンの理想的なオーバーラップ（重なり）量にかかっている。最も効率的な筋のポジションを構築する上で、適切なサドルの高さは重要な役割を担っている。シートの低い子ども用の自転車に乗ってみれば、ポジションが適切でないために筋がうまく機能しないことがよくわかるだろう。

ライディングの基本ポジションは前傾姿勢であるため、サイクリング・パフォーマンスの向上と楽しく乗るためには、強く健全な背部が欠かせない。とはいっても、かつて腰痛になったことがある人は自転車に乗るべきではないといっているのではない。そうではなく、長く自転車に乗りたいのであれば、背部を強化しケアしていく必要があるという意味である。脊柱起立筋（せきちゅうきりつきん）、広背筋（こうはいきん）、僧帽筋（そうぼうきん）は自転車で前傾姿勢をとる時に脊椎をサポートしてくれる。ドロップ・ハンドルを使っている時には、これらの筋は背部を平らにし空気抵抗が少ない姿勢を提供してくれる。ライディングは首にもストレスがかかる。板状筋（ばんじょうきん）と僧帽筋は首を伸展させるため、顔が上がって前方が見やすくなる。重ねていうが、これらの筋にはストレスがかかるため、背部の適切なコンディショニングは健全で痛みのないライディングには不可欠である。

腹直筋（ふくちょくきん）、腹横筋（ふくおうきん）、内腹斜筋（ないふくしゃきん）、外腹斜筋（がいふくしゃきん）は、体幹の前部と側部をサポートし、よく発達した背部の筋に対抗する。背部、前部、側部の筋群が他の部位に比べて弱ければ、脊椎のアライメント不良、不必要な脊椎へのストレスと痛みを経験するであろう。背部の痛みは、背筋の不調や弱さとは関係ないものかもしれない。実際には腹筋のコンディショニング不足が原因のこともある。この例は、身体のいくつかの部位だけを選び出してトレーニングするのではなく、全体のシステムのトレーニングの必要性を如実に物語っている。

腕と自転車との接点は、コントロールとパワー伝達のためにある。ハンドルを握っている時は、両腕ともに肘をやや曲げる。ペダリングする時、腕は屈筋と伸筋が収縮と弛緩をペダルの動きに合わせてリズムよく交互に繰り返す。上腕二頭筋、上腕三頭筋、前腕筋はすべて肩関節を通して体幹を安定させるために、一斉に動員される。ライディング・ポジションゆえに、肩には常に負担がかかっている。菱形筋（りょうけいきん）、ローテーターカフ筋群、三角筋など、多数の筋が適切な安定とポジションを維持する。

胸筋は背部と肩の筋系を支え、バランスをとる。大胸筋と小胸筋によって前傾姿勢をとり、登坂時にはハンドルを左右に動かすことができる。ハンドルのドロップバーを握っている競技者のフォームは、プッシュアップあるいはベンチ・プレスのポジションに似ていることに気づくだろう。

適切なトレーニングによる向上

自転車競技者の概要からも、自転車競技は全身を使うスポーツであることがわかる。この本に掲載されているさまざまなエクササイズを用いて全身をトレーニングすることで、ライディングはより豊かなものになる。身体のいかなる部位も、ほかの部位よりも重要であるということはない。したがってどの章も飛ばさずに読もう。バランスと均整（対称性）は適切なフォームの鍵となり、適切なフォームはパワーの向上とケガのリスクを軽減するためになくてはならないものである。

最後に３つのポイントを挙げる。各章のエクササイズは筋力を向上させるだけではなく、柔軟性も高めてくれる。高い柔軟性はケガを防止し、最適なパワー出力を提供することが研究によって証明されている。ベストなストレッチ方法（アクティブストレッチかダイナミックストレッチか）については相反する証明が示されており、ストレッチをする適切なタイミングについても議論の余地がある。私の見解では証明済みの内容に基づいて（Behm et al. 2016）、アクティブな動作とストレッチのどちらも含むウォームアップの時間をしっかり（15～20分）取ることを推奨する。

自転車競技に必要な心肺機能は、ジムのトレーニングでも向上させることができる。ジムでのトレーニングには、筋に血液を供給する血管システムが強化され、それが結果的にはきついトレーニング種目での筋の高い酸素要求に応えることになる。

最後に、レジスタンストレーニングは骨にとって健康面でメリットがある。自転車競技では関節に過度なストレスをかけることなく運動することができる。しかし、この恩恵には短所もある。どんなタイプのトレーニングでも、ストレスは筋力を発達させる。スムーズなペダリングの動きゆえに、骨にはほとんどストレスがかからない。そのため、自転車競技のみに専念しているアスリートは骨粗鬆症（こつそしょうしょう）の高いリスクを抱えている。これは熱心な自転車競技者にとってウエイトトレーニングが欠かせないもう１つの理由である（Scofield and Hecht 2012）。ジムでトレーニングすればするほど、弱く損傷しやすい骨を守ってくれる。レジスタンストレーニングは骨ミネラル化に優れ、骨構造を強くしてくれる。ウエイトトレーニングをしている時には、フィットネスの向上だけでなく、長期的な健康の恩恵も受けることができる。

第2章

STRENGTH TRAINING PRINCIPLES

筋力トレーニングの原理

トレーニングは進歩、一貫性、集中力を持った取り組みがすべてである。ここで簡単に私のトレーニングに対する考え方や目標、そしていくつかの生理学的概念について触れてみようと思う。

私のトレーニング哲学のフォーカスは進歩にある。ジムに行くたびに、自転車に乗るたびに、身体は変化していく。より優れたアスリートになるというゴールに向かって進歩し続けている。よく考えられた規則正しいアプローチにより、少しずつ階段を上がるように完全なる自転車競技者に必要な要素を積み上げていく。

いかなるリフティングやトレーニングプログラムを始める前にも、まずはパフォーマンス目標を設定することが不可欠である。パフォーマンス目標は、自転車に乗っている時、乗っていない時にかかわらず、日々のタスクの道しるべとなる。目標は個人によって異なる。より健康になりたい、日曜のサイクリングで仲間を負かしたい、地区大会で勝利したい。目標は自分のパフォーマンスを向上させるための基盤となる。

目標を怖れて、目標設定を拒否する人もいる。どんな目標にも、失敗する可能性はつきものだ。そしてまさにそうあるべきなのだ！　挑戦し、正しい道に導き続けるために目標はあるのだから。多少のストレスはあった方がいい。ストレスなくして向上などあり得ない。

設定した目標を成し遂げるために、私の教える以下の４つのＰに従ってみてほしい。Personalized（個人的）、Positive（前向き）、Perceivable（知覚的）、Possible（達成可能）。目標は、他の誰のものでもない自分個人のものだ。友人やトレーニングパートナーが何をやっていようと関係ない。そしてネガティブな気持ちはパフォーマンスの助けにならないので、目標はポジティブなものにしよう。目標は達成するためにあるのであって、失敗を避けるためにあるのではない。また、目標は知覚的で、自分にも他人にも認識されるものであるべきだ。自分の目標には責任を持とう。そして最後に、目標は簡単に達成できるものではないにしろ、達成可能であるべきだ。前にも述べたが、失敗のリスクもある。

そしてここで、あなたの目標達成に手を貸す4つの頭文字を並べた言葉、RACEについて触れよう。Rest（休息）、Accountability（責任）、Consistency（一貫性）、Efficiency（効率性）の4つだ。多くの人はトレーニングをやりすぎることに満足してしまう。しかし、自分の身体に対して適応させるための適切な時間を与えなければ意味がない（これについては後のセクションを参照）。そして先ほども述べたように、責任を持つことが鍵だ。友人やトレーニングパートナーに自分の目標を伝えることで自分の言葉に責任を負う。これが嫌なのであれば、少なくとも目標を書き出そう。そして一貫性を持つことももう1つの鍵だ。トレーニングを継続的に行うことができなければ、コンディショニングがされないため力はついていかない。最後に、効率的なトレーニングや時間の使い方をしよう。誰しも忙しい毎日を送っているのだから、効率よくトレーニングをこなすほど、生活はよくなるはずだ。『サイクリング解剖学』では時間をかけず参考になるジムトレーニングを紹介している。適切なフォームで正しくエクサイズを行うことで、ケガを防ぐだけでなく、トレーニングを効率的にすることができる。

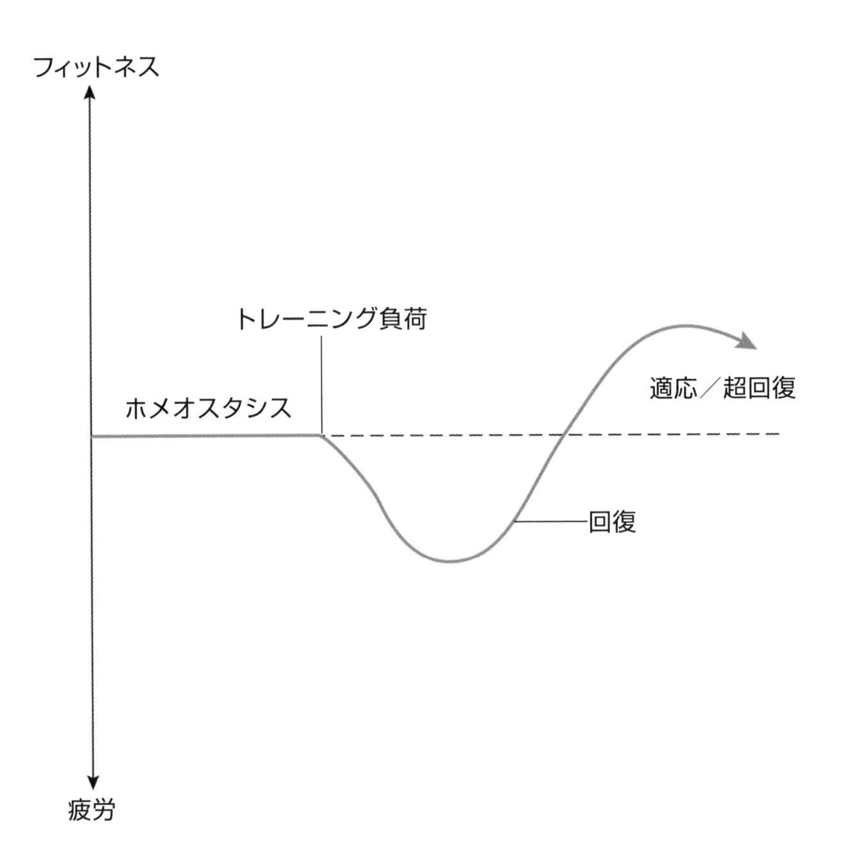

図2-1 汎適応症候群（GAS)。私たちの身体は基本的にホメオスタシスによって一定に保たれているのだが、警告反応やトレーニング負荷により、疲労が誘発される。身体はまずストレスに反応し、回復を経て適応する。

Reprinted by permission from S. Sovndal, Fitness Cycling (Champaign, IL: Human Kinetics, 2013), 9.

適応

汎適応症候群（GAS）によってコンディショニングとウエイトトレーニングの基本概念が理解できる。GASは1950年に生理学者のセリエによって提唱され、今日もストレス反応の基本的模範例となっている。詳しくは原文の文献を読むことをお勧めする。GASは３つの段階「警告（警告反応期）」「抵抗（抵抗期）」「疲弊（疲弊期）」から構成されている。人間の身体はホメオスタシス（生体恒常性）を維持するものである。変化を拒み、安定を求める。通常より長時間のライディングやウエイトリフティングなど、身体が新しいストレスを経験するたびに、第１段階として身体は警告反応を発する。ストレス因子は自然のホメオスタシスを乱し、コンフォート・ゾーン（快適範囲）から身体を追い出す。第２段階では、身体が適応することによってストレスを緩和しようとする。適応の結果、身体は新たに高いレベルのホメオスタシスに到達するのである。理想的には、トレーニングにおいて第１と第２の段階を繰り返すことにより、ストレングスとフィットネスを継続的に向上させることができる（**図2-1**参照）。

しかし、やりすぎると身体の適応能力を超えてしまうことがある。そうするとGASの第３段階である「疲憊」に達する。トレーニングとはストレスとリカバリーとの絶妙なバランスであることが理解できるだろう。キャンプファイヤーでマシュマロを焼く時を類例として挙げてみよう。これは私のよき友人であるスクラッチ・ラボの創始者、アレン・リム氏から学んだことだ。絶妙な熱加減でマシュマロは柔らかく、こんがりと色づき、美味しくなる。過剰なトレーニングのように熱を与えすぎると、マシュマロは焦げてしまう（**図2-2**参照）。

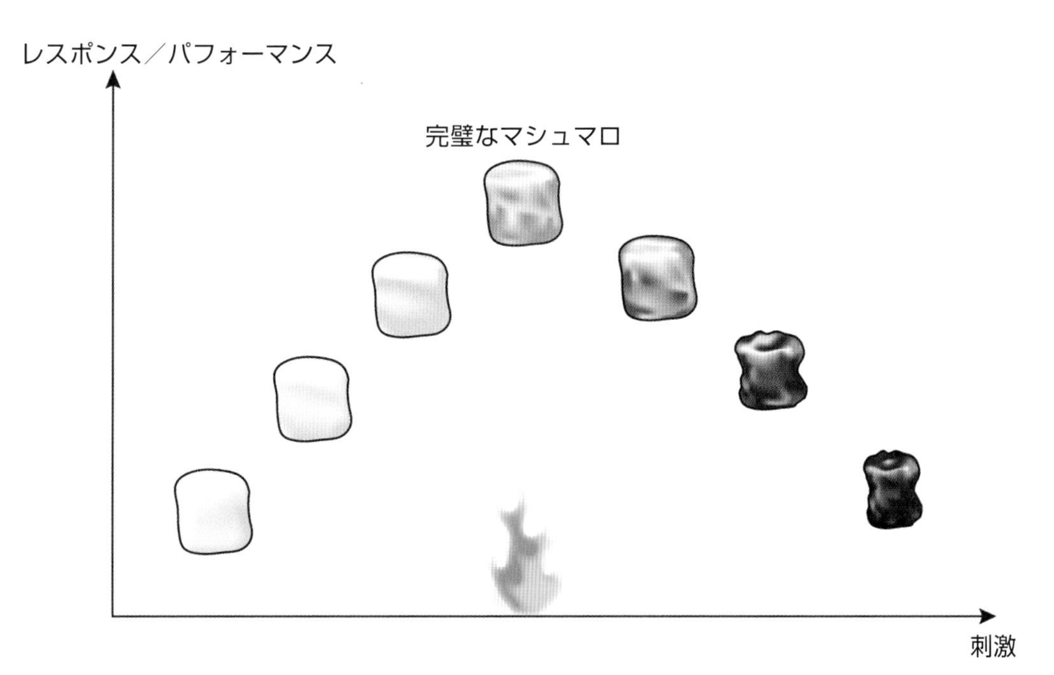

図2-2　汎適応症候群（GAS）。最適な熱量（トレーニング負荷）を加えることで、完璧なマシュマロが出来上がる。しかし、熱量（トレーニング負荷）を加えすぎると過熱でマシュマロは焦げてしまう（疲憊）。
Reprinted by permission from S. Sovndal, Fitness Cycling (Champaign, IL: Human Kinetics, 2013), 10. Based on an illustration by Dr. Allen Lim.

このモデルを見ると（警告、抵抗、疲憊）、RACE理論の重要性が理解できるだろう。トレーニング過多と疲労を癒すために、休息が必要である。責任と一貫性を持つことによりトレーニングを通して適応することができる。トレーニング間には十分な休息を設けよう。適応とコンディショニングは安静時と回復時になされるのであって、トレーニング中になされるのではないことを覚えておこう。

ピリオダイゼーション（期分け）（**図2-3参照**）もまた、GASとは切っても切れない重要なトレーニング概念である。すべてのトレーニングはよく計画され、体系的に段階を追ったアプローチであり、1つ1つ積み重ねていくトレーニングサイクルあるいはトレーニング期でなければならない。この系統的な方法では、身体が適応しコンディショニングする時間を与えつつ、身体がすでに獲得しているものの上に継続的に構築していくことができる。よいピリオダイゼーション・プログラムは、オーバートレーニングを避け、フィットネスレベルを継続的に向上させることができる。ピリオダイゼー

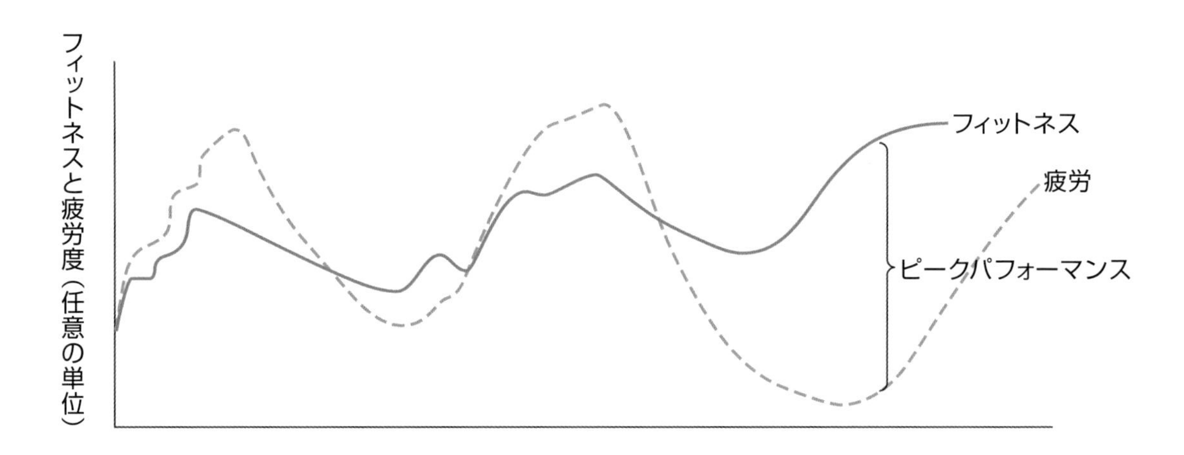

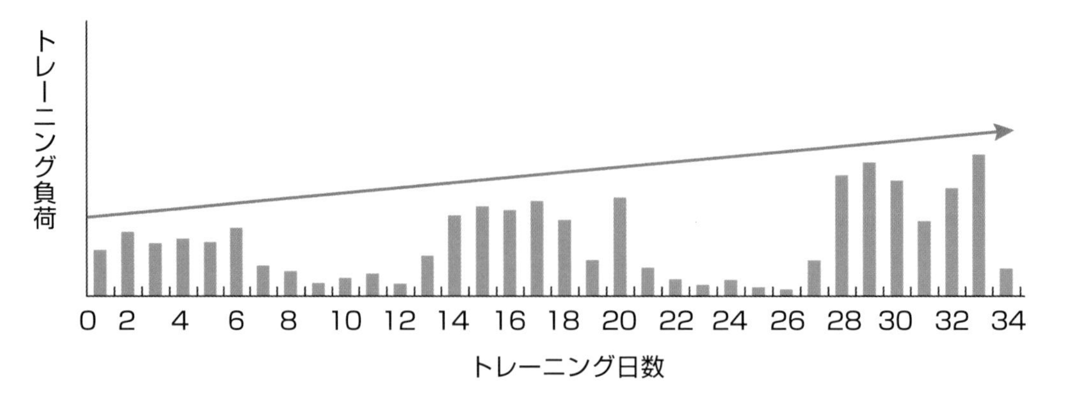

図2-3　ピリオダイゼーション（期分け）
フィットネス、疲労度、適応度、ピークパフォーマンス。向上的かつ段階的なアプローチをすることにより、パフォーマンスは経過とともに向上する。トレーニング負荷に応じて、身体は疲労を感じる。回復するとともにフィットネスレベルは上がる。このサイクルはトレーニング期に次ぐトレーニング期へと積み重なり、トレーニングプログラム中ずっと繰り返される。疲労度が最小化しフィットネスが最大化した時、ピークパフォーマンスに達する
Reprinted by permission from S. Sovndal, Fitness Cycling (Champaign, IL: Human Kinetics, 2013), 52.

ション・プログラムをトレーニングの全体像として考えてみよう。フィットネスをピークにしたい特定の期間をターゲットにして、プログラムが組まれる。トレーニング期間はさまざまであるが、通常2～4週間である。トレーニング計画を立てる際にこの本を活用するのであれば、各期で異なるエクササイズを選び、常に身体のシステムを「警告状態」にしておく必要がある。これがストレングス&コンディショニングを向上させる最良の方法である。

タイプ別ウエイトトレーニング種目

さまざまな種類のトレーニング種目を使って、ウエイトトレーニングをすることが可能である。バランスのとれたプログラムは、ある時点でトレーニング種目のさまざまなエクササイズ全般を網羅する。あるトレーニング期に特定の種類のトレーニング種目に集中しても構わない。そして、その後に続くトレーニング期においては、トレーニングの種類を変え、最大限の適応が達成できるようにする。例えば、最初のトレーニング期にサーキットトレーニングを行うのであれば、第2期には軽いウエイトで反復回数を増やすなどの異なるトレーニング種目にする。さまざまな種類のトレーニングをどんな順番で進めても構わない。しかし、重いウエイトをリフティングすることによるケガを避けるため、軽いウエイトで反復回数を増やすエクササイズから、重いウエイトで反復回数を減らすエクササイズへと徐々に移行していくことが望ましい。

効率的なトレーニングは成功への鍵である。事前にトレーニング種目の計画を立て、達成可能なトレーニングプログラムを作成すれば、トレーニング・シーズンが経過するにつれてパフォーマンスを大幅に向上させることができる。つまり、トレーニングから最大限の効果を得られるのである。自転車競技の目標のための特定のトレーニングを計画することはこの本の趣旨ではない。以下の種類のトレーニング種目を取り混ぜてトレーニングプログラムを作成しよう。

ローウエイト・ハイレペティション

このトレーニング種目は大幅に筋量を増やすことなく、持久的な筋力を獲得できる。できるだけ少ない筋量で最大限の筋力を養いたい自転車競技者にとっては、うってつけのエクササイズである（そうすれば坂を最も速く上ることができるのだから！）。この種のトレーニング種目はまた、心肺機能を高め、長時間にわたるきついライディングでクランクを回し続ける能力も向上させる。それぞれのセットで10～15回の反復を行う。

ハイウエイト・ローレペティション

このトレーニング種目はパワーと筋力そのものを向上させる。上り坂の途中でスパートをかけるにせよ、ゴールに向かってスプリントするにせよ、目標を達成するためには真のパワーが必要である。この種目で用いる重量は、4～8回繰り返し持ち上げることができる最大重量である。通常、1回のエクササイズで2～3セット行う。この種のトレーニング種目は筋量を増やすが、自転車競技者にとって特定の時期には必要なことである。通常、このエクササイズを行う時にはスポッター（監視人）が必要となる。

サーキットトレーニング

このトレーニング種目は多くのエクササイズを連続して行い、各セット間のレストを設けない。通常、この種のトレーニング種目は全身を鍛え、トレーニング中は始終高い心拍数を保つ。サーキットトレーニングは筋力だけでなく、心肺機能も向上させる。トレーニングあるいはレース時の無酸素性作業閾値でこのトレーニング種目の恩恵を受けるであろう。

ピラミッドセット

この種のトレーニングでは、ウエイトを増やし（減らし）、反復回数を減らす（増やす）トレーニングをセットごとに行う。各エクササイズは３セットずつ行う。例えば、標準的なピラミッドセットで最初のセットの反復回数は10回。２回目のセットではウエイトを重くし、反復回数は８回。３回目のセットではさらにウエイトを重くし、反復回数は６回、と変えていく。

１回目：50パウンド（23kg）×10回
２回目：60パウンド（27kg）×８回
３回目：70パウンド（32kg）×６回

逆ピラミッドのトレーニングでは、セットごとにウエイトを軽くし、反復回数を増やす。

１回目：70パウンド（32kg）×６回
２回目：60パウンド（27kg）×８回
３回目：50パウンド（23kg）×10回

標準的なピラミッドと逆ピラミッドのどちらも試行し、理想的なセットを自分のトレーニングプログラムに取り入れるとよい。ピラミッドトレーニングは通常、パワーと筋力そのものを発達させることを目的としている。

スーパーセット

多くの反復回数で１セットだけ行うのが、このトレーニング種目である。セット中に疲れてきたらウエイトを軽くし、反復を続ける。典型的なセットの反復回数は30～40回である。これは非常に疲れるトレーニング種目で、持続的な筋力とパワーを発達させるある時期になったら、すべての自転車競技者はこの種のトレーニング種目をジムトレーニングに組み込むべきである。スーパーセットのトレーニングサイクル完了後、ライディング時の駆動力に驚かされることだろう。

ウォームアップ、クールダウン、ストレッチング

トレーニング中とその前後には、身体のケアを念入りに行う必要がある。ジムに到着したら、有酸素系のウォームアップを５～10分間行う。エアロバイクやトレッドミルなどのカーディオマシン（有酸素運動マシン）を使ってもいいだろう。ロウイングマシンは同時にすべての筋を動かすことができ、私のお気に入りである。各章には、その章でスポットを当てている筋のウォームアップの方法が

簡潔に書かれている。しかし、トレーニング種目ごとにすべての筋群を鍛えるのであるから、すべての部位を網羅するウォームアップを行う必要がある。

心拍数が上がり、筋のよい血のめぐりを感じたら、ストレッチングを10〜15分間行うとよい。かつてストレッチングは簡単で単純なものだった。コーチはさまざまなエクササイズをするよう指示を出し、鍛える筋をそのつど静かにストレッチングする程度だった。しかし、私が若かった頃からだいぶ状況は変わり、ストレッチングの有効性をめぐりさまざまな議論が交わされるようになった（Behm et al. 2016）。ウォームアップの仕方についての多くのデータに惑わされることはない。以下のシンプルな定義さえあれば、よいストレッチプログラムを作ることができるだろう。

スタティックストレッチング（SS）：特定のポジションで一定時間身体の動きを止める。止める時間は通常30〜40秒。

ダイナミックストレッチング（DS）：可動域を使って繰り返し身体を動かす。反復回数は通常10〜15回。

固有受容性神経筋促通法（PNF）：リラックスした状態で収縮と弛緩の動きを行いながらストレッチの力を加えていく方法。これはトレーナーやパートナーと一緒に行われることがよくある。

状況により、異なるストレッチングテクニックが有効とみなされる。例えば、リハビリ中とレース前とでは、ストレッチングの内容は違うだろう。私が一般的に勧めるのは、トレーニング前ならスタティックストレッチングをある程度行ってからダイナミックストレッチングを行うことだ。各ポジションをそれぞれ30秒ずつ保持し、ストレッチングの最中に反動をつけてはいけない。スタティックストレッチングに続いてダイナミックストレッチングで筋を完全に整えよう。これはエクササイズ中のパフォーマンスの助けとなる。トレーニング中に筋がけいれんしたり、痛みが出てきたりした場合には、しばらく状態を見てみよう。不快感が続くようであれば、トレーニングを中断し、その部位を時間をかけてストレッチングする。トレーニングが終了したら、再びストレッチングをする。こうすることにより、終了したばかりのウエイトトレーニングの効果を高めることができる。

トレーニングプログラムの構築

筋力、柔軟性、心肺機能はすべて、自転車競技の成功のためにそれぞれの役割を担っている。完全なるフィットネスとは、これら３つの要素が最適な状態になったときのことであり、フィットネスのピークに達するためにはトレーニングプログラム全体のバランスをとる必要がある。トレーニングプログラム全体のなかでも、ジムに通うことは不可欠である。そこで得たものは必ずやライディングのコンディショニングを向上させるであろう。筋力トレーニングが持久的なパフォーマンスを向上させることは、科学的研究で示されている（Vikmoen et al. 2016; Yamamoto et al. 2010）。単に自転車で何マイルも走るだけでは満足しないだろう。本当の自分の可能性に賭けてみたいのであれば、ウエイトトレーニングプログラムも取り入れる必要がある。レジスタンストレーニングは筋力や血流、心肺機能を促進する。これらのすべての特性が、サイクリング・パフォーマンスの向上につながるのだ。

自転車のオフシーズンに筋力を構築するためには、週３回のウエイトトレーニングを行うべきである。この時期のトレーニングでは、各エクササイズを２～３セット行う。シーズン中は、週１～２回のメンテナンスを目的としたレジスタンストレーニングを目指そう。レジスタンストレーニングは以下の３つの段階に分割して行うとよいだろう。

1. **調整期**：軽いウエイトと少ないトレーニング負荷で始める。これによりウエイトを使ったトレーニングのシステムに適応する時間ができる。靭帯、関節、筋にはきついウエイトトレーニングに順応する時間が必要である。この期間は２～３週間続く。
2. **構築期**：この期間は本格的にジムでのトレーニングに取り組む時間となる。構築期では、少ない反復回数でより重いウエイトを扱う。ここで大きなパワーと筋力を培う。この期間も２～３週間続き、その後いったん１～２週間の調整期に入る。そして再び構築期に戻る。
3. **メンテナンス期**：これはシーズン中の期間となる。自転車に乗る時間の方が長くなり、この期の目標は構築期で積み上げたパワーと筋力を維持することになる。

完全なトレーニングプログラムを提供することはこの本の趣旨ではない。この本の目的は、自転車競技者に適切なウエイトトレーニング・エクササイズと、正しいリフティング・テクニックを紹介することにある。各章でさまざまなエクササイズを紹介しているので、トレーニング過程において各省から選ぶエクササイズを変えていくべきである。ジムでの時間を有効活用するために、以下の一般的なルールに従おう。

全身を鍛える

前述の通り、脚や臀部だけを集中的に鍛えると、不安定になったり、ケガの原因になったりしかねない。ピークパフォーマンスを達成するためには、全身を均一に鍛える必要がある。この本の各章で紹介するエクササイズをそれぞれ含むプログラムを構築すべきであろう。そうすれば自転車競技で必要とされる筋を網羅するプログラムになる。エクササイズによって、柔軟性、補助筋、主動筋、安定性など、異なる分野に負荷をかけている。各トレーニング期には、身体の各部位（腕、胴、背部、臀部、脚）を対象にしたエクササイズを、それぞれいくつかずつ選択するとよいだろう。毎回ジムに行く時には、身体の複数の部位をトレーニングすることを勧める。ここがボディビルディング・プログラムとの違いである。ボディビルディングは通常、１回のジムトレーニングで特定の部位だけを鍛え、また週に５～６回のジムトレーニングをこなす必要がある。心肺機能トレーニングも継続しなくてはならない自転車競技者は、レジスタンストレーニングは週３回に抑えておくべきである。ほかの日はライディングトレーニングをしよう！

継続こそ成功への鍵

プログラムを計画したら、忠実に行おう。ストレングス＆コンディショニングとは、これまで得たものとトレーニングの上に構築されていくものである。週に２～３回筋力トレーニングをすれば、パワー出力とフィットネスは向上する。時間がない場合には、前回培ったものを維持するためにも最低週１回はジムに通おう。コンディショニングの低下は最大の敵である。数週間連続してジムに行かなければ、前回までのトレーニングで得た恩恵を失うことになる。残念ながら、苦労して得たものはあっという間に失われるので、継続してジムに通いさえすれば、勝ち戦を戦っていることになる。

トレーニングプログラムを多様化する

身体を常にストレス下におくために、2～4週間ごとに新しいトレーニング計画を立てよう。適応が鍵である。身体は適応期を経て、筋力とフィットネスを向上させる［より詳しい説明は『Fitness Cycling』を参照（Sovndal 2013）］。適応とは、与えられたストレスに対する身体の反応である。トレーニングによって常に身体を驚かせていれば、身体は最大限に適応できる。トレーニングを常に新鮮で新しいものにするために、この本で紹介されている多くのエクササイズのなかから選ぶことができる。

プログラムに組み込んでいるエクササイズを多様化する

ジムに行く時には、この本のエクササイズをすべて行うわけではもちろんない（時間が永遠にかかる上に、ケガにつながる恐れもある！）。トレーニング期ごとに、各章からエクササイズをいくつか選び、全身が鍛えられるようにする。またフリーウエイト、マシン、バランスボールを組み合わせて使う。広範囲にわたるエクササイズをすることにより、身体をストレス下に置くだけでなく、飽きることなくジムに通うことができる。また腕と脚をそれぞれ別に、あるいは連携させてトレーニングしてもよいだろう。こうすれば、強い側が弱い側を補うことはない。

サイクリングポジションを再現する

ウエイトトレーニング・エクササイズを行なっている時に、ライディングポジションを再現してみよう。例えばカーフ・レイズをする場合、サイクリングシューズをペダルに乗せている時と同じポジションで行う。こうすることにより、得ようとしている効果が自転車に乗った時に直接応用できるということを実感するだろう。しかし、これをやりすぎてはいけない。バランスのとれた筋力は関節を安定させ、ケガを防ぐ、ということを忘れてはならない。

自分のライディングを思い描いてみよう

ジムでリフティングをしている時に、そのエクササイズとライディングとの関係を思い描くことによりトレーニングを強化することができる。例えばスクワットを行なっている時には、自転車でのスプリントを想像してみよう。バーベルを持ち、力を入れて真っすぐに立ち上がる時、ペダリングでクランクを下方向に踏み込む力を想像する。セットの最後には、対戦相手をかわしてフィニッシュラインに突入する自分の姿を思い浮かべてみよう。各エクササイズには「サイクリング・フォーカス」のセクションがあり、そのエクササイズがライディングポジションとどのような関係にあるのかを説明している。しかし、このセクションに書かれていることだけにとらわれてはいけない。もし自由な発想を働かせてほかのライディングポジションや状況にも適応できると感じたりイメージすることができたら、トレーニング効果はより高まるだろう。ビジュアライライゼーション（視覚化）の価値を過小評価してはならない。プロアスリートのほとんどは頻繁にトレーニングにビジュアライゼーションを取り入れているのだから。

圧倒されるほど膨大なトレーニング情報がさまざまなスタイルや種目で存在する。私が紹介しようとしているのは、これからトレーニングを開始する皆さんのための実直なアプローチと基本の出発点である。ジムに向かうときは、基礎の要点を頭に入れておこう。トレーニング効果を最大限出すために、冷静な集中力を持ってトレーニングしよう。しかし、新しいスタイルやタイプのトレーニングに挑戦することを恐れてはならない。鍵は「RACE」だ。一貫性を持って取り組み続けることにより、トレーニング負荷に適応するにつれ自分の身体が強化され、より速くなっていくことに気づくだろう。

第 3 章

ARMS

腕

腕は人の身体が自転車と接する5つの部位のうち2つを占めており、ペダリングの時に身体を安定させる土台や基盤としての役割を担っている。サイクリストにとって腕は明らかに進行方向や操縦をコントロールする役であるが、サイクリングパフォーマンスに対する上肢の貢献はしばしば見過ごされがちだ。

上肢部分の強い基盤は、自転車競技者の強い味方となる。自転車に乗って腰をサドルから上げている状態を考えてみてほしい。脚はパワー全開でクランクの回転数を上げており、そのとき腕はハンドルを前後に押したり引っ張ったりしながら身体を支えている。また、スプリントのときも腕は重要な役割を果たしている。自転車レースでのスプリントフィニッシュの時、しっかり曲げて大きな力が込められた選手の腕に目を奪われる。平地走行をしている時でも、腕は身体のほかの部分を安定させている。腕を介して自転車は肩とつながり、それによって胸部、背中、腹部を安定させているのだ。つまり、身体各部位が自転車競技者の身体全体に貢献しているのである。各エクササイズの「サイクリング・フォーカス」の箇所をよく読み、この本に書かれているエクササイズを頭の中で実際のサイクリングパフォーマンスに置き換えながら実行するとよいだろう。

骨格の解剖学

上腕骨は上腕部の唯一の骨である。上腕骨の近位端（上端）は、関節窩（かんせつか）に収まり、肩関節を形成している。この関節に関しては、第４章で詳しく取り上げる。上腕骨の遠位端（下端）は、肘の上半分を構成する。前腕は、橈骨（とうこつ）と尺骨（しゃっこつ）と呼ばれる２本の骨からなる。これら２本の骨は、上腕骨と結合して、肘関節を形作る。腕を曲げて肘を触ると、丸く尖った部分があることがわかるが、そこが尺骨の肘頭（ちゅうとう）突起である。肘関節は単純な蝶番（ちょうつがい）関節であり、屈曲と伸展をする。屈曲すると関節の角度が狭まり、前腕が上腕に引きつけられる。伸展すると関節の角度が広がり、腕は真っすぐに伸ばされる。前腕は、回外運動と回内運動によって左右に回転する。回外運動は、手のひらを上に向け（スープボウルを持つように）、回内運動は下に向ける（司祭が祭壇の前で平伏するように）。橈骨と尺骨は手の骨とつながり、複雑な橈骨手根関節を形成している。手根骨には舟状骨（scaphoid）、月状骨（lunate）、三角骨（triquetral）、豆状骨（pisiform）、大菱形骨（trapezium）、小菱形骨（trapezoid）、有頭骨（capitate)、有鉤骨（hamate）がある。医科大学ではこれらの骨の名称を以下のようにして覚えた：Some lovers try positions that they can't handle.（恋人たちの中にはありえないような体位を試す者もいる）そしてこれ以外に、中手骨、指骨がある。

上腕二頭筋

上腕二頭筋（**図3-1**参照）は2つの筋頭で構成されている。上腕二頭筋の長頭は、肩関節の関節窩から起こる。短頭は、肩甲骨の浮き出ている部分である烏口突起から起こる。これらの2つの筋は結合して、上腕二頭筋腱と腱膜（筋を骨と接続する線維膜）を形成している。上腕二頭筋腱は肘関節の真下に付着し、橈骨の中央（内側）部の粗面につながる。上腕二頭筋を動かすと、肘関節が曲がる。その付着箇所ゆえに、上腕二頭筋はまた前腕を回外させる（手のひらが上を向くように前腕を回転さ

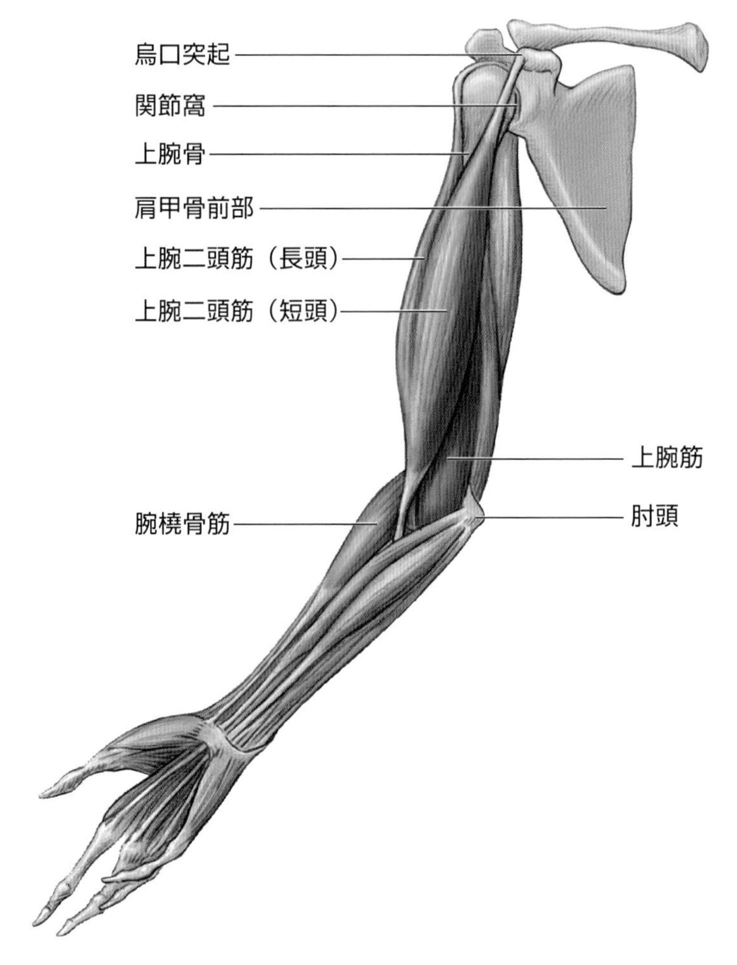

図 3-1　上腕二頭筋、上腕筋、腕橈骨筋

せる）ことができる。

上腕二頭筋に加えて、肘にはほかにも２つの屈筋が存在する。上腕筋は上腕骨前面の下半分から起こり、肘関節を越えて、尺骨の近位端（肘側）に付着する。上腕二頭筋は橈骨の上に付着し、上腕筋は尺骨の上に付着し、両者は協力して力強く腕を曲げる。腕橈骨筋（わんとうこつきん）は上腕骨の下部側面（外側）部分から起こり、前腕の下方に達し、そして手根関節の真上にある橈骨に入る。

烏口腕筋は見にくいため、しばしば見過ごされがちな筋である。上腕骨を内転させることが主な役割であり、内転作用により四肢をコア部分（体幹）、あるいは矢状面（しじょうめん）により近づける（つまり、近づけることによりコア部分に四肢を「加えて」いることになる）。上腕二頭筋と同様に、烏口腕筋は烏口突起から起こり、上腕骨の中央部内側に付着する。

上腕三頭筋

その名前からもわかるように、上腕三頭筋は３つの筋頭で構成されている。長頭、内側頭、そして

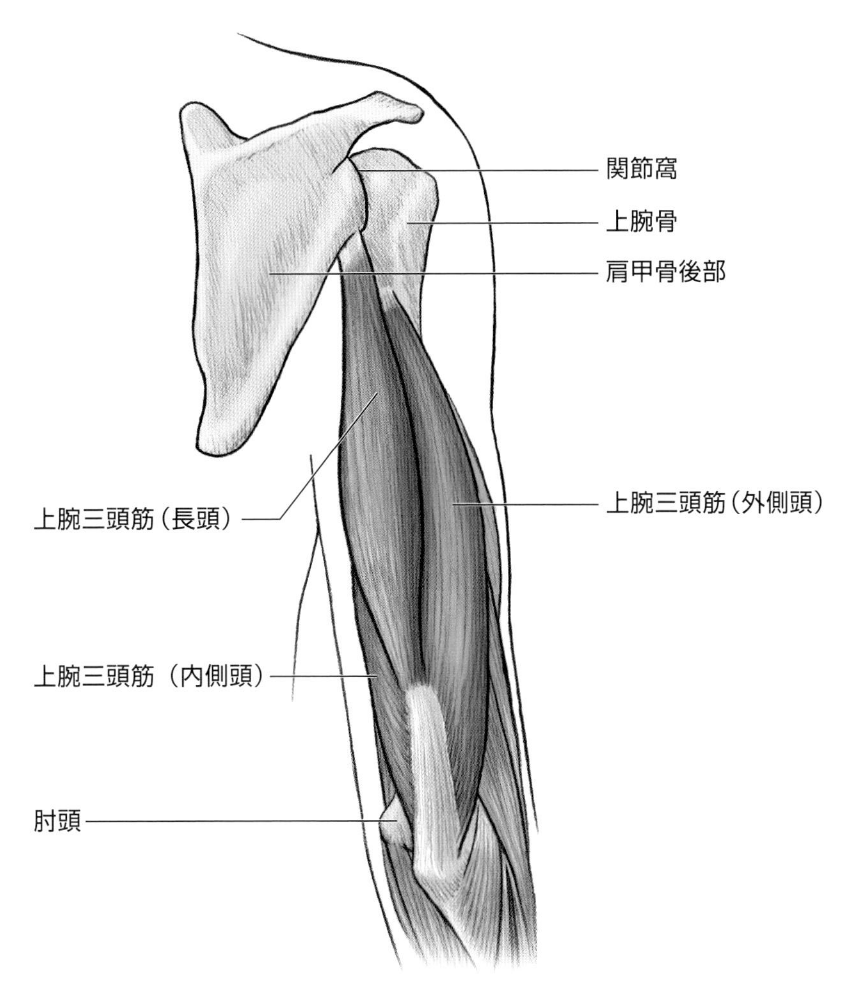

図 3-2　上腕三頭筋

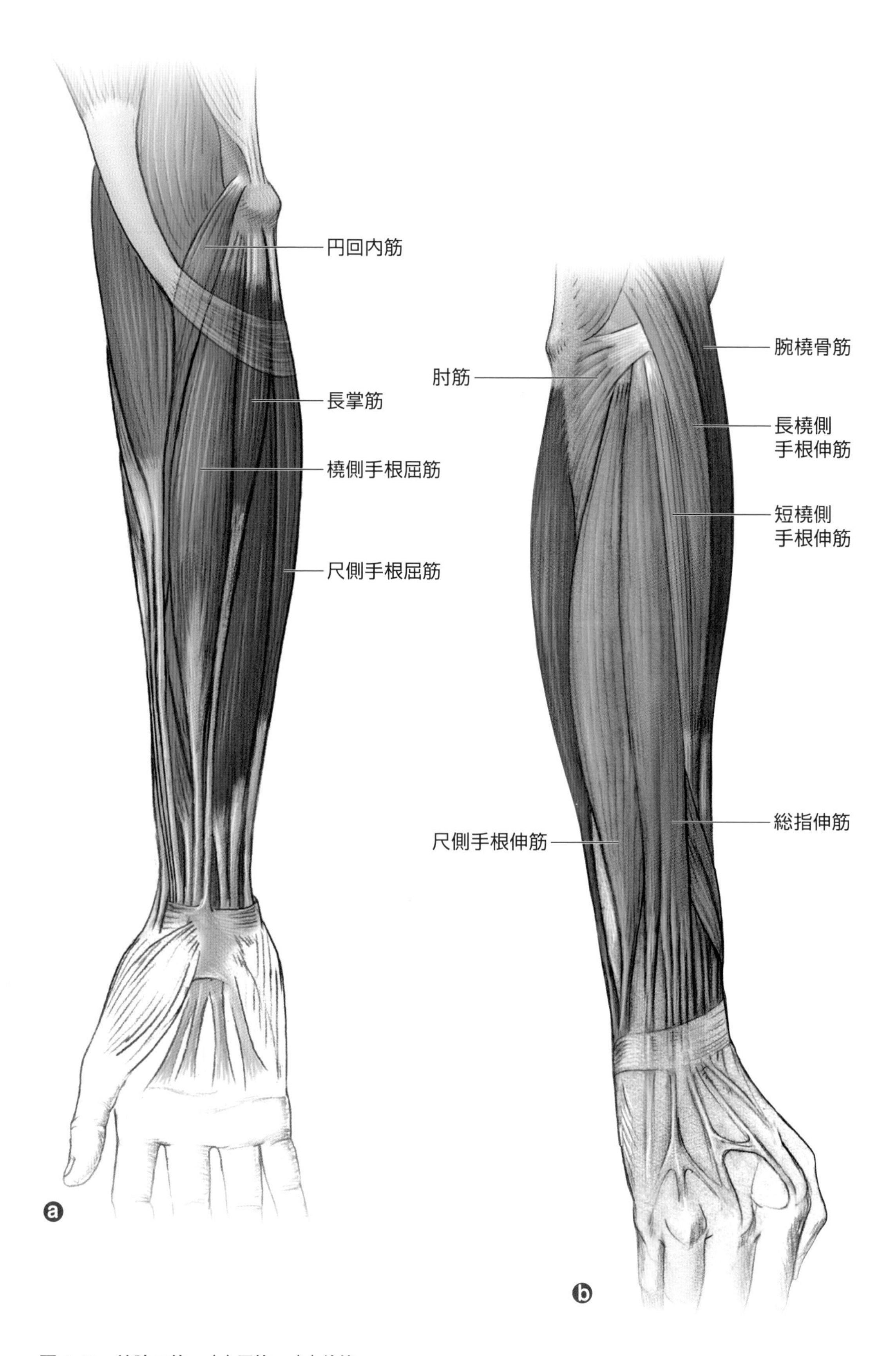

図 3-3　前腕の筋：(a) 屈筋　(b) 伸筋

外側頭である（**図3-2参照**）。上腕三頭筋の長頭は肩甲骨の関節窩の真下から起こっている。内側頭は、上腕骨の内側と後部に沿って、最も広範囲にわたっている。外側頭は上腕骨の上部背面から起こっている。これら3つの筋頭すべてが融合し、尺骨の肘頭突起に付着する共通の三頭筋腱を形成する。3つの筋（上腕二頭筋、上腕筋、腕橈骨筋）は肘の屈曲を行うのに対して、上腕三頭筋は肘の伸展（腕を真っすぐに伸ばす）のみを行っている。肘頭突起を脱臼させるような骨折をした場合、上腕三頭筋は肘を伸ばすために必要なテコの支点を失うことになる。人が転んで肘をついてしまった時、最初に当たるのがこの骨であるため、残念ながら折れてしまうことがよくある。早期の完全回復のためには、外科手術が必要な場合もある。

前腕

前腕は、解剖学において極めて難解な部位である。手首、手、指は多様な動きをするため、この小さな部位には筋が複雑に配置され、詰め込まれている。わかりやすく説明すると、これらの筋は前腕の手のひら側に見られる屈筋群と、その反対側、つまり前腕の背部に見られる伸筋群とに分類することができる（**図3-3参照**）。手首と指の動きに加え、前腕の2本の骨は前述のように回転することができる。回外筋と上腕二頭筋は前腕に回外運動をさせ、手のひらを上に向ける。方形回内筋と円回内筋は前腕に回内運動させ、手のひらを下に向ける。手首と指のほかの筋は次のように分類することができる。

手根屈筋群：橈側手根屈筋、長掌筋、尺側手根屈筋
指屈筋群：浅指屈筋、深指屈筋、長母指屈筋
手根伸筋群：長橈側手根伸筋、短橈側手根伸筋、尺側手根伸筋
指伸筋群：指伸筋、小指伸筋、示指伸筋、長母指伸筋、短母指伸筋

ウォームアップとストレッチ

ウエイトを挙げ始める前に、最低10〜15分間のウォームアップを行う。特に上肢を入念にウォームアップする。可動式ハンドルのあるエリプティカルマシンやロウイングマシンは、腕の血流を高めるためにも有効である。また、腕立て伏せ（膝は床につく）、バーへのぶら下がり、腕の旋回もよいだろう。事前に、上腕二頭筋、上腕三頭筋、前腕の簡単なストレッチを行っておく。木の棒やホウキの柄などがあれば、肩に乗せて左右に回すのもよい。また、頭上で8の字を描く動作を行い、肩や首の筋を緩めたり締めたりしておくのもよい。

スタンディング・バーベル・カール

STANDING BARBELL CURL

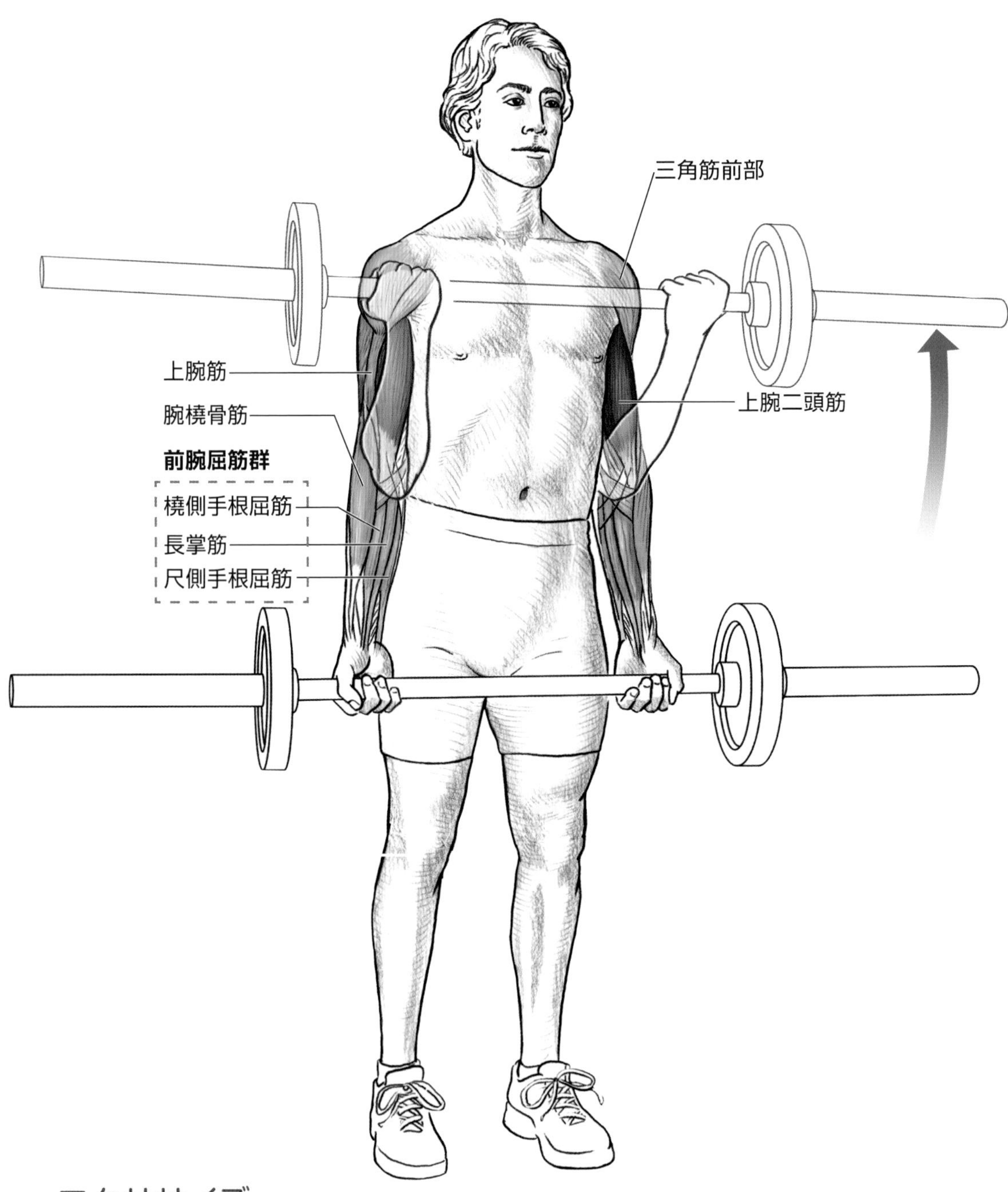

エクササイズ

1. 両足を肩幅に開き、膝をやや曲げた状態で立つ。 両腕を下に伸ばし、両手を肩幅に開き、アンダーハンドグリップ（逆手）でバーベルを握る。
2. 脇をしっかりと締め、肩の高さまで弧を描くようにバーを持ち上げる。肘の関節を基軸に腕を回転させる。この時、肘が広がらないようにする。
3. 腕が伸びるまでバーベルを下ろす。

安全に行うために

エクササイズの最中は背中を真っすぐにして動かさない。 バーベルを持ち上げる時には身体を揺すって反動をつけない。反動をつけると背中を痛めることになり、また腕の筋に集中したトレーニングを行うことができなくなってしまう。

動員される筋肉

主動筋：上腕二頭筋

補助筋：上腕筋、腕橈骨筋、三角筋前部、前腕屈筋群（橈側手根屈筋、長掌筋、尺側手根屈筋）

サイクリング・フォーカス

自転車に乗り、サドルから腰を上げる時、腕の支持と筋の活動を実感するだろう。ペダルを回転させるたびに自転車が自然に左右に動く時、腕がその動きを安定させていることがわかる。上腕二頭筋からの力は脚の駆動力に対抗する。腕からの貢献を少しでも疑わしく思うのであれば、斜面を必死に上っている時にハンドルから片手を離してみるといい（が、落車しないように！）。バーベルカールを行う時には、ハンドルを引き上げ、脚でペダルを力強く踏み込む動作を想像するとよいだろう。自転車に乗る時のポジションを再現するために、腕の位置はハンドルを握った時と同じ間隔にする。上腕二頭筋を単独で強化する（分離する）エクササイズが行えるよう、反復運動の際には毎回胴を前後に揺らさないように気をつける。下肢のトレーニングを強化するためには、バランスディスクの上に立ってこのエクササイズを試みるのもいいだろう。バランスディスクを使うことで、下肢と体幹における小さなスタビライザー（安定化筋）すべてを鍛えることができる。そうすることで、疲れてきた時でもライディングフォームを維持することができるようになる。

バリエーション

マシン・カール
Machine Curl

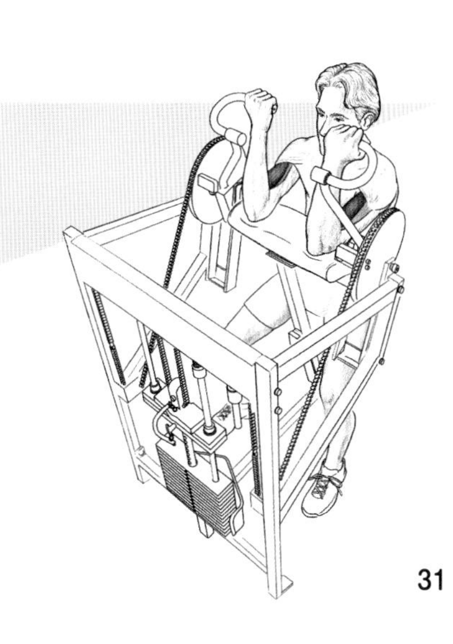

フリーウエイトに慣れていない場合には、マシントレーニングが有効である。マシンのグリップを握り、パッドにしっかりと腕を当てる。パッドの上で腕を楽に固定し、背中が曲がらない高さにイスを調整する。肘を曲げて、グリップを肩に引きつける。スタートポジションに戻す。このようなマシンのなかには片方ずつの腕で行えるものもある。

ダンベル・カール

DUMBBELL CURL

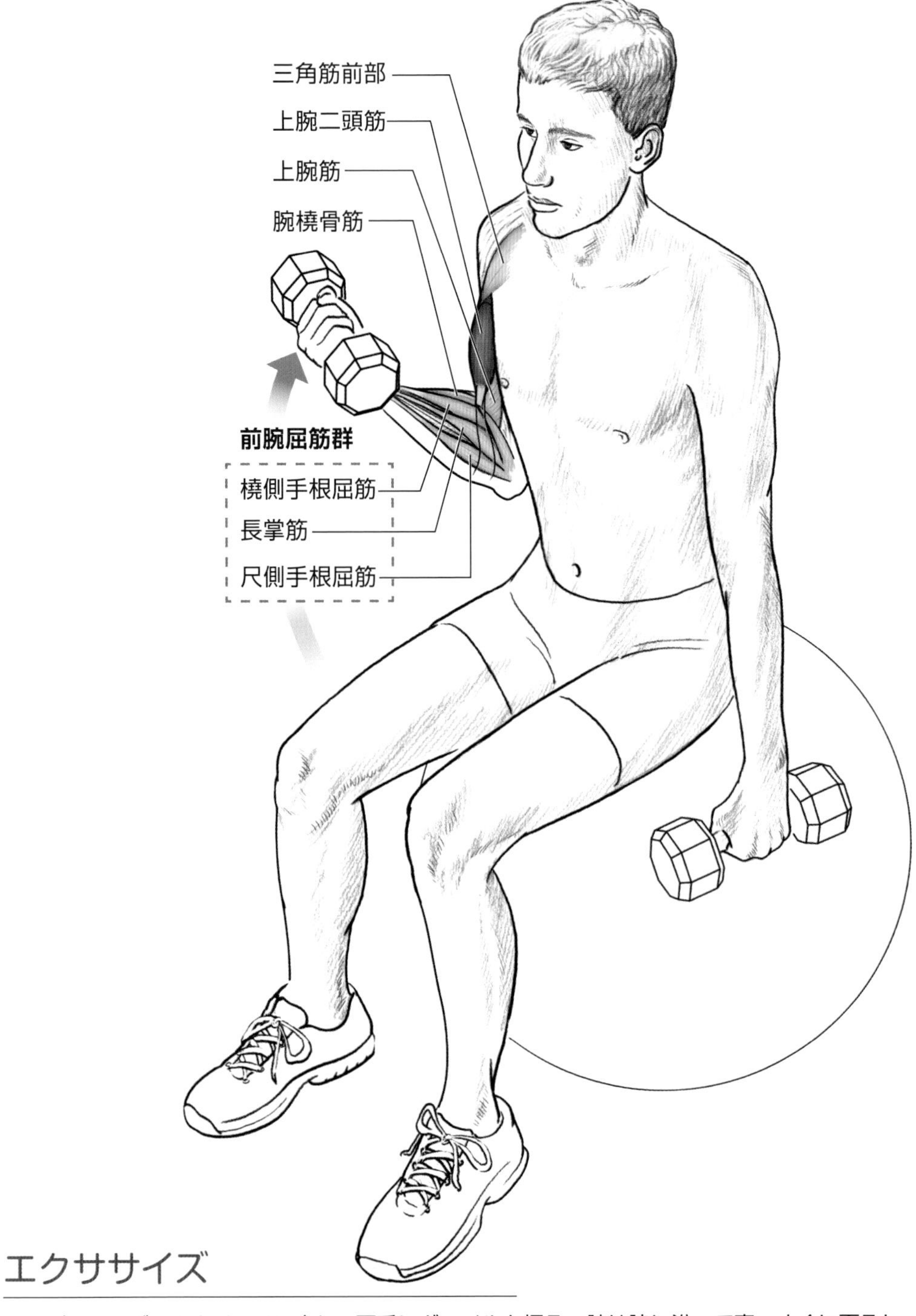

エクササイズ

1. バランスボールやベンチに座り、両手にダンベルを握る。腕は脇に沿って真っすぐに下ろし、親指は前方に向ける。
2. 片方のダンベルを肩の高さまで引き上げる（手のひらは上に向ける）。
3. 腕が伸びた状態になるまでダンベルを戻し、もう一方のダンベルで同じ動作を繰り返す。

動員される筋肉

主動筋：上腕二頭筋
補助筋：上腕筋、腕橈骨筋、三角筋前部、
前腕屈筋群（橈側手根屈筋、長掌筋、尺側手根屈筋）

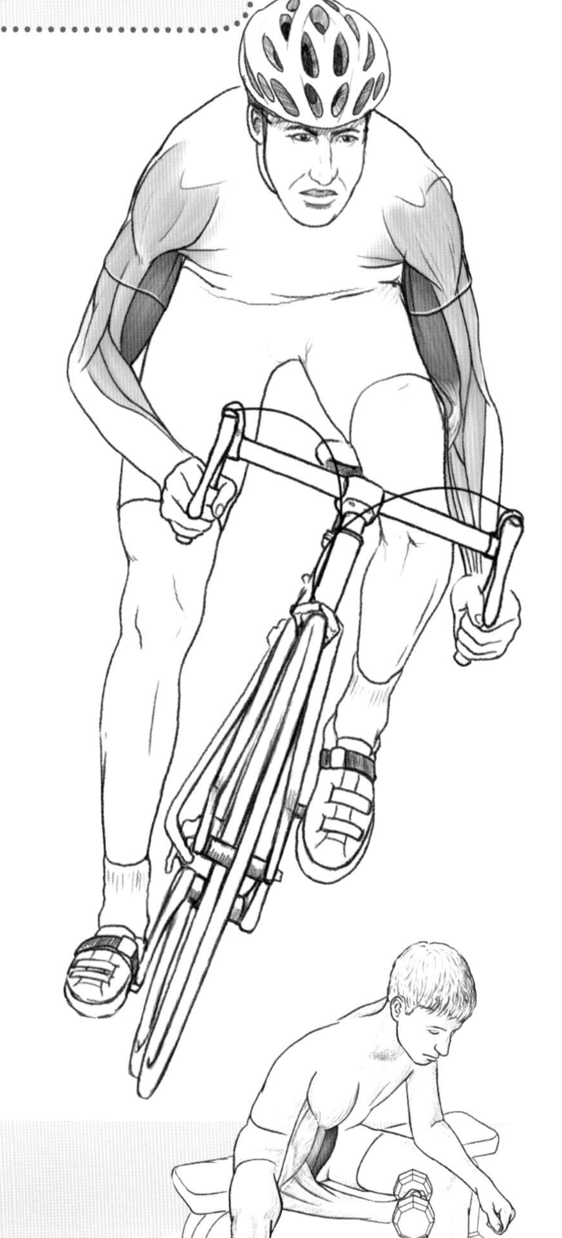

サイクリング・フォーカス

自転車競技者のパワー出力のなかで、最も高いものがスプリントである。方向性のコントロールを維持しつつ最大パワーを伝達するため、選手はハンドルに強い反力（対抗力）を働かせなければならない。ダンベルを用いた単関節のカールは、スプリント中にハンドルの引き上げで使われる筋を単独で強化することができる。自転車のハンドルをリズミカルに左右に引き上げる動きを想像しながら、左右交互にカールを行う。カールの動きをすると同時にダンベルを握る動作を意識する。そうすることにより、ライディングに必要な前腕屈筋群を鍛え、握力を向上させることができる。

バリエーション

コンセントレーション・カール

Concentration Curl

ベンチの端、あるいはバランスボールに座る。片手でダンベルを握り、肘を伸ばす。大腿の内側で腕を固定する。肩に向かって弧を描くようにダンベルを持ち上げ、ゆっくりとスタートポジションに戻す。エクササイズ中は胴を動かさないように維持する。このエクササイズは上腕筋をターゲットにすることができる。

ハイ・ケーブル・カール

HIGH CABLE CURL

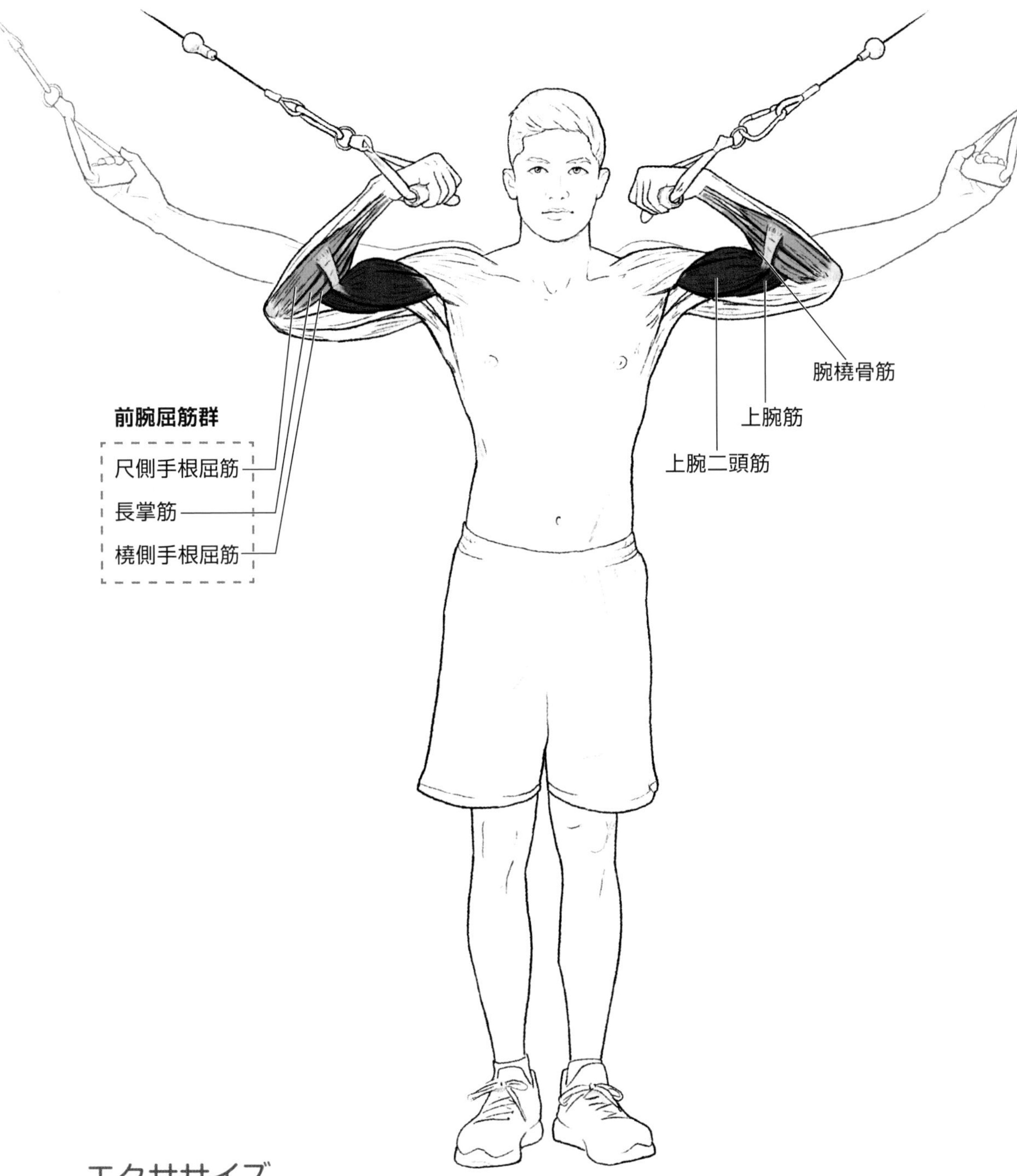

エクササイズ

1. 2本のプーリーの間に立ち、腕は十字架像のポジションのように両方向に伸ばす。この時、手のひらは上にしてハンドルを握る。
2. ゆっくりと肘を曲げ、ハンドルを自分のこめかみの方向に向かって引きつける。
3. ウエイトをスタートポジションに戻す（腕は伸ばし、再び十字架像のポジション）。

動員される筋肉

主動筋：上腕二頭筋、上腕筋
補助筋：腕橈骨筋、
前腕屈筋群（橈側手根屈筋、長掌筋、尺側手根屈筋）

サイクリング・フォーカス

1989年の世界選手権で、グレッグ・レモンが最後のスプリントでショーン・ケリーに勝った日のことは忘れ難い。この大会の写真を見たことがあるならば、レモンの意気揚々とした顔だけでなく、その大きく張り出した上腕二頭筋に気がついただろう。前述の通り、自転車から最大のパフォーマンスを絞り出すためには、全身を捧げなければならない。ハンドルを引く力は強大で、ハイ・ケーブル・カールは上腕二頭筋の筋力を磨くのに大いに役立つ。ハイ・ケーブル・カールを行う時、ウエイトをゆっくりと肩の方向に引き寄せながら、フィニッシュラインに向かってスプリントしている自分を想像するとよい。このフォームがすべてだということを覚えておこう。頭を前に突き出したり、反復運動をやり遂げるために腕を引き下ろしたりしてはならない。自転車上ではどんなに疲れようとも、スムーズで流れるような動作でいるよう努めるだろう。ジムでのリフティングも同じだ。エクササイズでは始終良いコントロールとフォームを維持しよう。

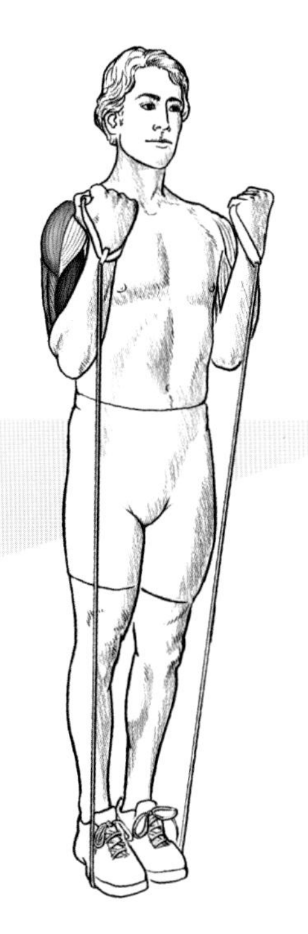

バリエーション

レジスタンス・バンド・カール

Resistance Band Curl

レジスタンス・バンドを用いてロー・アームを行う。レジスタンス・バンドを縄跳びのロープのように持ち、バンドを踏んで立つ。脇をしっかりと締め、胸の前まで腕を曲げる。レジスタンス・バンドは携帯に便利で多くのエクササイズに使えるため、旅行先で行うのにも最適なエクササイズである。

シーテッド・ケトルベル・エクステンション

SEATED KETTLEBELL EXTENSION

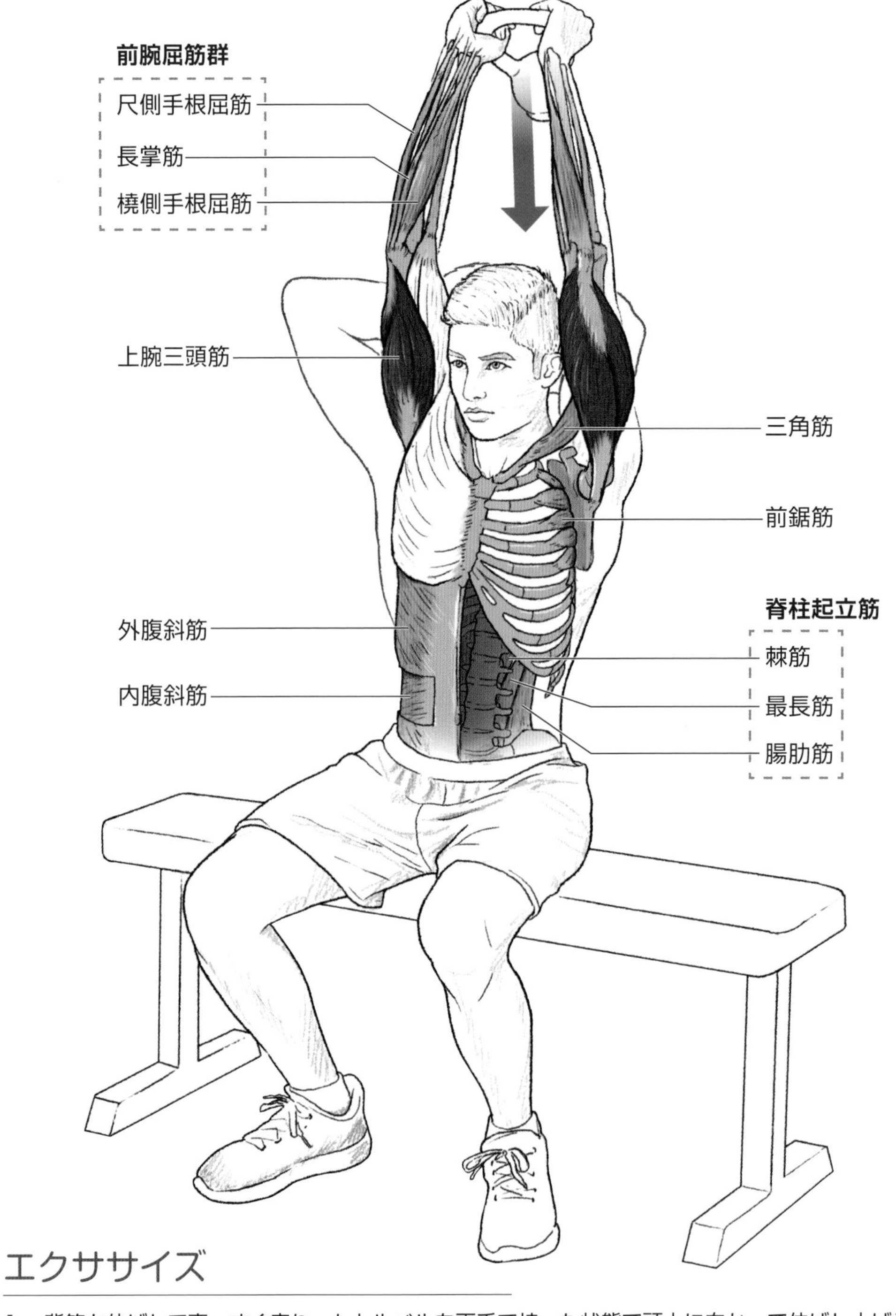

エクササイズ

1. 背筋を伸ばして真っすぐ座り、ケトルベルを両手で持った状態で頭上に向かって伸ばし上げる。腰から背中に向かって緩やかな弧を描くようなイメージで体幹を引き締める。
2. 頭を打たないように気をつけながら徐々に肘を曲げ、ケトルベルを頭の後ろに下げる。
3. 肘を 180 度伸ばし（腕が真っすぐになるまで）、ケトルベルを元の垂直な位置まで戻す。

動員される筋肉

主動筋：上腕三頭筋

補助筋：三角筋、脊柱起立筋（腸肋筋、最長筋、棘筋）、
前腕屈筋群（尺側手根屈筋、橈側手根屈筋、長掌筋）、
前鋸筋、内腹斜筋、外腹斜筋

サイクリング・フォーカス

このエクササイズは上腕三頭筋を単独で鍛えるとともに体幹も安定させる。この動作の間中、腕でケトルベルを動かしながらも、背部と腹部の両方が身体を支えるためにバランスを保たなければならない。長時間の走行では、上腕三頭筋が上肢の中で一番の働き手となる。長距離走行する時、上腕三頭筋のおかげで自転車上でポジションを維持することができる。継続的なトレーニングにより、努力が実を結ぶ時がくるだろう。

バリエーション

シングル・アーム・シーテッド・トライセプス・エクステンション
Single-Arm Seated Triceps Extension

同様のポジションから開始する。ただ、先程より軽いケトルベルもしくはダンベルを片手に持つ。このエクササイズは左右非対称（不均整）であるがゆえに、上腕三頭筋の外側だけがターゲットになるのではなく、体幹も鍛えることができる。

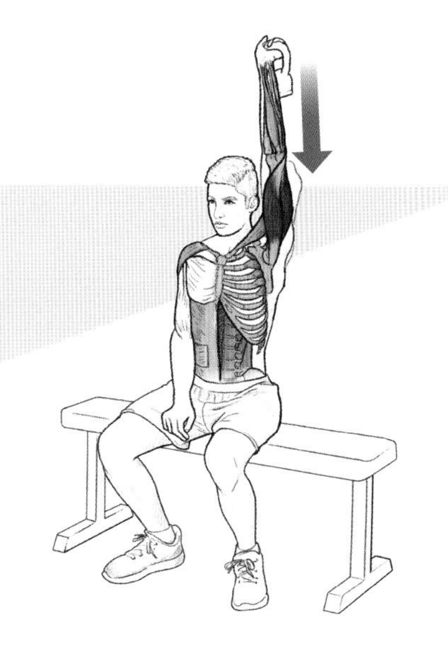

トライセプス・プッシュダウン

TRICEPS PUSH-DOWN

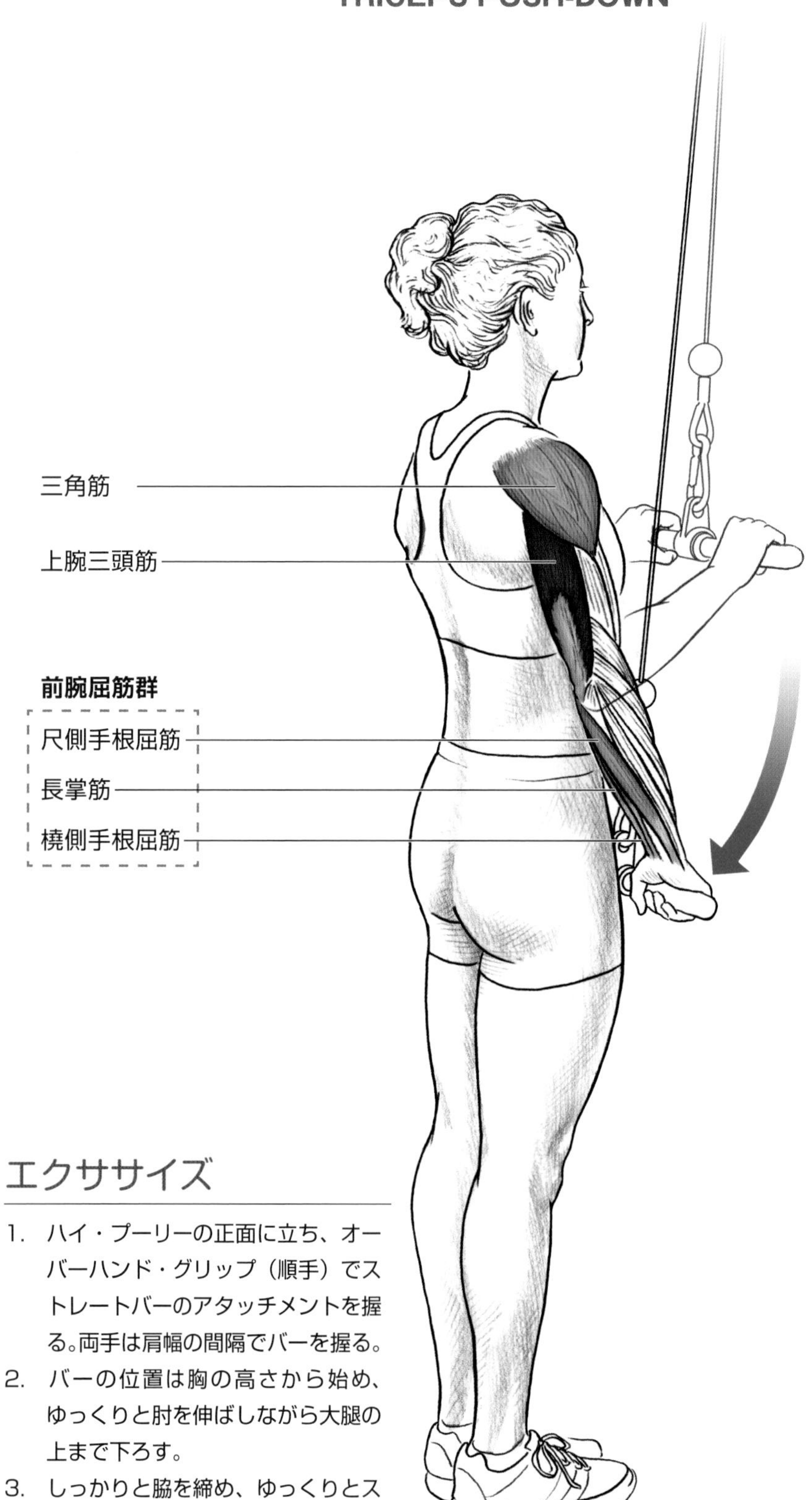

エクササイズ

1. ハイ・プーリーの正面に立ち、オーバーハンド・グリップ（順手）でストレートバーのアタッチメントを握る。両手は肩幅の間隔でバーを握る。
2. バーの位置は胸の高さから始め、ゆっくりと肘を伸ばしながら大腿の上まで下ろす。
3. しっかりと脇を締め、ゆっくりとスタートポジションに戻す。

動員される筋肉

主動筋：上腕三頭筋（じょうわんさんとうきん）

補助筋：三角筋（さんかくきん）、前腕屈筋群（ぜんわんくっきんぐん）（橈側手根屈筋（とうそくしゅこんくっきん）、長掌筋（ちょうしょうきん）、尺側手根屈筋（しゃくそくしゅこんくっきん））

サイクリング・フォーカス

ハンドルの平らなトップの部分を握って走るのが、ロードの最も一般的なライディングポジションの1つである。長時間のトレーニングにも耐えられるよう、このポジションは十分に快適なものでなければならない。しかし、このポジションで走ると、身体がハンドルの上に前傾しているため、上腕三頭筋には常にストレスがかかっている状態になる。よって、自転車競技者は誰でも上腕三頭筋をよくコンディショニングしておく必要がある。トライセプス・プッシュダウンは自転車に乗った時の基本的な「ハンドルトップに手を置いた」状態を再現しており、今後のトレーニングに向けての準備をすることができる。エクササイズを行う時には、自転車のハンドルを握るように、ストレートバーのアタッチメントを握るようにする。ジムでこのエクササイズを数セットしっかりと繰り返せば、自転車に乗った時に腕の疲れを感じることはないだろう。バランスがとれた総合筋システムこそが、ライディングポジションのサポートになることを忘れてはならない。上腕三頭筋が弱ければ、肩や腰がそれを無理に補おうとし、疲労や不快感をもたらすことになる。

バリエーション

ロープ・プッシュダウン

Rope Push-Down

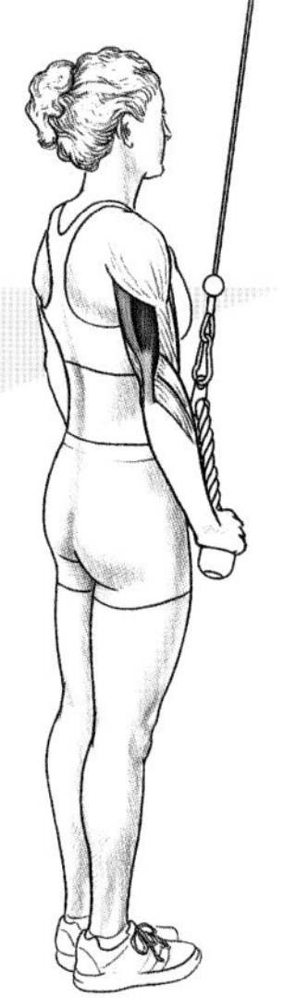

ストレートバーの代わりに、ロープ・アタッチメントを使ったエクササイズをやってみよう。このエクササイズは、肘を伸ばしてロープを引き下ろすことによって、手首の回内運動を強化する。また同時に、上腕三頭筋の外側頭をターゲットにした強化ができるという、もうひとつの利点がある。このエクササイズはバーを用いた時と同様のやり方でやる。ただ、伸展の最後、腕がほぼ真っすぐになりかけた時、ロープの先を両手で水平方向にわずかに引く（ロープの角度を緩やかにする）。

スタンディング・オーバーヘッド・ケーブル・トライセプス・エクステンション
STANDING OVERHEAD CABLE TRICEPS EXTENSION

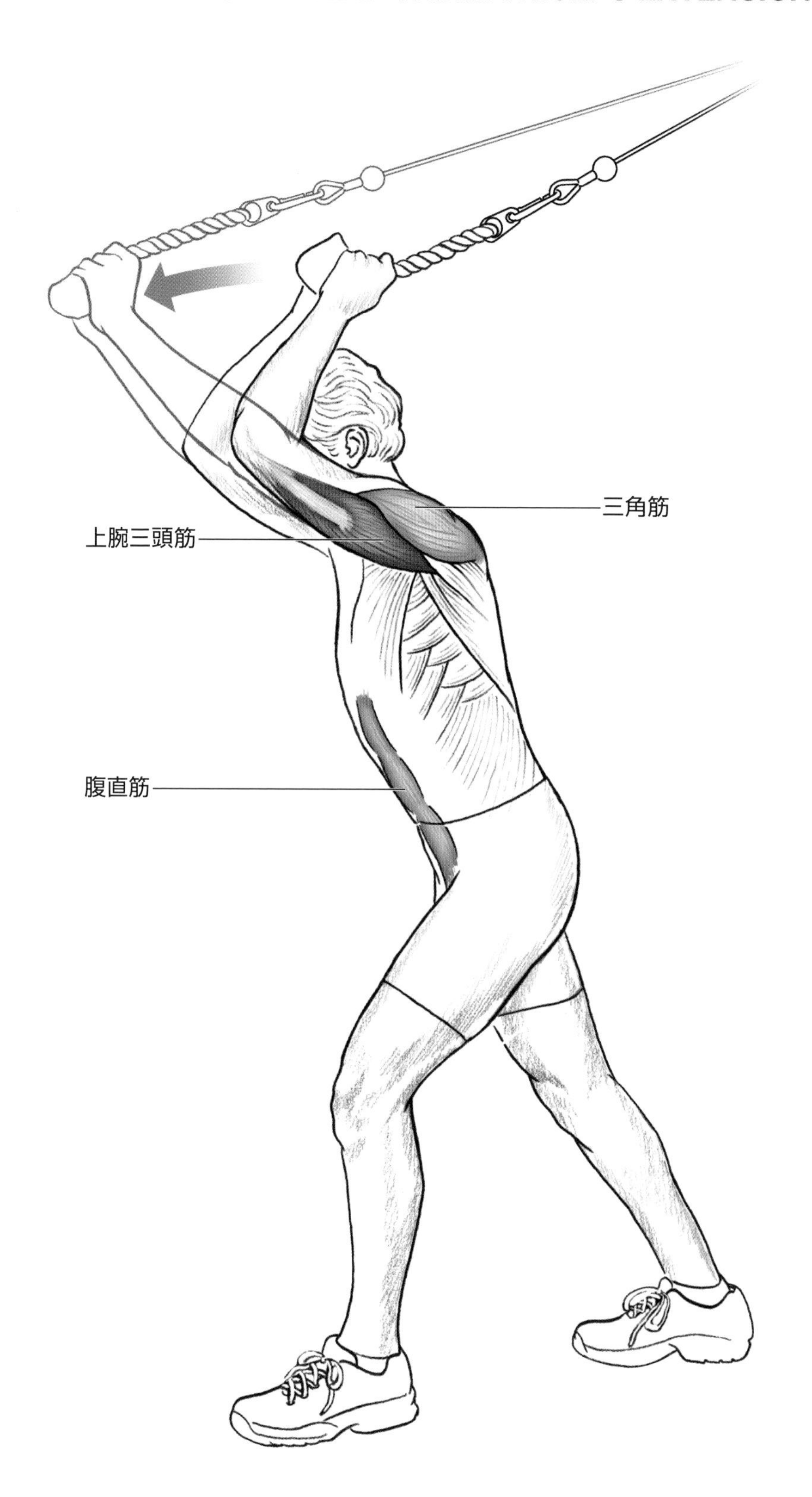

エクササイズ

1. プーリー・マシンに背を向けて立ち、ロープ・アタッチメントを頭上で握る。肘を曲げ、手は頭の後ろにおく。
2. 腰の位置から上体を 45 度前傾させる。片足は前に、もう片方は後ろで踏み込み、安定させる。
3. 上腕を動かすことなく肘を伸ばし、腕が伸び切って床と平行になるまでロープを前方に引く。
4. スタートポジションに戻す。セットごとに前後の足を入れ替える。

動員される筋肉

主動筋：上腕三頭筋（じょうわんさんとうきん）
補助筋：三角筋（さんかくきん）、腹直筋（ふくちょくきん）

サイクリング・フォーカス

前述の通り、上腕三頭筋の活発な収縮によってサイクリングポジションの大部分が決まってくる。このエクササイズとその前のエクササイズの「サイクリング・フォーカス」で描かれている自転車競技者たちのライディングポジションは、それぞれわずかに異なる（かつ一般的）が、同時にほぼ共通で、3人ともに上腕三頭筋からのサポートに頼っている。スタンディング・オーバーヘッド・ケーブル・トライセプス・エクステンションは、これから始まる何マイルものトレーニングに向けての準備になるだろう。適切なフォームで自転車に乗ると、肘はわずかに曲がる。体重に抗してこのように肘を曲げるためには、よく発達した上腕三頭筋が不可欠である。さらに、ペダルを回転させるたびに自転車は左右に細かく揺れ動く。腕と上腕三頭筋はこの動きに逆らい、自転車を安定させる。自転車の横方向の動きを抑えることで、前進する動きにより多くのパワーを供給することができる。このエクササイズのもう1つの利点は、すべてのトレーニングが実を結んだ時、トロフィーを頭上に軽々と持ち上げられることにもある！

バリエーション

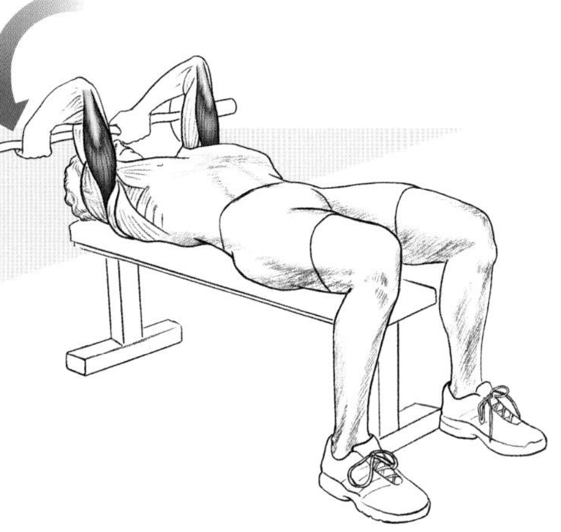

ライイング・トライセプス・エクステンション

Lying Triceps Extension

ベンチの上で背中を真っすぐにして仰向けになり、胸の上でバーを握り、肘を伸ばして持ち上げる。肩幅よりやや狭い間隔でバーを握る。上腕（上腕骨）を垂直に保ち、肘を曲げ、額のすぐ上までバーを下ろす。ゆっくりと肘を伸ばし、スタートポジションに戻す。

リバース・バーベル・カール

REVERSE BARBELL CURL

エクササイズ

1. 両手は肩幅の間隔で、手のひらを下にしてバーベルを握る。肘を伸ばし、大腿の前でバーベルを保持する。
2. 脇をしっかりと締め、肘を曲げて肩の高さまでバーベルを引き上げる。
3. スタートポジションまでバーベルを下ろす（肘を伸ばす）。
4. 前腕をさらに鍛えるためには、バーベルを持ち上げる時に毎回手首を返すとよいだろう。

動員される筋肉

主動筋：前腕伸筋群（長橈側手根伸筋、尺側手根伸筋、総指伸筋）、腕橈骨筋
補助筋：上腕二頭筋、上腕筋

サイクリング・フォーカス

タフな下りのあとでいかに腕が疲れるものなのかと、驚く自転車競技者は少なくない。長いテクニカルなダウンヒルでは前腕と握力の限界が試される。リバース・バーベル・カールは握力を強化し、ハンドルのコントロールを向上させるだろう。このエクササイズでは、手のひらを下に向けたオーバーハンドグリップでバーを握ることにより、ライディングポジションを再現している。ロードの凸凹道を乗り越えるためにバニーホッピングしたり、きわどいセクションを前輪を浮かせながら通過したりするためには、このエクササイズでトレーニングしているまさにその筋を使う必要がある。ジムでこのエクササイズを行う時には、危険が潜むセクションを、自転車に乗って宙を飛ぶように走る自分の姿をイメージするとよいだろう。

バリエーション

バランスディスク上でのリバース・バーベル・カール
Reverse Barbell Curl on Stability Disks

バランスディスクの上に立ってこのエクササイズを行うと、体幹、背中、下肢の筋をより強化することができる。この本で紹介しているエクササイズの多くは、その難易度を上げるためにバランスディスクを併用することができる。

リバース・ダンベル・カール
Reverse Dumbbell Curl

バーベルの代わりにダンベルを使ってこのエクササイズをすることもできる。ダンベルを使うことにより、それぞれの筋を単独で強化することができ、どちらか一方に偏ることがない。

リスト・エクステンション

WRIST EXTENSION

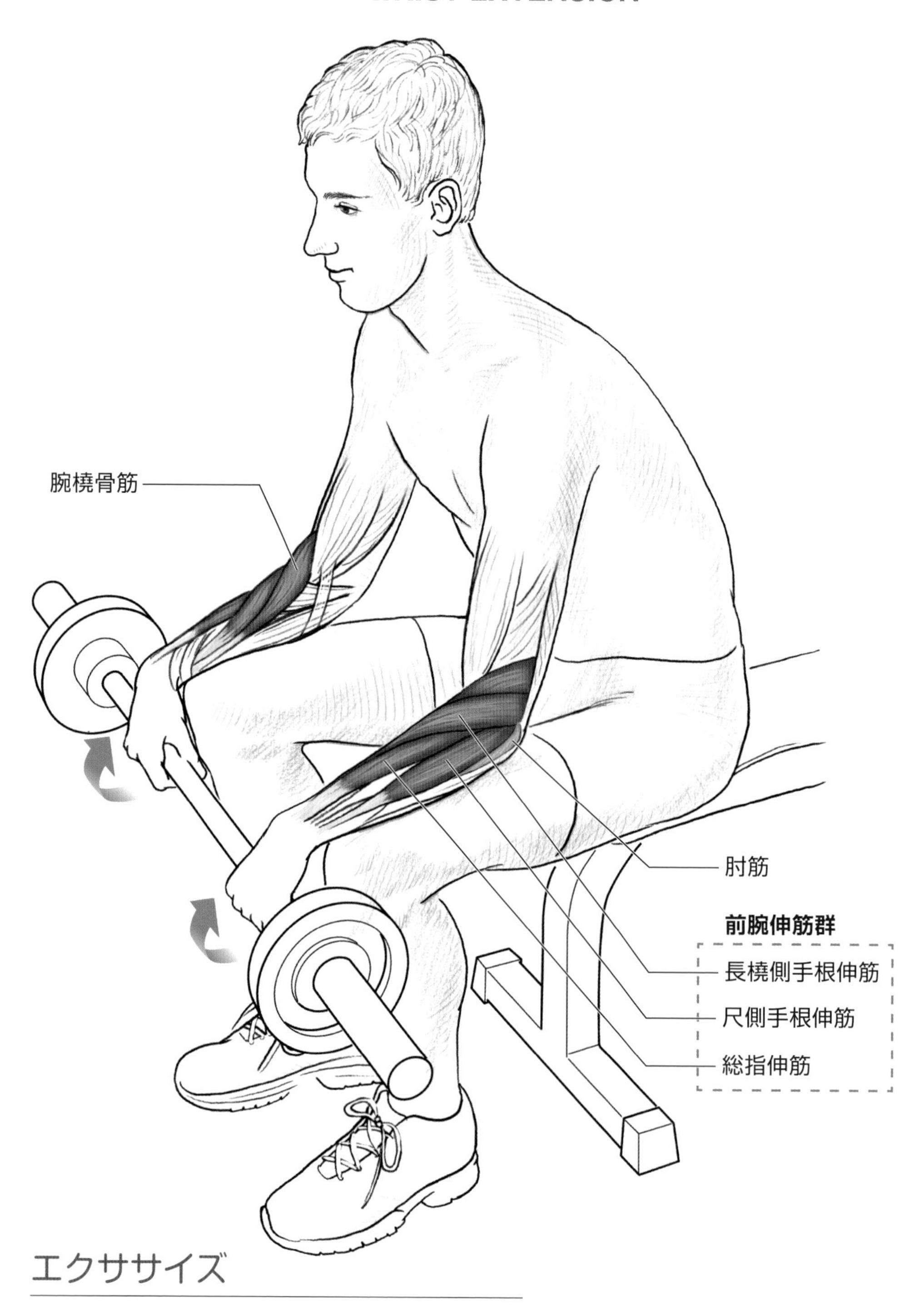

エクササイズ

1. ベンチに座り、手のひらを下に向けてバーベルを握る。大腿の上で前腕を固定する。
2. 手首を床に向かって曲げながらバーベルを下げる。
3. 手首を天井に向けて曲げながら、スタートポジションを通過し、バーベルをできるだけ高く持ち上げる（前腕は大腿の上で固定しておく）。

動員される筋肉

主動筋：前腕伸筋群（尺側手根伸筋、総指伸筋、短橈側手根伸筋、長橈側手根伸筋）、腕橈骨筋

補助筋：握力関連筋群（浅指屈筋、深指屈筋、長母指屈筋）、肘筋

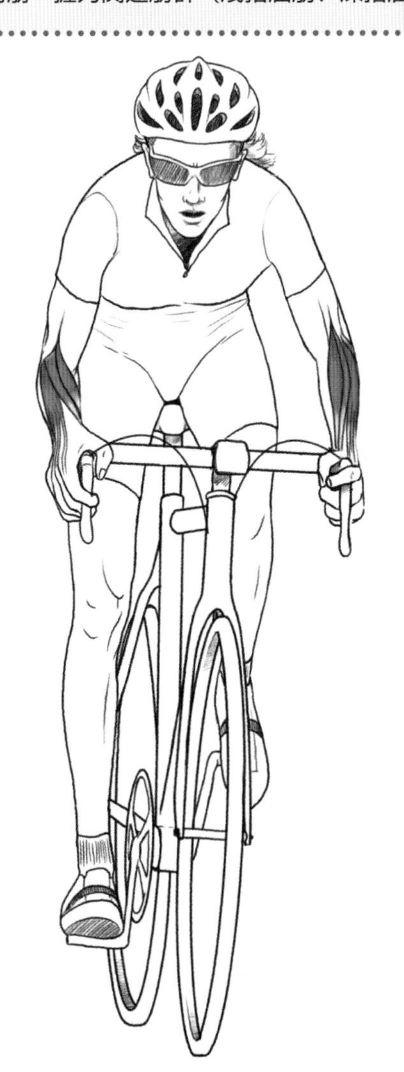

サイクリング・フォーカス

握力は、安全と自転車のハンドリングにおいて極めて重要である。延々と続く荒れた道にいつ出くわすとも限らない。道に開いた穴や未舗装部分にタイヤをとられ、ハンドルのグリップを失いかけるなど、ヒヤッとする瞬間をほとんどの自転車競技者は経験しているだろう。かの有名なパリ～ルーベでのライディングを想像し、選手が体験する前腕の痛みや疲労を考えてみよう。このような過酷な状況を経験する人はほとんどいないが、握力と前腕の筋を鍛えることにより、自転車のハンドリングは改善され、ハンドルを手から離してしまう恐れは小さくなる。

バリエーション

リスト・ローラー・パーム・ダウン（スピンドル・ワインド）

Wrist Roller Palms Down (Spindle Wind)

中央にロープやチェーンが付いている小さな丸い棒を置いているジムも多い。ロープのもう一方には小さなウエイトプレートが取り付けられている。腕を伸ばし、棒を身体の前で真っすぐに持つ。手のひらを下にして両手で棒を握る。棒にロープを巻きつけながら、床からウエイトを引き上げる。このエクササイズにより、前腕伸筋群と三角筋を鍛えることができる。筋が焼け付くような感覚を感じなさい！

リスト・カール

WRIST CURL

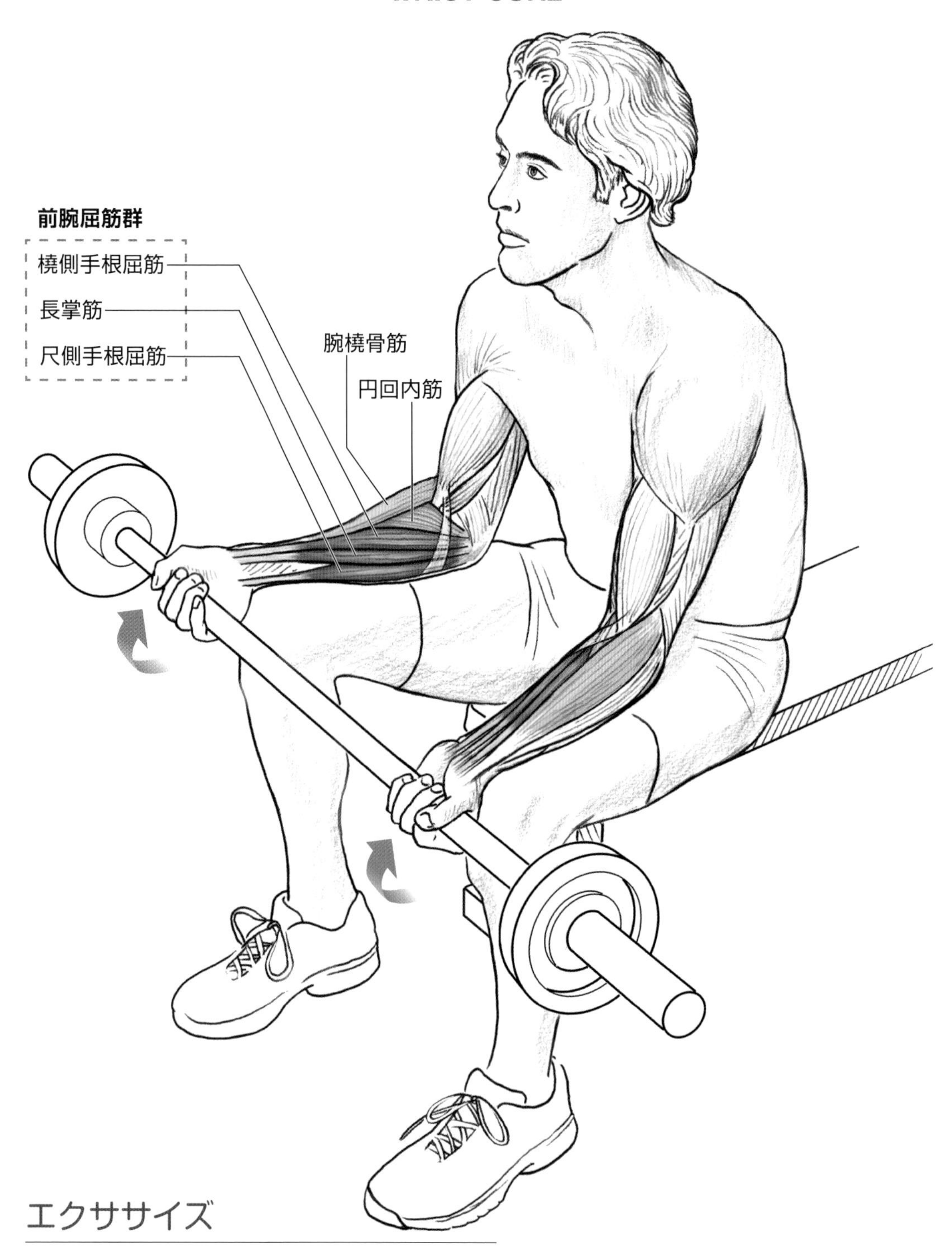

エクササイズ

1. ベンチに座り、手のひらを上に向けてバーベルを握る。大腿の上で前腕を固定する。
2. 手首を上に向けて伸ばし、バーベルを下げる。
3. 手首を天井に向けて曲げ、スタートポジションを通過して、バーベルをできるだけ高く持ち上げる（前腕は大腿の上に固定しておく）。

動員される筋肉

主動筋：前腕屈筋群（橈側手根屈筋、長掌筋、尺側手根屈筋）
補助筋：握力関連筋群（浅指屈筋、深指屈筋、長母指屈筋）、腕橈骨筋、円回内筋

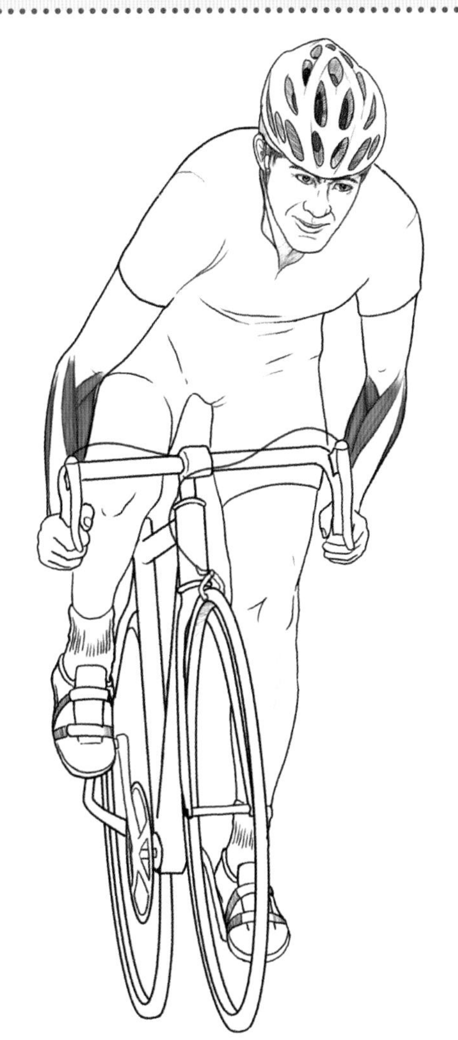

サイクリング・フォーカス

スプリントの最中は、ハンドルバーの下を握り、サドルから立ち上がっている。ペダルへの踏み込み動作ごとに脚によって作り出されたトルクに対処するため、積極的に手（ハンドル）を引き戻すだろう。フィニッシュラインに向かって自転車を走らせるため、前傾姿勢をとる。スプリントでの動作は身体全体に負荷がかかり、前腕も例外ではない。リスト・カールは、特に握力と前腕の筋力をターゲットに強化する。

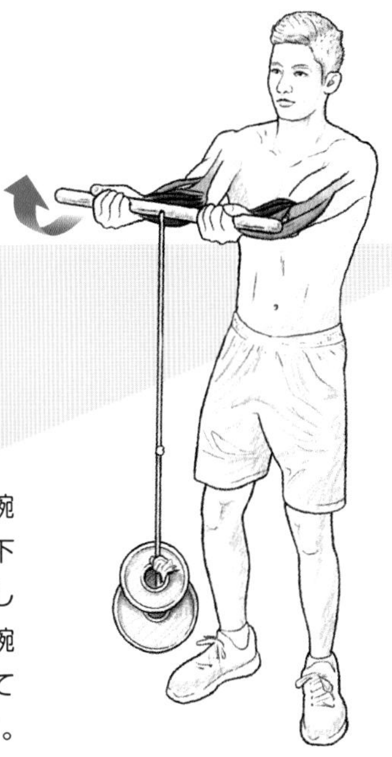

バリエーション

リスト・ローラー・パーム・アップ（スピンドル・ワインド）

Wrist Roller Palms Up (Spindle Wind)

ここで示されたリスト・ローラーのエクササイズは、前腕屈筋群を鍛えるためにも用いることができる。手のひらを下（オーバーグリップ）ではなく、上（アンダーグリップ）にして棒を握る。肘をわずかに曲げる。このエクササイズは上腕二頭筋もまた鍛えることができる。棒にロープを巻きつけてウエイトを持ち上げ、ロープをほどいてウエイトを床に戻す。

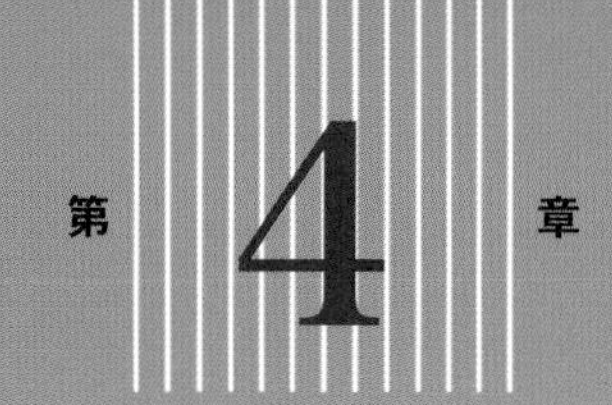

第4章

SHOULDERS AND NECK

肩と首

自転車に乗っている時、肩には常に負担がかかっている。肩は、腕と胴とをつなぐ主要な部分であるとともに、常に上半身の重さを支えているのだ。肩はまた、自転車に乗っている時、スタンディング、シッティング、スプリント、どんなポジションであっても、常に重力と闘っている。さらに急坂の登りやスプリントなど強度の高い動きをする時には、ペダルを踏み込む脚や腰にかかっている力を和らげるために肩でハンドルを思いっきり引くことになる。この章では、ポジションをサポートするだけでなく、パワーの土台作りにも役立つ肩や首の強化にフォーカスしたトレーニング方法を紹介しよう。

三角筋は、肩のパワフルな動きに関係している主要な筋である。そして各エクササイズでは、前部、中部、後部のように、機能別に焦点を絞って紹介している。また、この章では、棘上筋、棘下筋、小円筋、肩甲下筋を含むローテーター・カフ（回旋筋腱板）を強化する具体的なエクササイズも紹介する。多くのアスリートは、このローテーター・カフの役割について十分な理解のないままこれを語っている。ローテーター・カフは肩関節を安定させ、より大きな筋群が肩関節を一直線に保ちながら高負荷のタスクを実行できるようにする。三角筋や僧帽筋に比べて目立たない筋群であるため、ジムトレーニングではなおざりにされやすいが、肩の適切な機能やパフォーマンスにおいて、ローテーター・カフの重要性は無視できない。この筋群を鍛えることをどうか忘れないでほしい。弾力性があり、強いローテーター・カフは肩の痛みや損傷を防ぐための鍵だ。

自転車に乗っているときには、首にも負担がかかっている。ハンドルのフード、トップ、ドロップ、どの部分を握っていたとしても、自転車に乗っている間、首は常に背屈させた状態である。この姿勢は、板状筋やそのほかの首の伸筋に重い負担を強いている。この章の後半では、これらの筋群を強化するエクササイズを紹介する。前にも述べた通り、適切な身体の均整とバランスを維持する必要がある。背骨のアライメントを保護するため、首の主要な伸筋である胸鎖乳突筋を鍛えるエクササイズも紹介する。

私はこれまで、首に故障を抱えた多くのアスリートの治療に当たってきた。故障の原因はさまざまだが、最も一般的なものはオーバートレーニングと悪いライディングポジションである。そのため、トレーニングプログラムはゆっくりと時間をかけて進めるべきである。走行距離を伸ばすのであれば、身体が適応できるように回復日を十分に設けよう。「RACE」Rest（休息）、Accountability（責任）、Consistency（一貫性）、Efficiency（効率性）と覚えよう。ワークアウトからの回復そして休養の間に筋力が向上している。首の痛みや損傷はトレーニングの遅れにもつながる。そのため、鍛えて故障を回避することがトレーニングにおける最善策である。ジムで時間をかけて首を鍛えることによって、今後のトレーニングで首にかかる負荷に対し備えることができる。

自転車に乗っている間は肩と首に常に負荷がかかるため、適切なライディングポジションが最も重要である。第1章で言及した通り、自転車に乗る時には正しいライディングポジションを意識しよう。前傾しすぎたり、ハンドルが低すぎたりする場合には、疲れやすく、故障につながる恐れもある。最適なライディングポジションを見極めるには、快適さとパフォーマンス（空気抵抗）との兼ね合いが常に求められる。トレーニングを開始する前は、ライディングポジションの微調整に時間をかけるべきである。ライディングポジションに不安があるなら、地元の自転車ショップや自転車クラブを訪ね、バイク・フィッターに相談するとよいだろう。プロのバイクフィッターにお金を払うだけの価値はある。付け加えると、『Fitness Cycling』（Sovndal 2013）の第14章は、バイクフィッティングのための章である。

適切なトレーニングを行い、ポジションが完璧であったとしても、首や肩には負担がかかってしまうが、それはライディングポジションの特性上やむを得ないことである。前傾して顔を上げるポジションによって、徐々に首と肩の筋のアンバランスが生まれる。長年自転車に乗っていれば、頸部のカーブは強調され、背部の椎体間同士の間隔は狭くなる。腕をハンドルに向かって伸ばし、胸椎を前方に彎曲させているので、肩甲骨は前方下向きに回転する。これによって肩関節を安定させている筋に負荷がかかるようになる。トレーニングをして競技力向上を目指す場合には、ライディングポジションによるこのような変化に対処しなければならない。ささいな問題が深刻な問題に発展しないよう、懸念点にはその都度対処しよう。

この章は、サイクリングに関連する主要な筋だけではなく、不利な変化を防止するカウンター・バランス・マッスル（平衡筋）を鍛える助けになるだろう。

肩関節

肩は、上腕骨の近位端（上端）と肩甲骨とで形成される複雑な球窩関節である。同じ球窩関節である股関節と同様に、肩はその構造ゆえに可動域が広い（**図4-1**参照）。肩には主要な動きが6つある。

屈曲：身体の前方から頭に向かって腕を上げる
伸展：身体の後ろから頭に向かって腕を上げる
内転：身体の脇に向かって腕を下げる

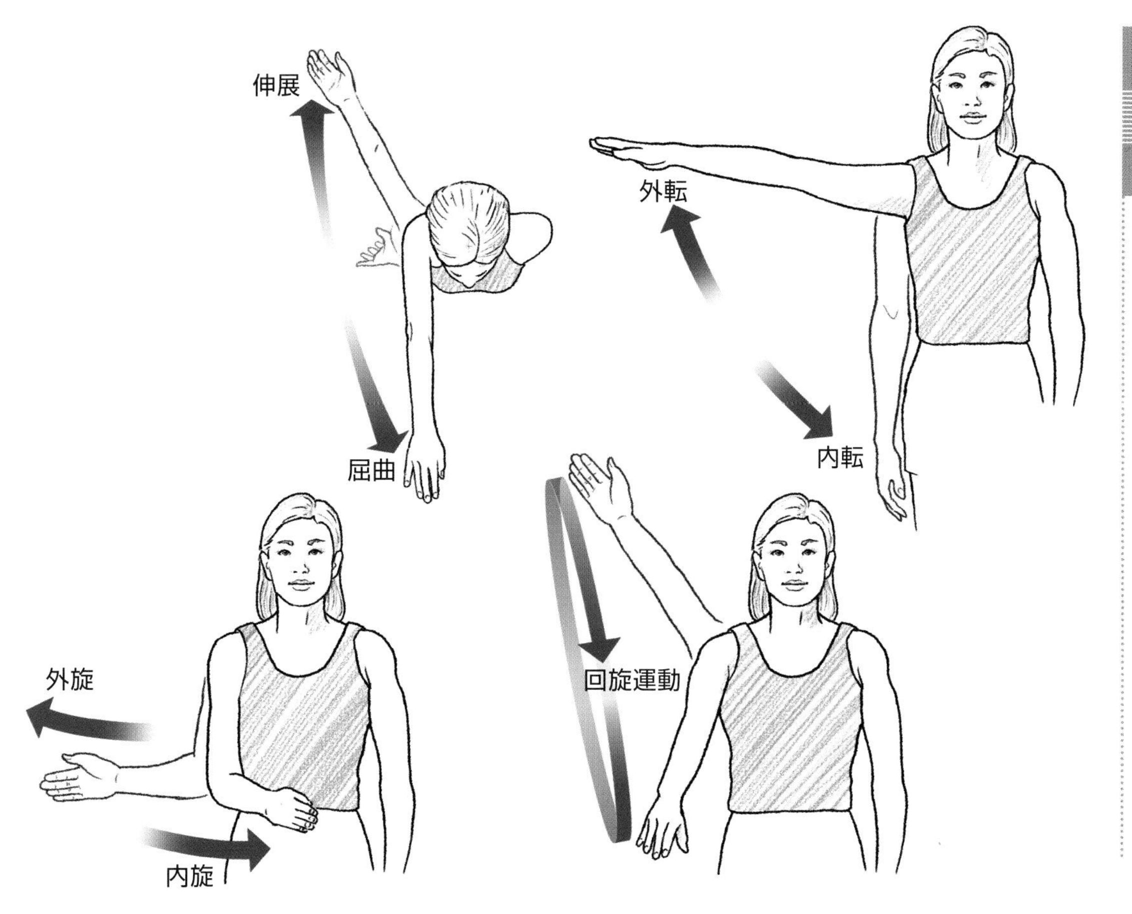

図 4-1　肩関節の動き

外転：身体の脇から外側に向かって腕を上げる
内旋：上腕（骨）を内側に向けて回す
外旋：上腕（骨）を外側に向けて回す

運動性が高まると、故障の危険性が出てくる。関節運動の自由度が高いほど、関節の固定を保持しづらく、不安定になる。つまり、肩関節に対しては筋力を高め、よくコンディショニングすることが重要である。

三角筋

前に述べた通り、肩はその筋構造ゆえに可動域が広い。肩の動きのキー・プレーヤーである三角筋は、非常に発達した筋である。三角筋の３つの長頭（前部、中部、後部）は、１つの腱に結合し、上腕骨に付着する（**図4-2**参照）。三角筋前部は鎖骨から起こり、肩を屈曲させる。三角筋中部は肩峰（けんぽう）に付着し、腕を外転させる。三角筋後部は肩甲骨から起こり、肩を伸展させる。重複するところもあるが、この章では三角筋の３つの部分にそれぞれ焦点をあてた特異的エクササイズを紹介する。

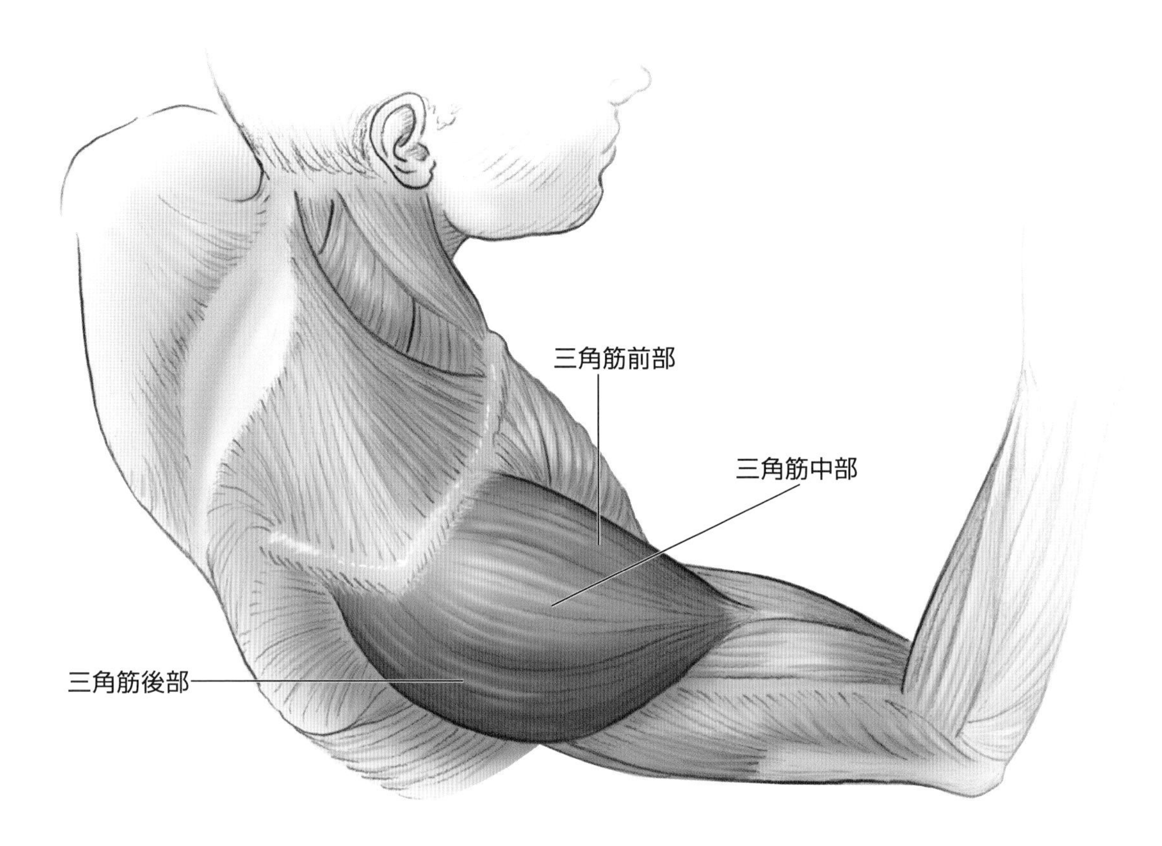

図4-2　三角筋

ローテーター・カフ（棘上筋、棘下筋、小円筋、肩甲下筋）

ローテーター・カフは、肩関節の周囲に存在し、肩関節を安定させ保護する鎧の役目をする筋群である（**図4-3**参照）。小さな筋ではあるが、肩の機能を適正に保つために極めて重要である。ローテーター・カフは、肩甲骨のさまざまなエリアに付着する４つの筋で構成されている。まず、肩甲骨の前部には肩甲下筋がある。この筋の主な役割は腕を内転させることである。肩甲骨の後ろには棘下筋、小円筋がある。この２つの筋は腕を外転させる。最後に、肩甲骨の上面に棘上筋はある。この筋は肩を外転させる（腕を上げて身体から離す）。

首の筋系

首は、脊椎の中でも非常に可動域が広く、またかなりもろい部分でもある。この高い可動域をもたらすと同時に、十分に脊髄を安定させるために、多くの筋と靭帯が一緒に支えている。そこでこの本では、主要な運動筋にスポットを当てていく。頭板状筋と頸板状筋は首を伸展させる（**図4-3**参照）。これらの筋は脊椎に沿って走り、頭蓋下部に付着する。僧帽筋（第６章）、肩甲挙筋、胸鎖乳突筋の後部は、首が伸展する時に協力して板状筋を助ける。これら３つの筋を鍛えることは、故障のない

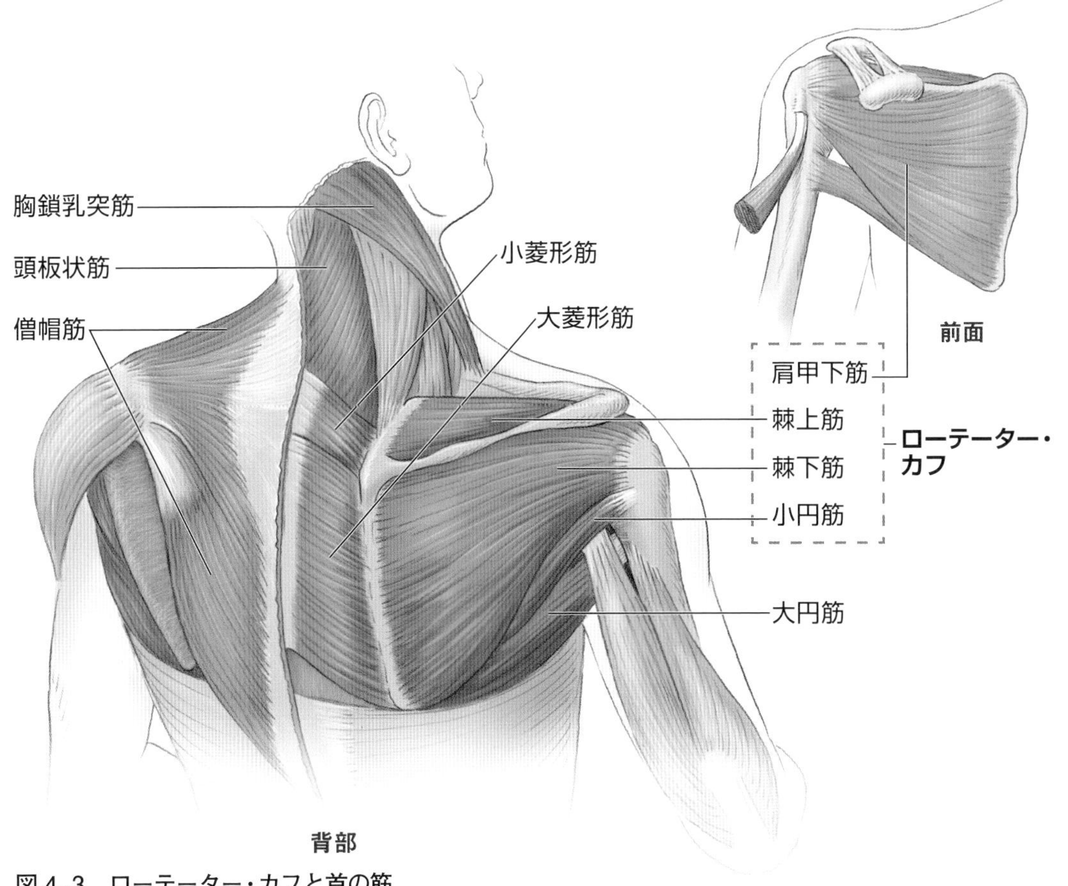

図 4-3　ローテーター・カフと首の筋

健やかなライディングにとって極めて重要である。胸鎖乳突筋は、首の前方向ならびに横方向の屈曲を行い、胸骨側と鎖骨側とに分かれる。その名前からもわかるように、この筋は胸骨、鎖骨、頭蓋の乳様突起（にゅうようとっき）につながっている。長時間自転車に乗ると板状筋に過負荷がかかり、胸鎖乳突筋が未発達になることがある。これは椎間板（ついかんばん）に過度の負荷をかけ、痛みと損傷につながることにもなる。

ウォームアップとストレッチ

10〜15分間ほどかけて、首と肩のウォームアップをする。縄跳びやロウイングマシンは、この章で紹介するエクササイズを行う前の心臓血管系のよいウォームアップとなる。血流が高まり、毛細血管が開いたら、時間をかけて十分なストレッチを行う。ウォームアップをしっかり行わずにいきなりエクササイズを始めてしまうと、首や肩を痛めやすいからだ。肩の前回しや後ろ回し、ストレッチを行えば、関節全体が柔らかくなる。肩は360度回転することができるので、その可動域の中でしっかりと回す。第３章で述べたように、木の棒（ホウキの柄）があれば、肩の上に置き、左右に回すといい。さらに肩と首を柔らかくする頭の上で８の字を描く動作も行うとよい。首を前後左右にストレッチしよう。十分に緩んできたら、簡単なアイソメトリック運動をして、首の筋をエクササイズに備えるといいだろう。頭に軽く手を添えて、動きに抵抗を与える。それぞれの筋群に対し、10〜15秒間抵抗を与える。

ダンベル・ショルダー・プレス

DUMBBELL SHOULDER PRESS

エクササイズ

1. バランスボールに座り、肘を曲げて肩の高さでダンベルを持つ。手のひらは前方に向ける。
2. 肘が真っすぐになるまで、左右同時にダンベルを垂直に持ち上げる。
3. 左右同時に、ダンベルをスタートポジションまで下げる。

安全に行うために

このエクササイズを行っている時に、ボールが後方に転がらないように注意する。背中を真っすぐにしている時は、重心をバランスボールのやや前に置き、前気味に腰掛けるようにする。

動員される筋肉

主動筋：三角筋前部（さんかくきんぜんぶ）

補助筋：三角筋中部（さんかくきんちゅうぶ）、上腕三頭筋（じょうわんさんとうきん）、大胸筋上部（だいきょうきんじょうぶ）、僧帽筋（そうぼうきん）

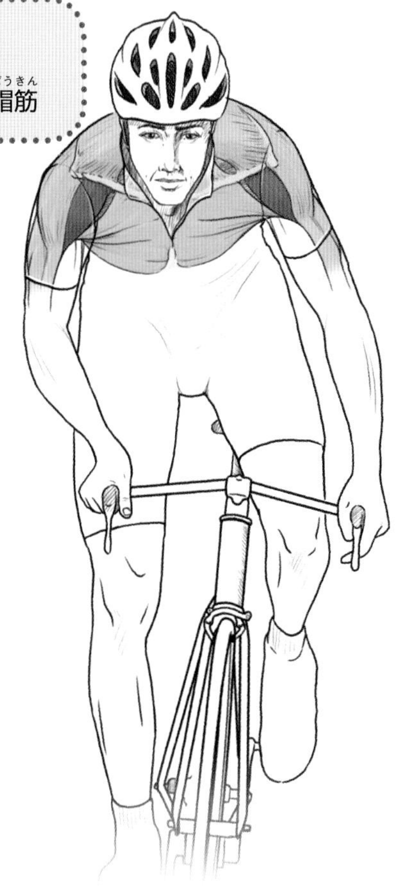

サイクリング・フォーカス

この章の最初の部分で述べた通り、自転車に乗っている間は常に肩に負担がかかっている。どんなポジションであれ、ハンドルに前傾すれば体幹の重さに対抗するため肩に負担がかかる。ショルダー・プレスは、三角筋前部および中部を鍛えるための重要なエクササイズである。これらの筋は、ペダリングの時に体幹を安定させる鍵となる。自転車に乗る時、多くの自転車競技者たちは左右に身体を振る。自転車を前進させる動き以外の動きは無駄であり、最小限に抑えるべきである。自転車を左右に揺らす動きは、推進力に使われるべきエネルギーを分散させてしまう。

バリエーション

アーノルド・プレス

Arnold Press

このエクササイズの名前の由来は、ほかでもないかのアーノルド・シュワルツェネッガーからきている。私はエクササイズ時にこのバリエーションをよく使う。これは、普通の「肘を突き出す」ダンベル・ショルダー・プレスの際に肩や肘に違和感を覚える場合にうってつけの代替運動である。まず肘先が前を向き、手のひらが顔の方向に向いている状態から始める。腕を片方ずつ伸ばし上げ、プレスの間に腕を180度外旋させる。

アップライト・バーベル・ロウ
UPRIGHT BARBELL ROW

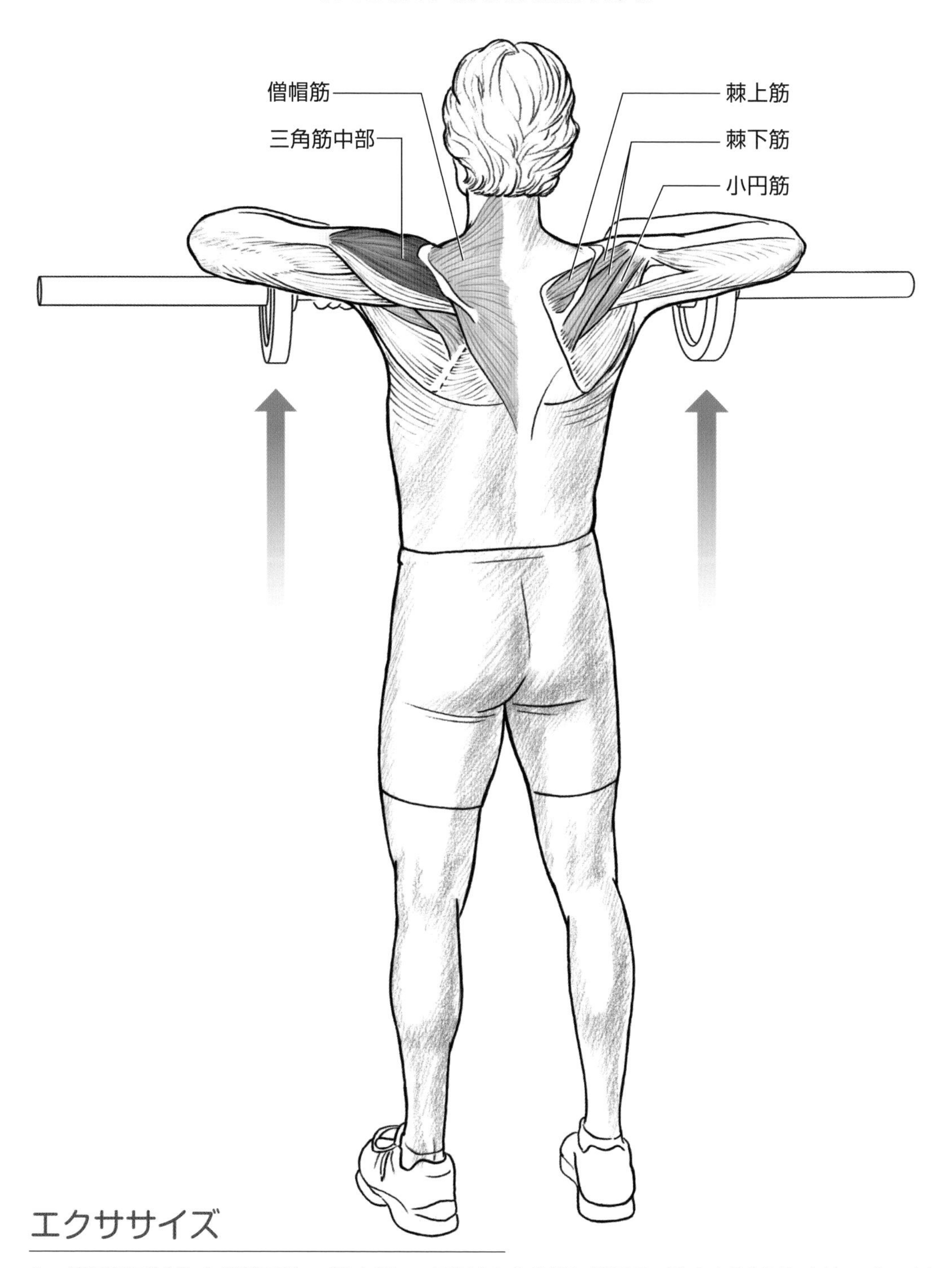

エクササイズ

1. 腕を下に伸ばした状態でバーベルを持つ。肩幅よりやや狭い間隔で、手のひらを下に向けてバーベルを持つ。
2. 肘を高く保持しながら、胸上部に向けて手を垂直に引き上げる。
3. ゆっくりとスタートポジションに戻る。

動員される筋肉

主動筋：三角筋前部（さんかくきんぜんぶ）、三角筋中部（さんかくきんちゅうぶ）
補助筋：棘下筋（きょくかきん）、棘上筋（きょくじょうきん）、小円筋（しょうえんきん）、僧帽筋（そうぼうきん）

サイクリング・フォーカス

長い登坂走行中は、ハンドルのトップに手をかけることが多くなる。しかし山頂まで飛ばして行く時は、毎回クランクが回転するたびにハンドルを引き上げることになる。ツール・ド・フランスの山岳ステージを走る選手を見ると、これが登坂をリズミカルに上る時にとっているポジションであることがわかる。アップライト・ロウのエクササイズをする時には、このポジションを意識するといい。このエクササイズによって肩、腕、握力を強化し、今後の登坂走行に備えることができる。急加速する時に多くの選手がするように、フードに手を置いてスタンディングで登る時、このエクササイズで鍛えた筋が頼りになるであろう。

バリエーション

ケトルベル・ロウ
Kettlebell Row

スクワットし、手のひらを自分の身体に向ける状態でケトルベルを握る。メインのエクササイズと同じ方法に従う。背中は常に真っすぐ伸ばし、肘を高く保持する。胸の高さでしばし止め、身体の前で腕が真っすぐになるようにケトルベルをスタートポジションまで下げ戻す。

バランスディスク上でのケトルベル・ロウ
Kettlebell Row on Stability Disks

同じエクササイズをバランスディスクの上で行う。これはバランスディスクを使って行うにはうってつけのエクササイズである。バランスディスクを使うと、ポジション安定のためにふくらはぎを鍛えるだけでなく、腰と体幹も鍛えることになる。

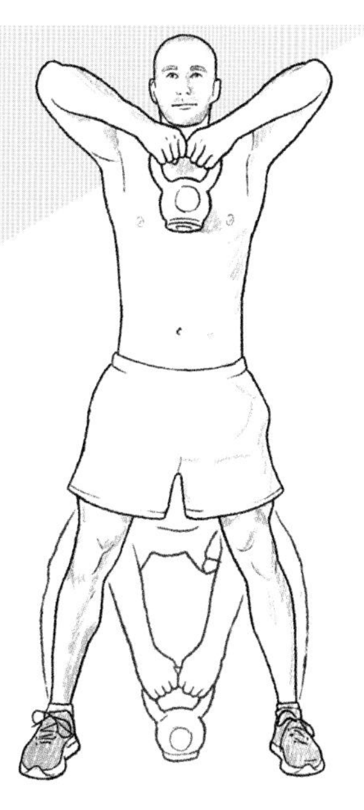

アラウンド・ザ・ワールド・ウエイト・プレート
AROUND THE WORLD WEIGHT PLATE

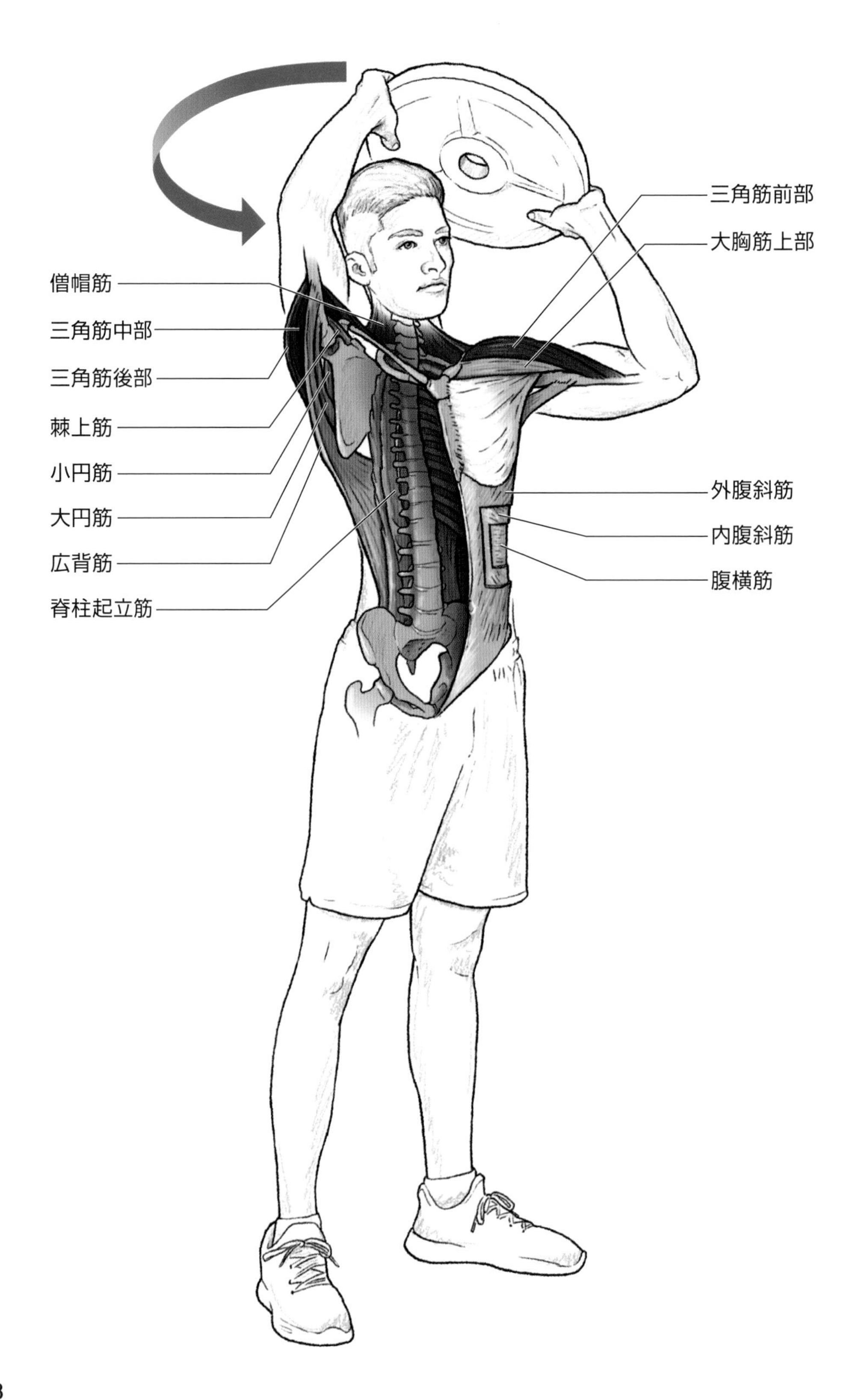

エクササイズ

1. 足を肩幅に広げ、ウエイト・プレートを両手で持つ。この時、腕は身体の前で伸ばした状態にする。
2. 円を描くようにウエイトを頭の周りで 360 度回転させ、スタートポジションに戻る。
3. 同じ動作を反対方向でも行い、スタートポジションに戻る。

動員される筋肉

主動筋：三角筋前部、三角筋中部、三角筋後部、僧帽筋

補助筋：大胸筋上部、棘上筋、棘下筋、小円筋、大円筋、菱形筋、広背筋、腹横筋、外腹斜筋、内腹斜筋、脊柱起立筋（腸肋筋、最長筋、棘筋）

サイクリング・フォーカス

このエクササイズは肩と腕のほぼすべての筋群に働きかける。このエクササイズは効率的で、同時に複数の筋を鍛えることができるので、私は好んで取り入れている。頂上を目指して常に加速をかけながら、地形を避けるようにマウンテンバイクを前後に動かす様子を想像してみてほしい。このエクササイズは自転車に乗っているように流動的な動作である。力強く回しながら行う微調整は、より大きな筋群のパワーを強化させるだけでなく、肩も安定させる。

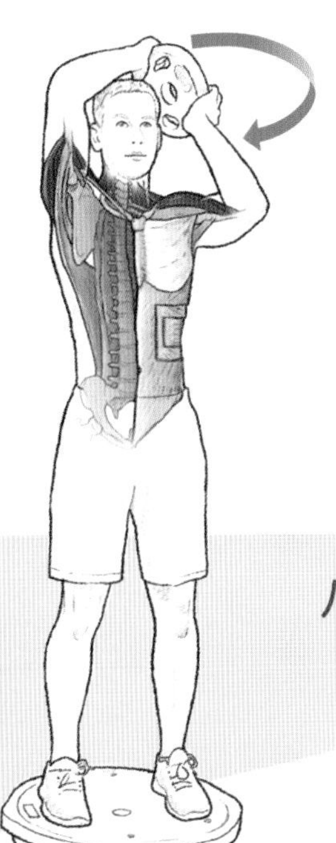

バリエーション

半球バランスボール上でのアラウンド・ザ・ワールド

Around the World on a Half Dome Balance Trainer

不安定な状態で立つことにより体幹と背中が鍛えられる。加えて脚と臀部の安定筋の強化にも役立つ。

ダブルアーム・サスペンデット・ロウ
DOUBLE-ARM SUSPENDED ROW

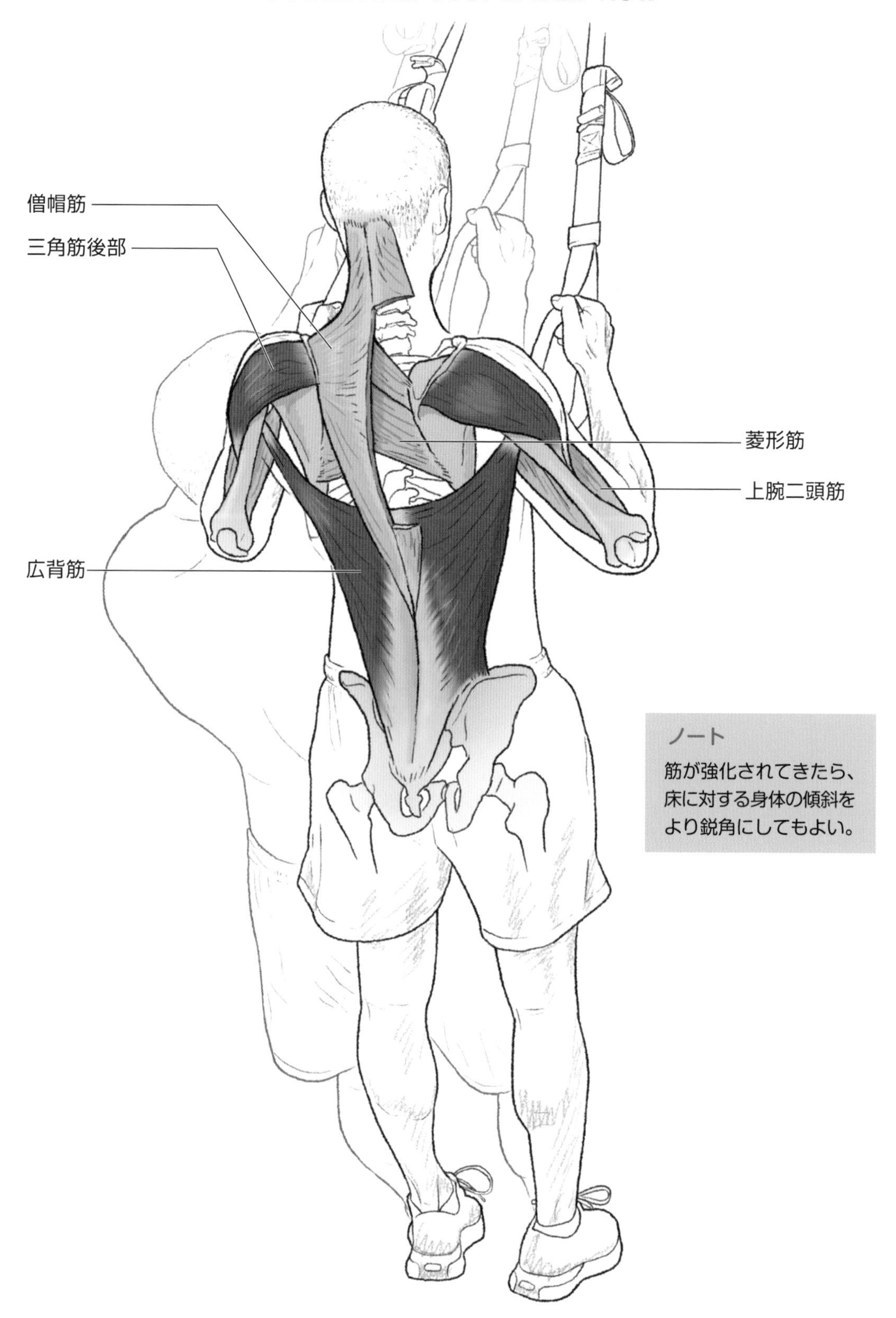

ノート

筋が強化されてきたら、床に対する身体の傾斜をより鋭角にしてもよい。

エクササイズ

1. ハンドル付きのストラップあるいはラックに付属したオリンピックバー、もしくはスミスマシンなどのサスペンションシステムの下に立つ。最初は床に対して真っすぐにした身体が 45 度になるように角度をつける。
2. 腕を伸ばしてぶら下がった状態から、ハンドルもしくはバーに向かって胸を引き上げる。背中は真っすぐにし、身体のラインを一直線に固める。
3. フィニッシュポジション（胸をハンドルもしくはバーの方に引き上げた状態）でしばらくキープし、その後ゆっくりと逆戻りする。腕が完全に伸びきるまで身体を下ろしていく。エクササイズの間中、身体を真っすぐにする。

動員される筋肉

主動筋：三角筋後部、広背筋
補助筋：僧帽筋、菱形筋、上腕二頭筋

サイクリング・フォーカス

このエクササイズは、反対向きになっているものの自転車のライディングポジションとよく似ている。ジムでこのエクササイズを行う時には、自転車に乗って力強くスプリントをしている場面を想像してみよう。サドルから立ち上がってスプリントをする時、ペダルを激しく踏み込むだけでなく、腕で思いきりハンドルを引っ張っている。このエクササイズは、ぶら下がってはいるものの腕の力強い引きを再現しており、スプリントの時にエネルギーを余すことなく出すことに役立つ。エクササイズを行う時、勝利に向かってスプリント・フィニッシュする自分の姿を想像してみよう。負荷がかかって筋が悲鳴をあげる時、それぞれの腕がハンドルを引く感覚を意識してみよう。

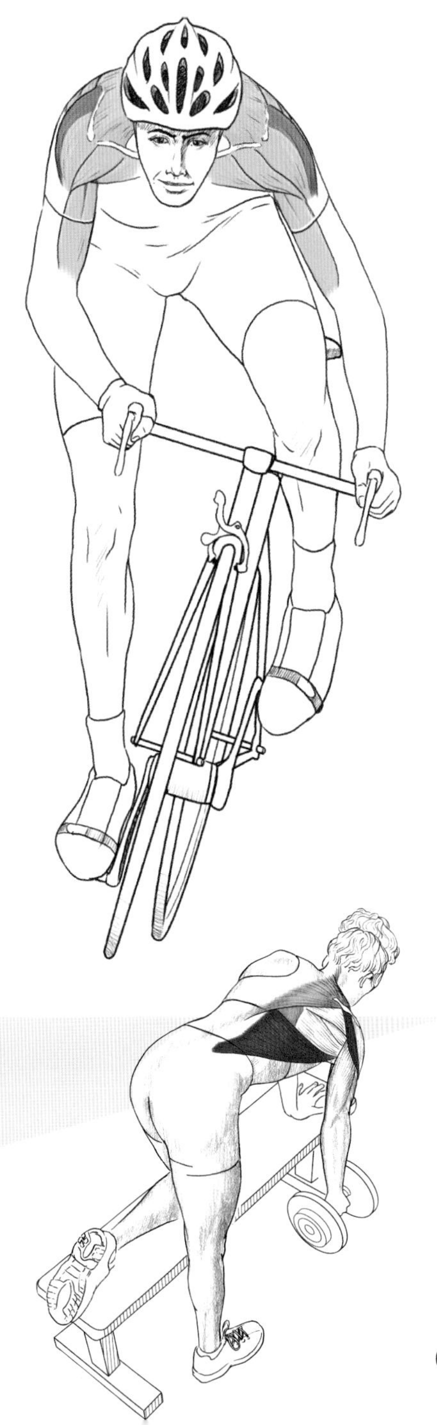

バリエーション

シングルアーム・ダンベル・ロウ
Single-Arm Dumbbell Row

片側の膝と手をベンチに乗せ、反対側の手でダンベルを持ち、腕を伸ばす。背中を平らにした状態でダンベルを持った手が胸につくまで引き上げる。肩甲骨を寄せるイメージで行う。

ダンベル・レイズ・アンド・スウィープ
DUMBBELL RAISE AND SWEEP

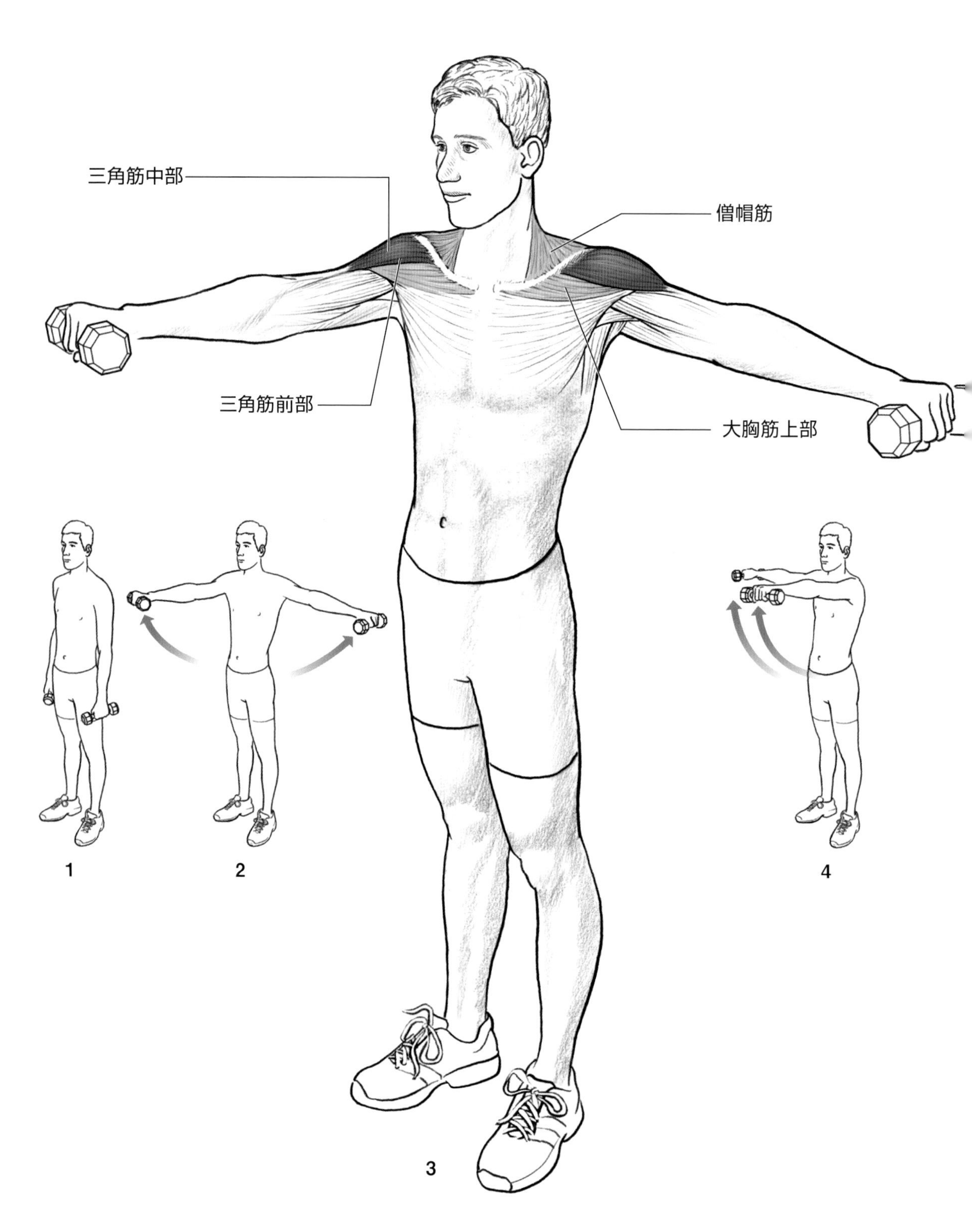

エクササイズ

1. それぞれの手に手のひらを下に向けてダンベルを持つ。肘を伸ばし、腕は両脇につける。
2. 肘は真っすぐに伸ばしたまま、右腕を床と平行になるように前方に上げる。同時に、左腕は床と平行になるようにサイドに持ち上げる。
3. そのまま両腕を平行移動し、ポジションを変える。右腕は水平にサイドへ移動し、左腕は水平に前方へ移動させる。
4. ダンベルを体側へ下ろす。スタートポジションを変えて、エクササイズを繰り返す。

動員される筋肉

主動筋：三角筋中部（さんかくきんちゅうぶ）、三角筋前部（さんかくきんぜんぶ）

補助筋：僧帽筋（そうぼうきん）、大胸筋上部（だいきょうきんじょうぶ）、三角筋後部（さんかくきんこうぶ）、棘上筋（きょくじょうきん）、脊柱起立筋（せきちゅうきりつきん）（腸肋筋（ちょうろくきん）、最長筋（さいちょうきん）、棘筋（きょくきん））、内腹斜筋（ないふくしゃきん）、外腹斜筋（がいふくしゃきん）、前鋸筋（ぜんきょきん）

サイクリング・フォーカス

これは自転車競技者にとって最高のエクササイズである。肩とコア（体幹）部分のさまざまな部位に同時に働きかける。サドルから腰を上げて登坂している時には、ペダルに最大限の力を伝えるべく、重心は常に左右に移動している（平地でアタックをかける時や、フィニッシュ・スプリントにおいても同様の動きをする）。この重心移動によって、上半身にはねじる動きが加わり、肩関節に繰り返しストレスを与えることになる。ダンベル・レイズ・アンド・スウィープでは水平方向と前方方向の負荷を同時に再現することにより、上半身が動かないように背中と胴を鍛えることができる。このエクササイズの最中、重心が大きく移動するためバランスをとらなければならない。三角筋が鍛えられるだけでなく、体幹のスタビリティー（安定性）トレーニングを行うことにもなる。

バリエーション

フロント・ダンベル・レイズとラテラル・ダンベル・レイズ

Front Dumbbell Raise and Lateral Dumbbell Raise

これらのエクササイズは三角筋前部と三角筋中部をそれぞれ単独で強化する。フロント・ダンベル・レイズはバンドやバーベルで行うこともできる。

Aフレーム

A-FRAME

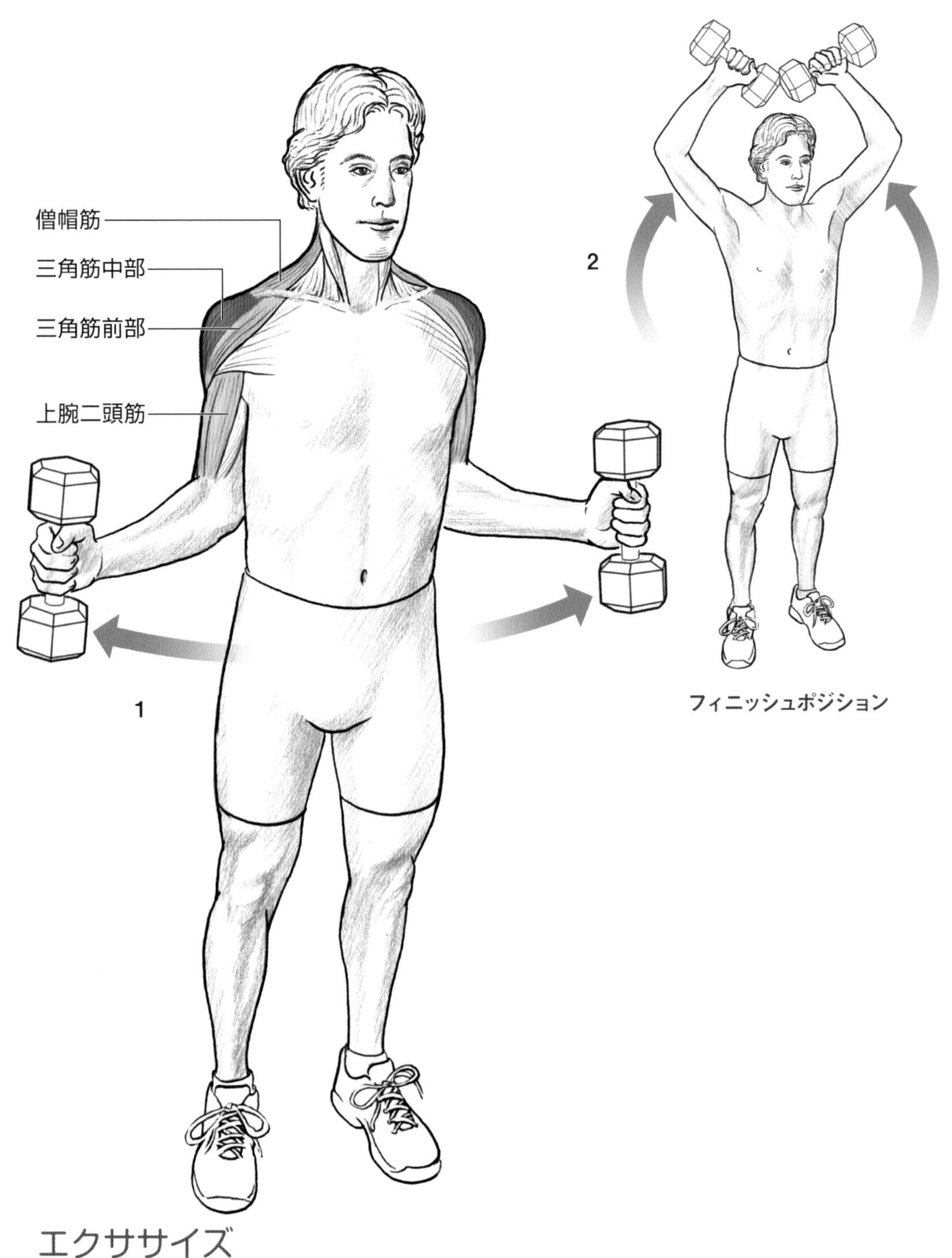

エクササイズ

1. 親指が上に向くようにダンベルを垂直に持つ。肘は腰につけ、前腕は前方に向ける。
2. 前腕を床と平行に保ちながら、ダンベルを横方向に動かす。
3. 肘を90度に固定したまま、ダンベルを頭上で触れ合うまで持ち上げる（フィニッシュポジション参照）。
4. ここまでの動作を逆戻りするように、ダンベルを横方向に下げてから前方に戻す。

動員される筋肉

主動筋：三角筋中部、ローテーター・カフ（肩甲下筋、棘下筋、棘上筋、小円筋）
補助筋：三角筋前部、三角筋後部、僧帽筋、上腕二頭筋

サイクリング・フォーカス

このエクササイズの回転運動は、特にローテーター・カフに焦点を絞ったものである。ローテーター・カフを鍛えようとする自転車競技者はあまりいないが、この筋はすべてのアスリートにとって極めて重要である。ライディングポジションをとる時、ローテーター・カフは肩を適切な位置で固定し、体重を支える台座となる。これは肩を安定させるための基盤であり、ローテーター・カフが脆弱であったり未発達であったりした場合、ライディングにより肩にかかる絶え間ない力がやがて痛みや不快感をもたらすことになる。落車によりローテーター・カフに損傷を負ったことのある自転車競技者は、自転車に乗ってリハビリする時にどれほど不快感を覚えるものかを証明できる。

バリエーション

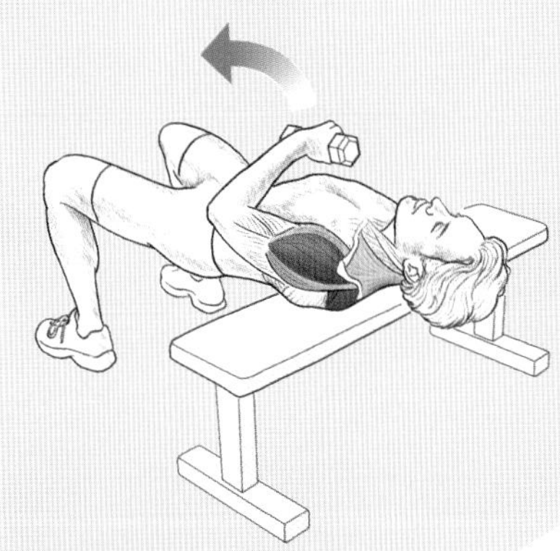

ダンベル・エクスターナル・ローテーション
Dumbbell External Rotation

背中と肩をベンチにつけた状態で横になる。床と平行になるように前腕をウエストの上に置いてダンベルを持つ。上腕はしっかりと脇につけたまま、ウエストから床と垂直の状態で前腕が弧を描くように肩を回転させる。スタートポジションに戻る。

ダンベル・インターナル・ローテーション
Dumbbell Internal Rotation

背中と肩をベンチにつけた状態で横になる。床あるいはベンチと平行になるように、前腕を横に寝かせてダンベルを持つ。上腕はしっかりと脇につけたまま、ベンチから床と垂直の位置まで前腕が弧を描くように肩を回転させる。

ノート

エクスターナル・ローテーションとインターナル・ローテーションを組み合わせて、腕を 180 度回転させることもできる。

ロー・プーリー・ベントオーバー・ラテラル・レイズ
LOW PULLEY BENT-OVER LATERAL RAISE

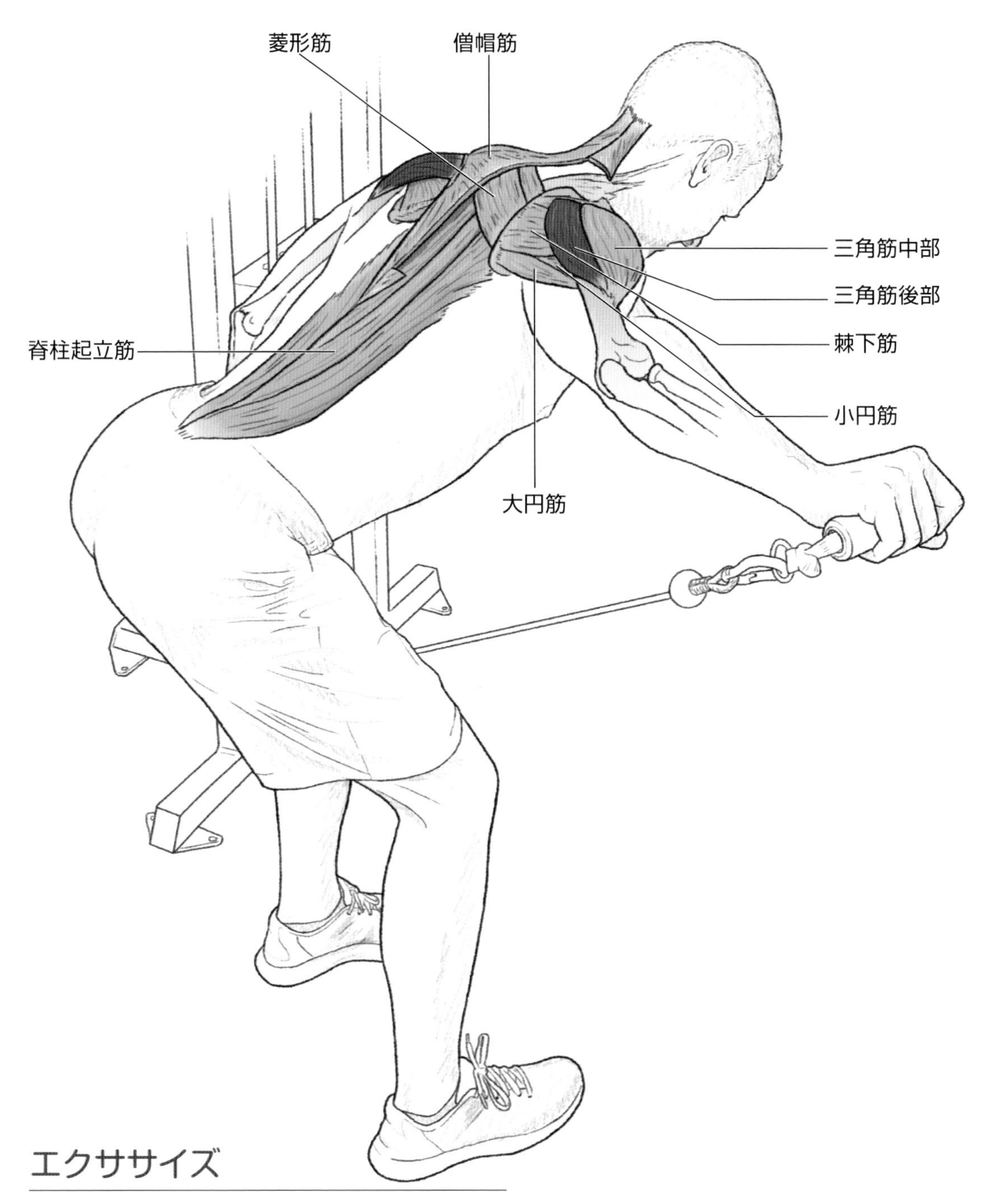

エクササイズ

1. ロー・プーリー・マシンに対して垂直に立つ。足は肩幅に広げ上体を前傾させる。膝はわずかに曲げた状態で保持し、前傾しながらも背中は真っすぐに保つ（弯曲させない）。
2. 外側の手を使い、手のひらを下にした状態でプーリーのハンドルを握る。
3. 床と水平になるまで腕を広げる。動作の間、肘が常に同じくらい曲がっているようにする。肩関節を軸に回転させ、肘や腰関節が動かないように注意する。
4. スタートポジションに戻る。反対側も同じセットを行う。

動員される筋肉

主動筋：三角筋後部

補助筋：三角筋中部、僧帽筋、菱形筋、棘下筋、小円筋、大円筋、脊柱起立筋（腸肋筋、最長筋、棘筋）

サイクリング・フォーカス

自転車に乗っている時には基木的に、２つの力が腕と肩にかかっている。１つは体重と体のポジションによってハンドルにかかる下方向への一定の力。２つ目は、スプリントや登坂時に腕によってハンドルにかかる上方向へ引く力である。ベントオーバー・ラテラル・レイズは、２つ目の力で使われる筋を意識して、肩の背面部分を発達させる。自転車に乗っている時はほとんどの場合前傾姿勢をとっており、この時に発達するのは肩の前面部分だからである。だからこそこのジムエクササイズは非常に重要なのである。身体は対称性があることを忘れてはならない。前面の筋の発達のバランスを保つためには、背面を鍛えるこのエクササイズを意識すべきである。肩関節の適切なバランスをとることは、深刻なケガの予防になる。

バリエーション

バランスボールを用いたラテラル・ダンベル・レイズ

Stability Ball Lateral Dumbbell Raise

このエクササイズに不安定な状態を加えたかったら、バランスボールを使うといい。ダンベルを上げる時、バランスボール上で胴体のポジションを保たなくてはならない。腕が地面についてしまうので肩の動きは制限されるが、背中と首の伸筋に働きかける良いエクササイズである。

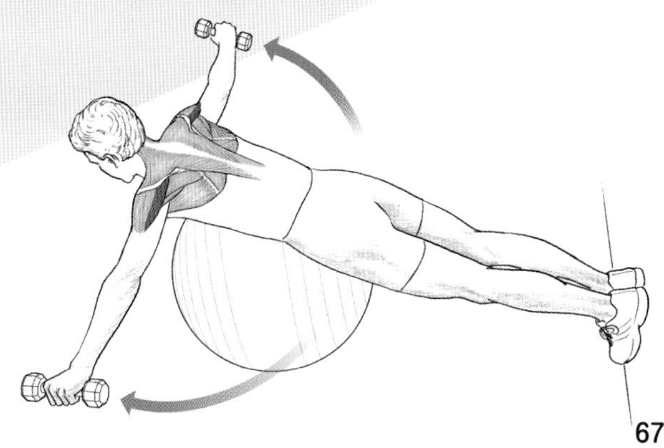

レスラーズ・ブリッジ（エクステンション）・ウィズ・バランスボール
WRESTLER'S BRIDGE(EXTENSION) WITH STABILITY BALL

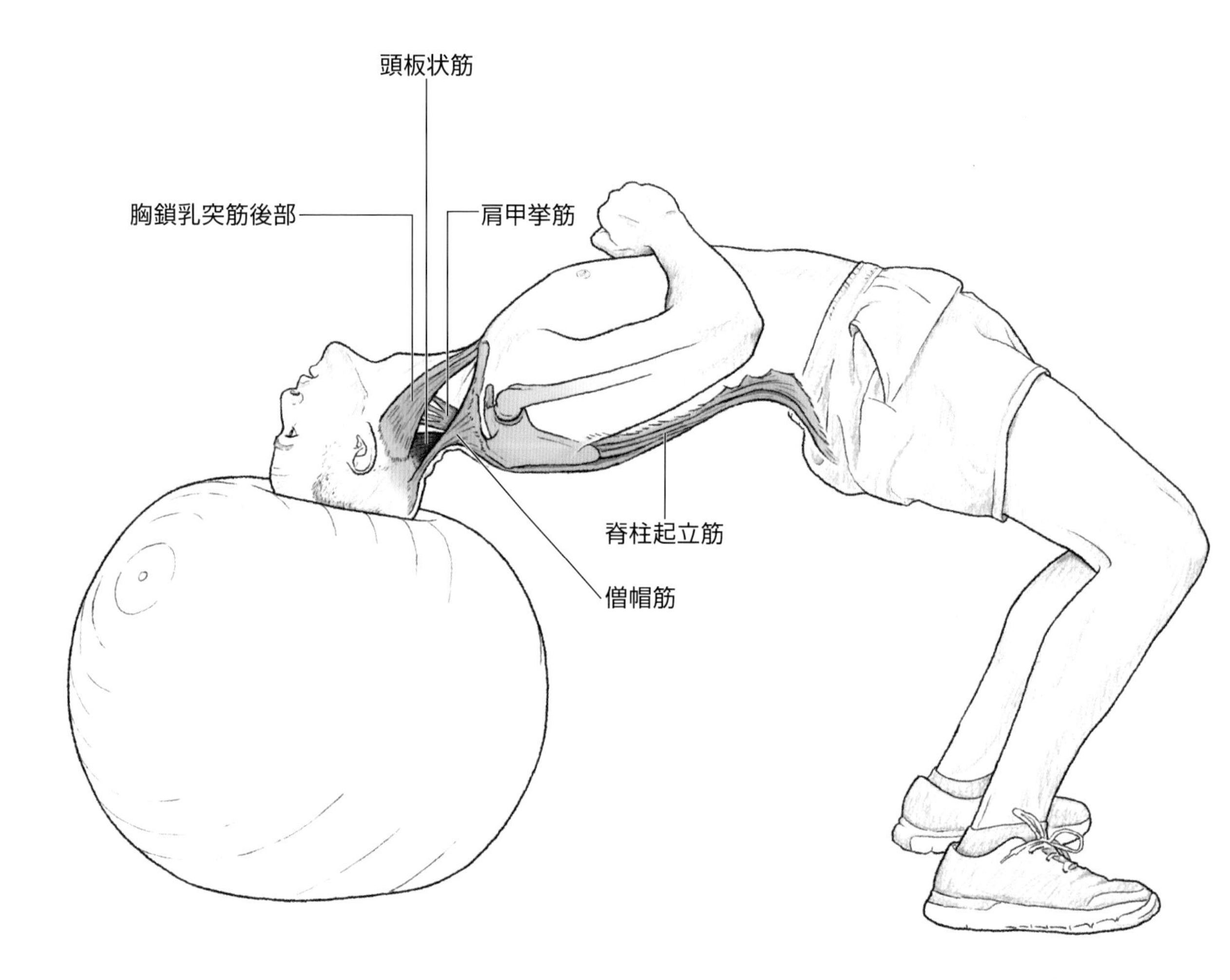

エクササイズ

1. 足を肩幅に開いてバランスボールに寄り掛かる。かかとをバランスボールから離すほど難度は高くなる。
2. ゆっくりと首を伸展させながら上を向き、さらに目線を後方に持って行く。肩と身体を上げていき、バランスボールから離す。背中は真っすぐに維持する。
3. ゆっくりと首を前に丸めていき、スタートポジションに戻る。

安全に行うために

このエクササイズを行う前にはしっかりとストレッチをしておくようにしよう。そして首を過度に伸ばしすぎないように注意する。体重が頭上にかかるようにし、首を弯曲させない。

動員される筋肉

主動筋：頭板状筋（とうばんじょうきん）

補助筋：僧帽筋（そうぼうきん）、肩甲挙筋（けんこうきょきん）、脊柱起立筋（せきちゅうきりつきん）（腸肋筋（ちょうろくきん）、最長筋（さいきょうきん）、棘筋（きょくきん））、胸鎖乳突筋後部（きょうさにゅうとつきんこうぶ）

サイクリング・フォーカス

自転車に長時間乗るときはなおさら、これは健全な首のための基本的なエクササイズである。自転車に乗っている時、首はほとんど背屈している状態である。一度自転車から降りて休憩し、再び自転車に乗ると、首が身体のなかで最も痛みを覚える部位であることがわかる。鍛えられた首は適切な脊椎のアライメントを維持し、将来起こり得るケガの予防にもなる。このエクササイズを行う初期段階では、やりすぎに気をつけなければならない。ジムでは気分がよいかもしれないが、次の日に筋肉痛がじわじわと襲ってくる。数年前に行われたアメリカ横断レースでは、常に首を背屈していたために疲労がたまり、顔を上げることすらできない選手がいた。彼のメカニックはその場で事態に対処しなければならなかった。選手の肩とヘルメットに支えの添え木を連結する工夫をして顔が上がるようにし、進行方向が見えるようにしたのだ！

バリエーション

サイド・トゥ・サイド・レスラーズ・ブリッジ（エクステンション）

Side to Side Wrestler's Bridge (Extension)

このエクササイズはレスラーである息子たちから教わったものだ。通常のレスラー・ブリッジの姿勢で構えるが、伸び上がった後にわずかに頭を左右に動かす。これは上方と後方を見ることでうまくできる。この動作は首の力のベースができてから挑戦するといい。首に痛みを与えるリスクがあるため、注意が必要である。

ネック・エクステンダー
NECK EXTENDER

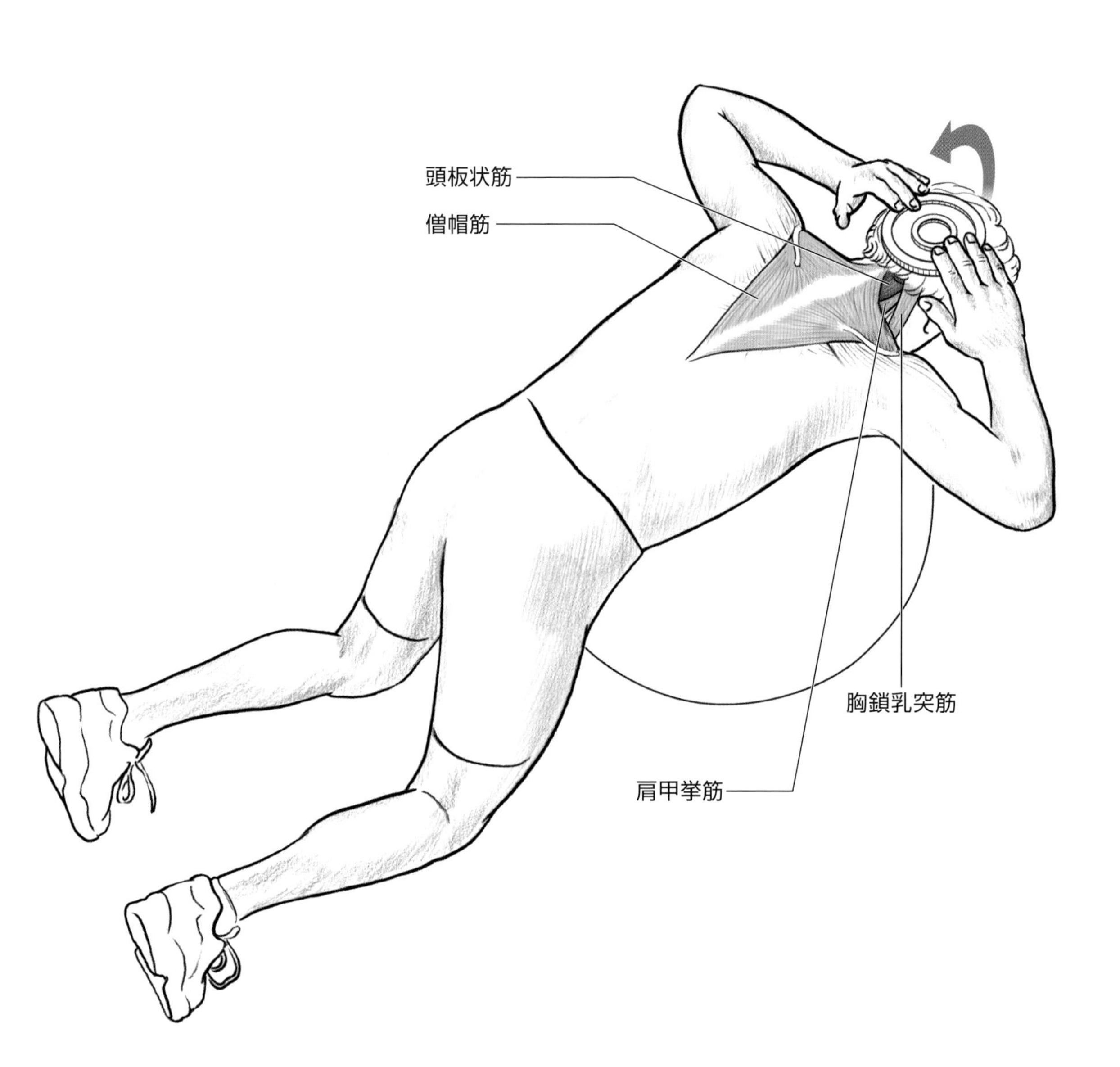

エクササイズ

1. バランスボールの横に膝をつく。胸をボールの上に乗せ、ウエイト・プレートを後頭部に乗せる。
2. まず首を前方へ曲げる。ゆっくりと首を伸ばし、自転車に乗っている時の首のポジションになるまで頭を上げる。
3. スタートポジションに戻す。

動員される筋肉

主動筋：頭板状筋

補助筋：僧帽筋、肩甲挙筋、脊柱起立筋（腸肋筋、最長筋、棘筋）、胸鎖乳突筋後部

サイクリング・フォーカス

自転車に乗っている時、背屈している首にはかなりの負担がかかるため、特にこれらの筋に焦点を絞った2つのエクササイズを紹介する。空気抵抗の少ないタイムトライアル・ポジションをとっている時に要求される。首の極端な背屈を想像してみよう。タイムトライアルなど決してないとしても、ほとんどのライディングポジションというものは進行方向が見えるよう、首は顔が上がるように支えることを強いられる。このエクササイズはそのポジションを再現しており、自転車に乗っている時に使われる筋に焦点を絞っている。どんな首のエクササイズにもいえることだが、軽いウエイトから始め、徐々に重くしていくことを忘れてはいけない。エクササイズの目的は自転車に乗っている時のケガ予防であるのだから、ジムでの練習でケガをしてはいけない！

バリエーション

ベンチ上でのネック・エクステンダー
Neck Extender on Bench

バランスボール上での前傾姿勢で背中や膝に負担がかかるのであれば、ベンチの上でも同じエクササイズをすることができる。この方法を用いれば、安定性を保ちつつ、同じ筋をターゲットとすることができる。

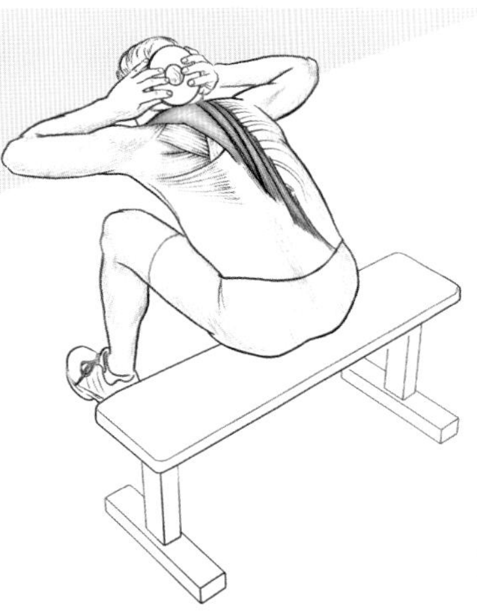

フロント（フレクサー）・ネック・ホールド
FRONT (FLEXOR) NECK HOLD

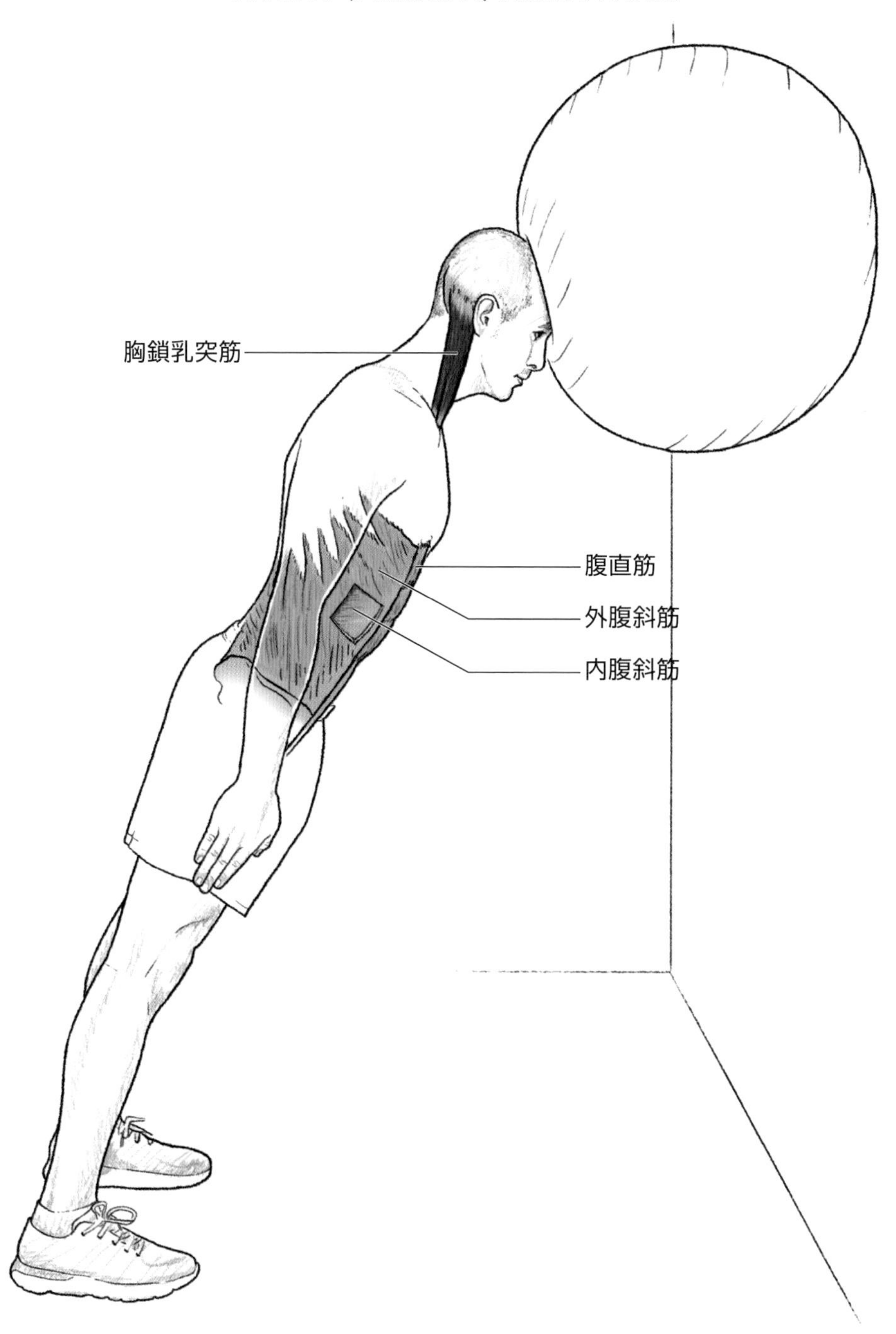

エクササイズ

1. 足を肩幅に広げる。額と壁の間にバランスボールを挟む。脊椎は伸びきった状態にする。
2. 首の筋を鍛えることを意識しながら額をバランスボールに向かって押し付ける。最初は 10 秒間態勢をキープすることから始め、徐々に時間を伸ばしていくといい。
3. 休憩する。このエクササイズに動作は伴わない。静止して行うエクササイズである。

動員される筋肉

主動筋：胸鎖乳突筋
補助筋：腹直筋、外腹斜筋、内腹斜筋

サイクリング・フォーカス

よくいわれるように、健康と体力（フィットネス）はすべてバランスである。サイクリングでは首の伸筋群に大きな負荷がかかるため、これらの筋は胸鎖乳突筋よりも発達する。そうなると、首の伸筋群は脊椎の背面に対して過度な負担をかけるため、均整がとれなくなる。時間がたつと、この状態は脊椎の配列を乱し、痛みを引き起こす。私の友人でもある有名な自転車競技者は、首の痛みがあまりにひどかったため50代で完全にサイクリングをやめなければならなかった。6カ月間の理学療法（首と背中の筋のバランスをとる）を経て、自転車に復帰し、痛みから解放されたライディングをしている。

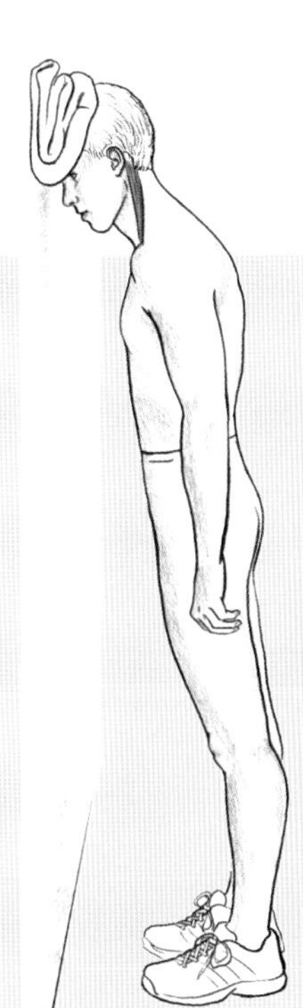

バリエーション

バランスボールを使わないフロント（フレクサー）・ネック・ホールド

Front (Flexor) Neck Hold Without the Stability Ball

簡単なネック・フレクサーのエクササイズなら、どこでも実施可能である。壁に額をつけてもたれかかる（快適にやりたければパッドを用いてもいいだろう）。壁からの足の距離を変えることで首にかかる負荷が変わる。

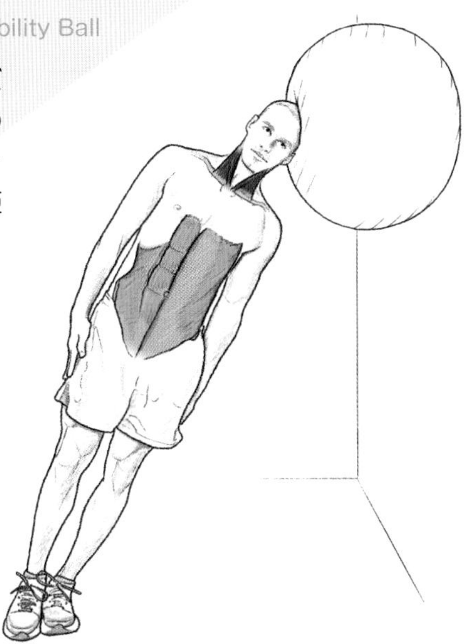

サイド・ネック・ホールド

Side Neck Hold

バランスボールを使用したり、または使用しないでネック・ホールドを行うが、この時は側頭でボールや壁に当てる。片方でしばらく行ったら、反対側に変えて行う。

サイド・ネック・リフト

SIDE NECK LIFT

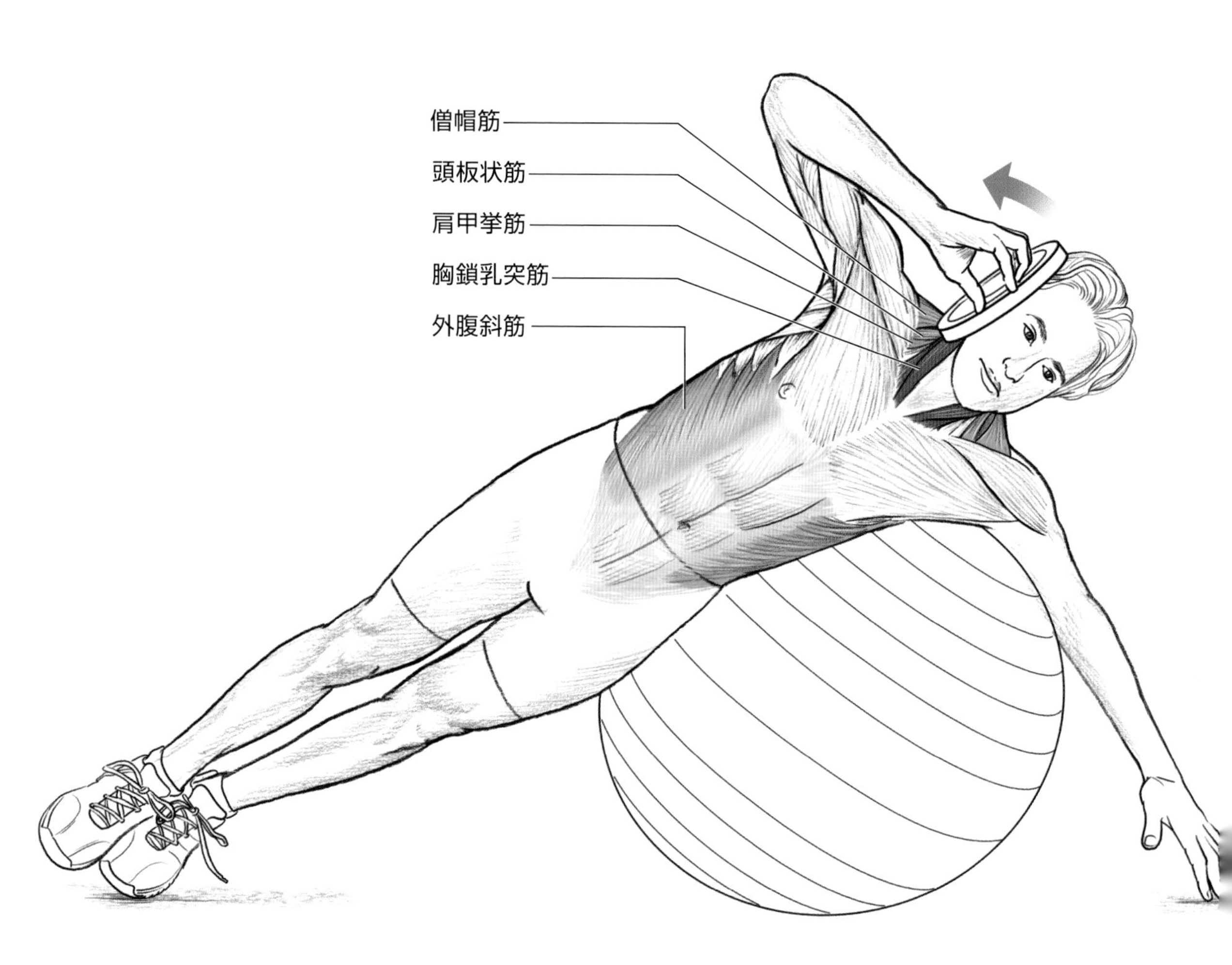

エクササイズ

1. バランスボールの上に横向きで寝て､片腕を垂らす。もう片方の手で小さなウエイト・プレートを持ち、顔の横に当てる。
2. まず下を向いている耳を肩に寄せる。真っすぐ前を見ながら、上を向いている耳がほぼ肩につくまで真横に首を曲げる。
3. スタートポジションに戻る。身体の向きを替えて繰り返す。

動員される筋肉

主動筋：胸鎖乳突筋
補助筋：頭板状筋、脊柱起立筋（腸肋筋、最長筋、棘筋）、肩甲挙筋、僧帽筋、外腹斜筋、内腹斜筋

サイクリング・フォーカス

レース中、振り返って相手の動きを見る時に胸鎖乳突筋が活躍する。サイド・ネック・リフトによって鍛えられた筋が首の安定を促進する。このエクササイズのより重要なポイントは、脊椎の適切なアライメントを維持することである。椎間孔は椎骨の真ん中を通っている通路である。脊髄はこの通路（孔）を通り、障害や損傷から守られながら脊椎を下りていく。脊椎の配列が乱れていると、少なからぬ数の椎骨がこの通路に影響を及ぼし、潜在的な機能障害だけでなく、重篤な痛みを引き起こすだろう。

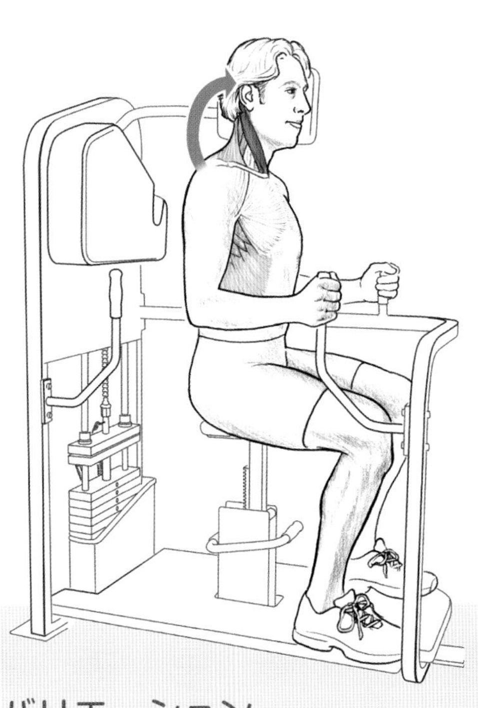

バリエーション

マシン・ラテラル・ネック・フレクション
Machine Lateral Neck Flexion

首のエクササイズすべてにマシンを使うことができる。レバーマシンは使い勝手がよく、より安定したエクササイズが行える。

第5章

胸部

真の鍛え上げられた自転車競技者は、確固とした基盤上に強くバランスのとれた筋組織を持ち合わせている。胸部の筋について深く考え、それを鍛えるために時間をかける選手はあまりいないだろう。しかし、パズルの1ピース1ピースが全体を作り上げるための一助となるように、胸筋は肩と腕と共にライダーと自転車とをつなぐ重要な役割を担う。前にも述べた通り、競技力向上とケガ予防のためには、均整（対称性）とバランスが必要だ。自転車に乗っている間は常に背中はライディングポジションの負荷を受けており、それにより背部が肥大する。一方、胸部の筋は、主に上り坂やスプリントなどの最大運動時に使われ、トレーニング走行だけでは背筋ほどは発達しない。そのためジムトレーニングでは、特に胸部の筋を意識して行う必要がある。

ライダーが登坂走行する時、あるいは集団から抜けてダッシュする時に、胸部の筋が力を発揮する。足の強烈な踏み込みによって自転車は左右に振られるが、ハンドルで自転車を安定させればこの動きを抑えることができる。ここでしっかりとした基礎ができていなければ、自転車に伝わるべきパワーは失われてしまう。最大限の力で最大限の効率的な動きをしたいものだ。次回、自転車レースのゴールを見る機会があれば、自転車競技者の上半身に注目し、いかにスプリントに全力を注いでいるかを観察してみよう。最後の力を振り絞ってフィニッシュラインに向かっている自転車競技者を、胸部、腕、脚のすべての筋が助けていることがわかるだろう。

大胸筋

胸部の筋を**図5-1**に示した。大胸筋は胸部の主要な筋であり、解剖学上から見て三角形をした2つの部分で構成されている。その1つの大胸筋上部は、鎖骨（鎖骨の内側部分の前面部）と胸骨の胸骨柄（きょうこつへい）に繋がり、そのまま上腕上部についている。大胸筋下部は、胸骨の胸骨体および第1～6肋軟骨（ろくなんこつ）から生じており、上腕骨上にある大胸筋上部のすぐ下についている。

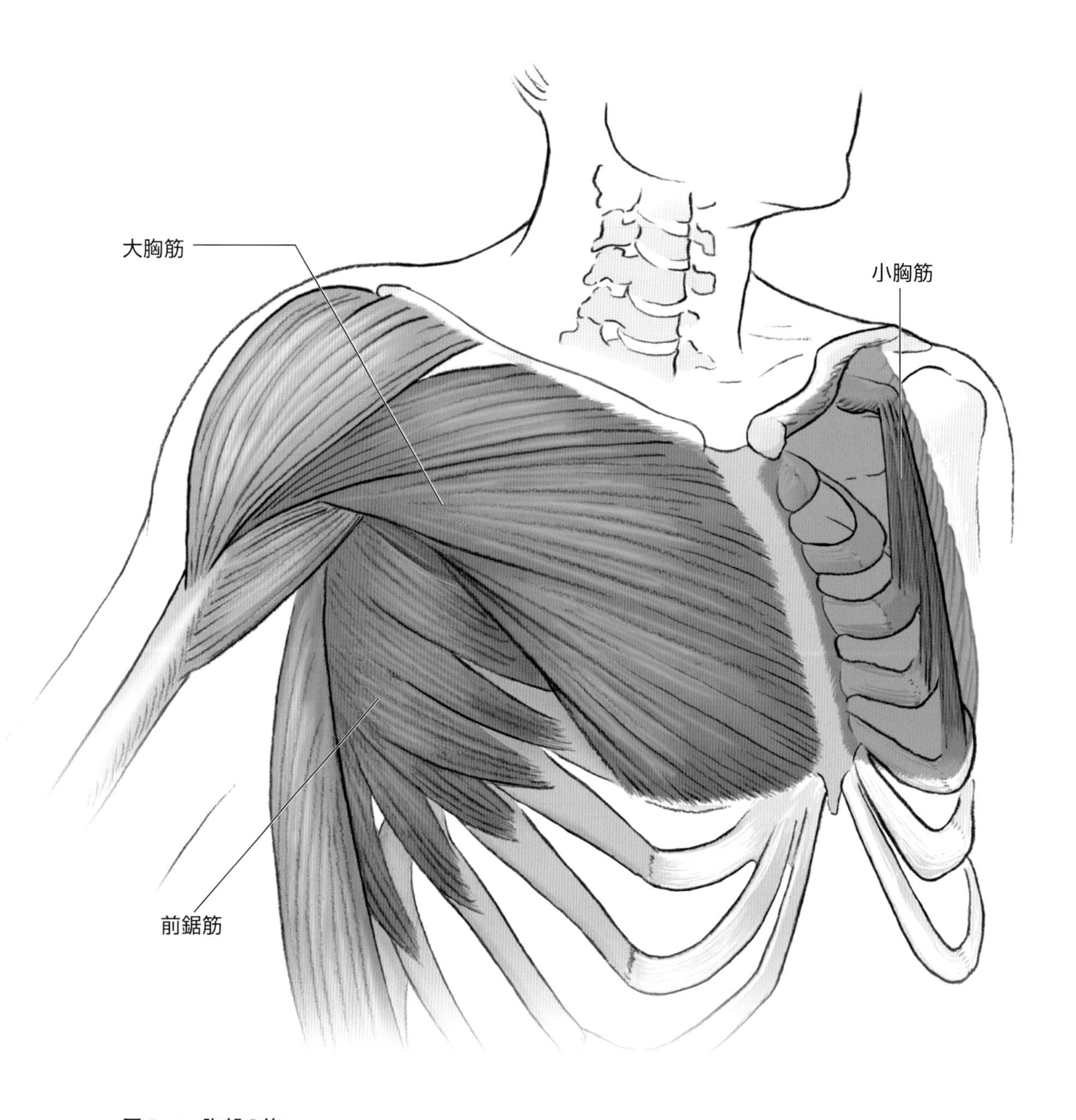

図 5-1　胸部の筋

大胸筋の主な役割は肩関節の内転、屈曲、内旋である。ハンドルを左右に動かすなど、胸全体を使って行う力強い動きを可能にするのは、この筋のおかげである。大胸筋は前述の通り、解剖学的には2つの部分からなるが、機能的には3つの部分に明確に分けられる。この3つの機能的な分類は、肩関節に対する腕の角度が関係しており、腕の角度に応じて働く筋線維が異なる。この章で紹介するエクササイズは、このような機能に基づいて3つに分類された上部、中部、下部におけるフォーカスポイントを示している。すべてのエクササイズを通じて大胸筋全体が鍛えられるが、他のさまざまな筋にも多くの負担がかかっている。加えて、この本で紹介するエクササイズは、利用可能なすべてのエクササイズのほんの一例に過ぎない。どうか遠慮せずに大胸筋の異なる部位にフォーカスをおいて鍛えるために、エクササイズを変えてみてほしい。例えば、ベンチを傾斜のついたポジションにしてみることによって、同じような動作でも異なる線維群が働くことになる。

小胸筋

小胸筋は小さく極めて目立たない筋であり、大胸筋の下に存在する。小胸筋は第3、第4、第5肋骨の最上部から生じる。すべての線維が集結し、肩甲骨の烏口突起につく。小胸筋の主な役割は、肩甲骨の角度を下げ、肩を前方に引っ張ることである。

前鋸筋

前鋸筋は胸部側面を形成する。この筋は上部8本の肋骨の外側を覆い、肩甲骨の内側縁に沿ってついている。しばしば「ボクサーズ・マッスル（ボクサーの筋）」と呼ばれる前鋸筋の役割は、肩甲骨を胸郭に沿って前に引っ張ることである。これはボクサーがパンチを繰り出す時と同じ動きである。ファイターを見る機会があれば、高度に発達した前鋸筋に注目してみるとよい。自転車競技者にとって、前鋸筋は肩甲骨と肩を安定させる筋であり、この章と第7章で紹介するエクササイズの多くは、その発達に役立つものである。

背中にある多くの筋に比べれば、胸部前部の筋は数が少なく単純である。すべてのエクササイズにおいて3大胸部筋（大胸筋、小胸筋、前鋸筋）に作業負担がかかるとともに、カウンターバランスとしての役割も担うだろう。エクササイズ中は、鍛えている筋のそれぞれの部位を意識し（エクササイズのやり方の中にも記述されている）、その筋がいかにロード競技の競技力向上に貢献するかを考えながら行うとよいだろう。

ウォームアップとストレッチ

何らかの有酸素運動——トレッドミル、ステアステッパー、ロウイングマシン——で10〜15分間ウォームアップをしよう。汗をかき始めたら、胴前部のストレッチに焦点を絞る。床で腕立て伏せのポジションをとり、胸部をストレッチする。大胸筋と小胸筋を15〜30秒間ストレッチする。プッシュアップ・ハンドルかサスペンションシステムを使うことができればさらに効果的である。身体が温まるまで、ゆっくりとニーダウン・プッシュアップ（膝をついた腕立て伏せ）を数回行う。ディップバーを使ってもウォームアップをすることができる。プラットフォームの上に立ち、ディップの動きをする。脚を補助として使い、腕を屈曲して身体を沈めたディップ・ポジションをとる。胸部と腕を十分にストレッチするように、この動きをゆっくりと何度も繰り返す。

インクライン・ダンベル・プレス

INCLINE DUMBBELL PRESS

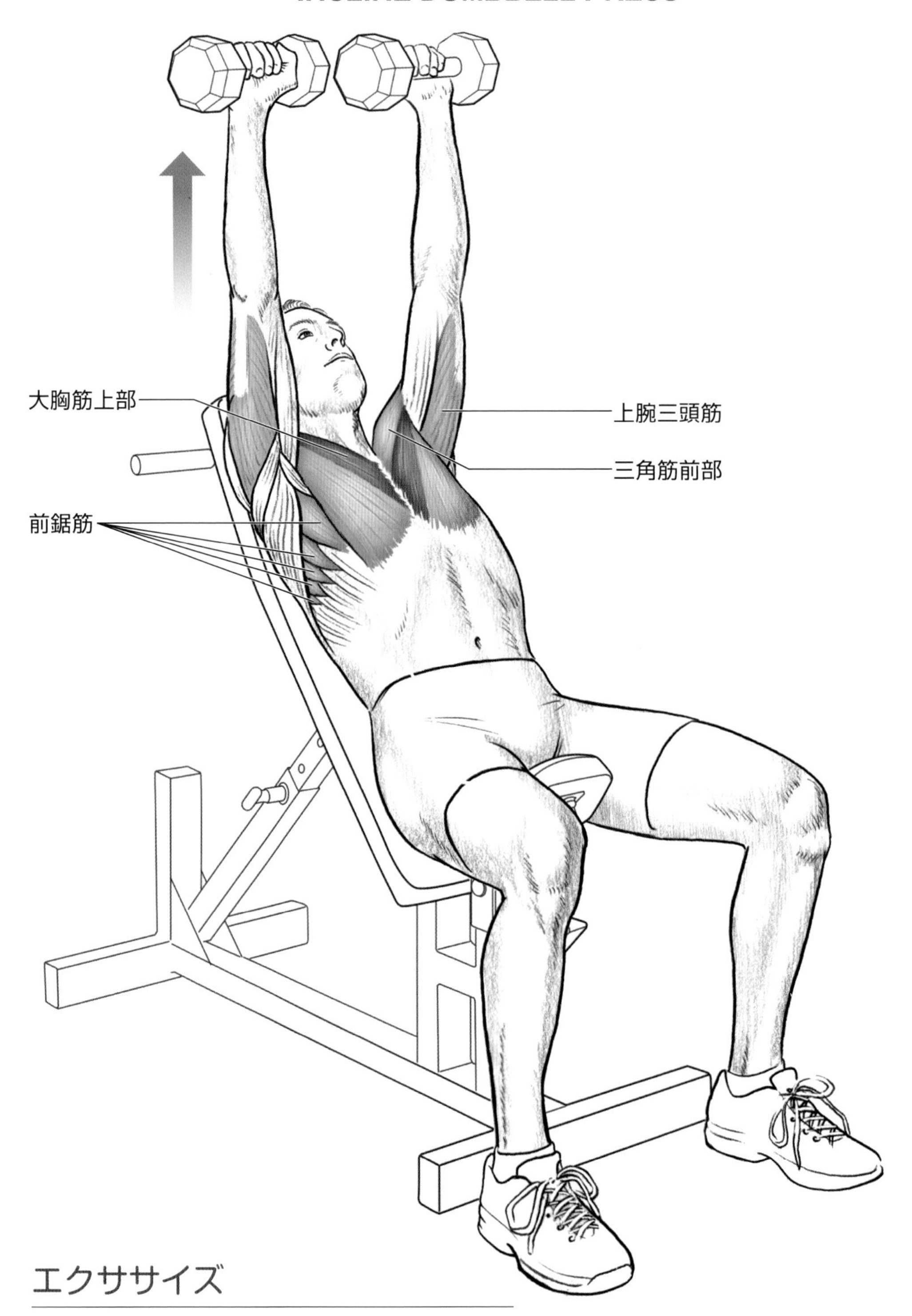

エクササイズ

1. インクラインベンチに座り、手のひらを外に向けてダンベルを持つ。腕は伸ばす。
2. 肘を曲げ、ダンベルが胸部レベルに達するまで両手のダンベルを垂直に下ろす。
3. ゆっくりとダンベルをスタートポジションに戻す。

動員される筋肉

主動筋：大胸筋上部（だいきょうきんじょうぶ）
補助筋：三角筋前部（さんかくきんぜんぶ）、上腕三頭筋（じょうわんさんとうきん）、前鋸筋（ぜんきょきん）

サイクリング・フォーカス

こんなシーンを想像してみよう。1人で集団を抜け出し、フィニッシュラインを目指してスプリントをしていると、ほかの選手が迫ってきて集団に飲み込もうとする気配を背後に感じる。ゴールで最後の力を振り絞り、自転車を前に押し出して隣の選手に僅差で勝利する。幸いにもあなたは厳しいトレーニングをしてきた結果、準備ができていた。インクライン・プレスは、最後の瞬間に対戦相手よりも前に自転車を押し出す時に使う、まさしくその筋を鍛えることができる。このエクササイズはほかにもメリットがある。この章で紹介しているほかのエクササイズ同様、体幹の安定を高め、1日中ハンドルに前傾した姿勢からくる疲労を軽減する。

バリエーション

シングルアーム・インクライン・ダンベル・プレス
Single-Arm Incline Dumbbell Press

同様のエクササイズを片手ずつ行ってみよう。非対称であるがゆえにエクササイズに体幹の筋力が加わる。

インクライン・リバースグリップ・バーベル・プレス
INCLINE REVERSE-GRIP BARBELL PRESS

エクササイズ

1. インクラインベンチをおよそ45度にセットする。ベンチの上に仰向けに横たわる。
2. 手のひらが身体の方を向くリバースグリップでバーベルを握る。
3. しっかりとグリップしていることを確認した上で、肘が外側に開かないよう注意しながらバーベルをゆっくりと胸まで下げる。
4. スタートポジションに戻す。

安全に行うために

リバースグリップ（逆手）は慣れるまでに少々時間がかかる。最初に軽いウエイトから始めると、動作の感覚がつかめる。また、補助役がいると良い。

動員される筋肉

主動筋：大胸筋上部（だいきょうきんじょうぶ）
補助筋：三角筋前部（さんかくきんぜんぶ）、上腕三頭筋（じょうわんさんとうきん）、前鋸筋（ぜんきょきん）

サイクリング・フォーカス

RACE：Rest（休息）、Accountability（責任）、Consistency（一貫性）、Efficiency（効率性）。トレーニングは効率的であるほど良い、ということを強調しておこう。それが胸部のワークアウトにどのように関係するか。いくつかの研究では、通常のベンチ・プレスよりインクライン・プレスの方がより大胸筋上部を強化するとの結果が示されている。この本で紹介されているエクササイズの多くは、バリエーションとしてグリップを反対向きにすることができる、ということを覚えておくとよい。

バリエーション

インクライン・リバースグリップ・ダンベル・プレス
Incline Reverse-Grip Dumbbell Press

このエクササイズをダンベルを使って行うことができる。押す動作は両腕を同時に行うことも、片腕ずつ行うこともできる。

ランドマイン・チェスト・プレス

LANDMINE CHEST PRESS

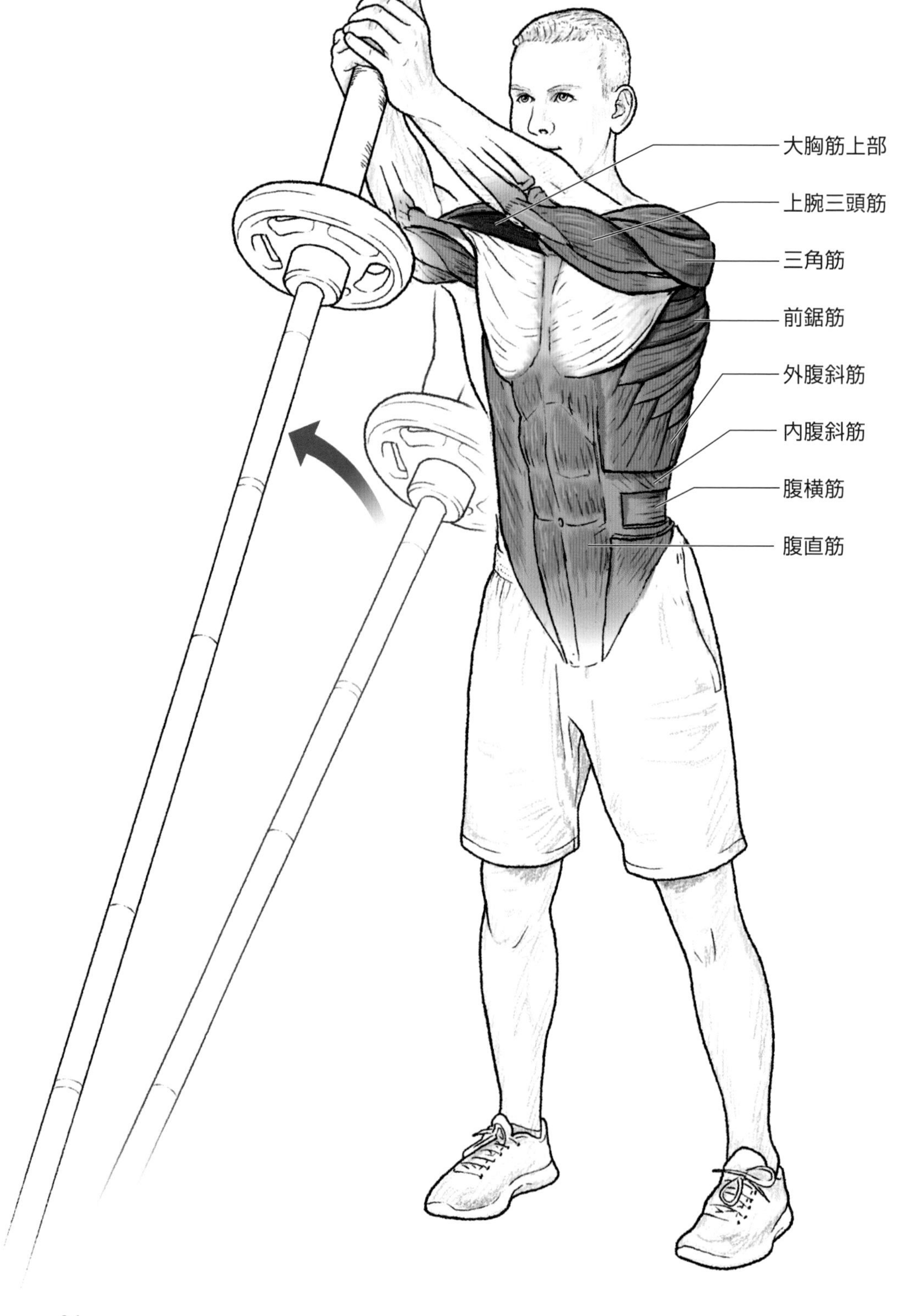

エクササイズ

1. バーベルの片端を壁のコーナーにセットする。反対側の先端を持ち上げ、脚を肩幅に広げて立つ（このエクササイズは膝をついた状態で行ってもよい）。
2. バーベルの先端を持ち、手をしっかり握りしめ、内側に力を込める。バーベルを握った手があごの真下にあるようにし、わずかに前のめりになる。
3. 肘をしっかりと身体に固定し、背中は真っすぐに保った状態で、腕を完全に伸ばしきる。動作の間中、手と手は握り合う。
4. 手があごの下にあるスタートポジションに戻す。

動員される筋肉

主動筋：大胸筋上部（だいきょうきんじょうぶ）

補助筋：三角筋（さんかくきん）、上腕三頭筋（じょうわんさんとうきん）、腹横筋（ふくおうきん）、腹斜筋（ふくしゃきん）、腹直筋（ふくちょくきん）、前鋸筋（ぜんきょきん）、脊柱起立筋（せきちゅうきりつきん）（腸肋筋（ちょうろくきん）、最長筋（さいちょうきん）、棘筋（きょくきん））

サイクリング・フォーカス

マウンテンバイクでテクニックを要する難所を縦走している時、あるいはロードバイクでテクニカルな区間をハイスピードで乗り越えようとしている場面を想像してほしい。自転車を安定させ、滑らかに動かし、自信を持ってコントロールさせたいと思うはずだ。これは胸部と肩を鍛える静的エクササイズであり、また動的エクササイズでもある。まさに一筋縄ではいかない走行区間でコントロールを維持するのに必要な筋力を構築する助けとなる。

バリエーション

シングルアーム・ランドマイン・チェスト・プレス
Single-Arm Landmine Chest Press

片手ずつエクササイズを行うことで非対称の動作が加わり、体幹をより鍛えることになる。

ベンチ・プレス・ウィズ・チェーン
BENCH PRESS WITH CHAINS

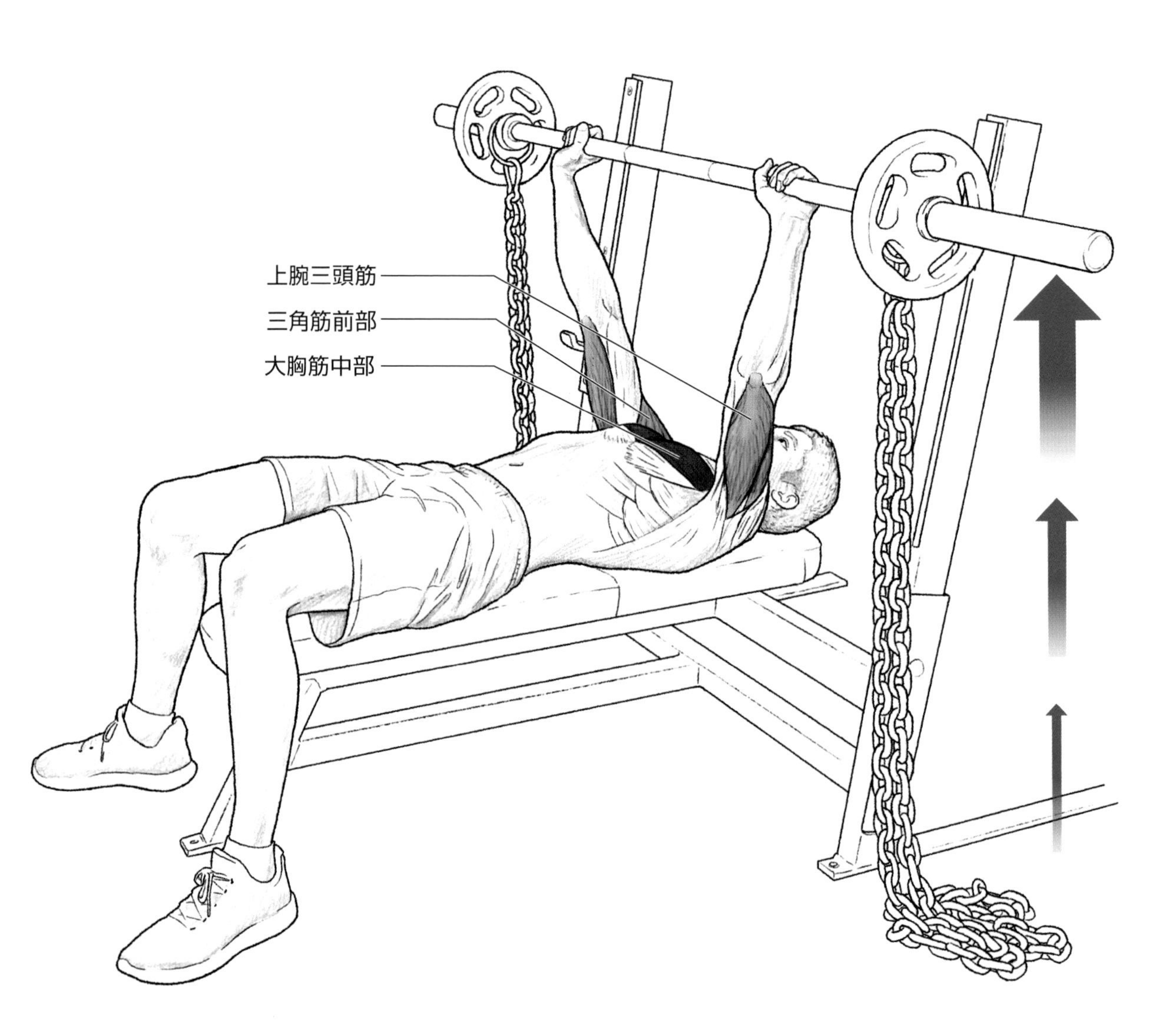

エクササイズ

1. バーベルの先端にチェーンをセットし、バーがラックにかかっている時にチェーンの一部は床についているようにする。チェーンの目的は、バーを胸に向かって下ろすにつれ重みが軽減していくことにある（バーベルを下ろすにつれチェーンが床につく部分が増えるため、支えるウエイトの重量が減る）。
2. ベンチに背中を平らにつけて、肩幅よりやや広めの間隔でバーを握る。
3. 肘を伸ばしたところから、ゆっくりとバーを胸まで下ろす。
4. 胸の上でバーに反動をつけないようにスタートポジションに戻す。

安全に行うために

ウエイトを持ち上げる時、背中がアーチ状に曲がらないように気をつける。そうすれば背中に不必要な負荷をかけ、大胸筋だけを単独で鍛えることを防ぐことができる。

動員される筋肉

主動筋：大胸筋中部
補助筋：三角筋前部、上腕三頭筋

サイクリング・フォーカス

ベンチ・プレスは、ウエイトトレーニングの代表的なエクササイズの１つである。そこにチェーンを用いるという変化を加えてみた。バーが胸についている時が一番弱くなる。チェーンは「変動する」ウエイトとなり、腕を上げていくほど重くなる。ベンチ・プレスは大胸筋を鍛えると同時に、背中と脊椎を補助する筋の動員も要求される。自転車に乗る時の基本姿勢を再現しているため、自転車競技者にとっては有益なエクササイズである。トップ、フード、ハンドルのドロップと、手がどこを握っていようとも、大胸筋は体重を支える重要な役割を担っている。このイラストを見てみよう。ベンチ・プレスでのスタートポジションが、自転車に乗ってクルージングしている時のポジションによく似ていることがわかるだろう。長距離のライディングで徐々に身体に疲労が蓄積されるため、すべての補助筋がよりよいコンディションであればあるほどライディングが楽になる。

バリエーション

クロースグリップ・ベンチ・プレス
Close-Grip Bench Press

バーに手を置き、腕を肩と同じ幅か、少し近い幅にする。このバリエーションは胸部を鍛えるだけでなく、上腕三頭筋と三角筋前部の運動量も増加させる。

サスペンデッド・プッシュアップ

SUSPENDED PUSH-UP

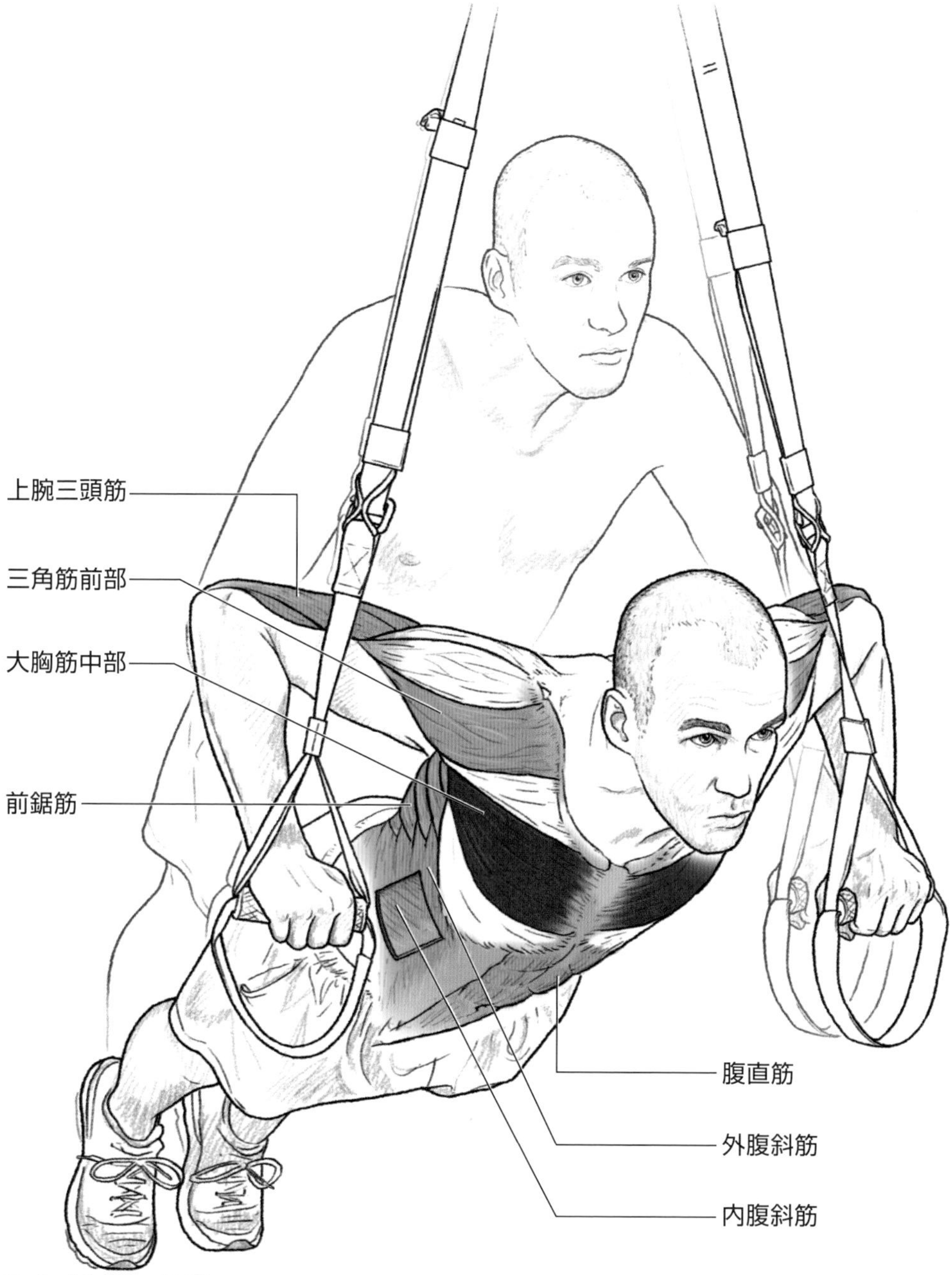

エクササイズ

1. サスペンションシステムを使用し、自分の筋力に合わせてストラップの長さを調整する。ストラップの高さを低くするほど腕立て伏せは難しくなる。
2. サスペンションストラップのハンドルを握って一般的なプッシュアップのポジションをとる。背中は真っすぐ平らに維持する。
3. 脊柱が硬直した状態を保ちつつ、胸が手と同じ高さになるまで身体を下げる。
4. スタートポジションに戻す（肘を伸ばす）。

動員される筋肉

主動筋：大胸筋中部

補助筋：三角筋前部、上腕三頭筋、腹直筋、外腹斜筋、内腹斜筋、前鋸筋

サイクリング・フォーカス

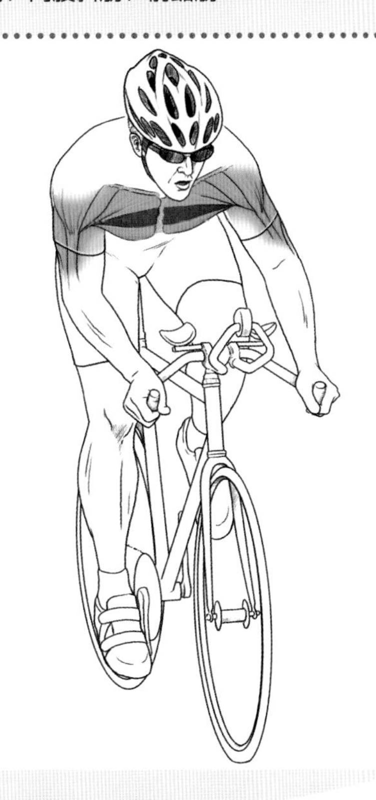

腕立て伏せは自転車競技者にとって優れたトレーニングである。このエクササイズで筋が大きくなることはないが、腕、胸部、肩、背中、胴を強化することができる。サスペンションストラップを使うことで、不安定さによる体幹強化と同時に可動範囲と柔軟性の向上が可能になる。走行中はほとんど腕立て伏せと似た姿勢をとっている。安定した体幹はペダルにパワーを供給する強い基礎となる。疲労がたまってくると、フォームが崩れ始める。そしてフォームが崩れると効率が落ちてくる。ジムで腕立て伏せをすることにより、乗車時の筋力と持久力を向上させることができる。

バリエーション

バランスボール・プッシュアップ
Stability Ball Push-Up

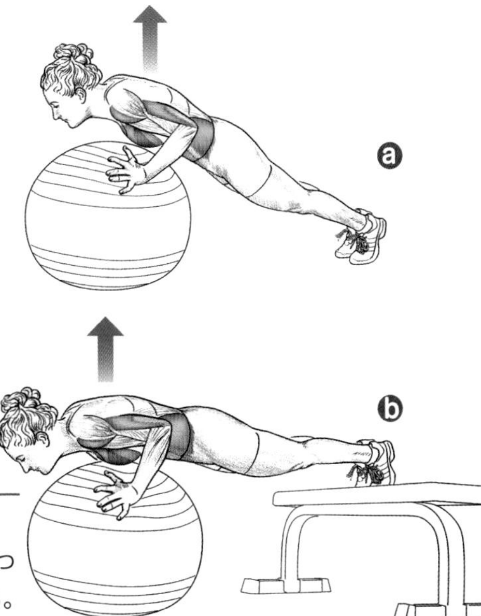

バランスボールの上で腕立て伏せをすると、難易度が高くなる。腕立て伏せの動きをするだけでなく、ボールが動かないように身体を安定させる必要がある。さらに、手がスリップして床に落ちないように、ボールの側面を内側に押さえつけていなければならない。最初は足をつけた状態からこのエクササイズを始める（図a参照）。難易度を上げる場合には、足をベンチの上に乗せた状態で腕立て伏せを行う（図b参照）。ベンチに足を乗せた状態の腕立て伏せをマスターしたら、膝を伸ばしたまま片足をベンチから浮かせてみよう。こうすることで、このエクササイズが非常にきついものになる。

安全に行うために

このバリエーションは慎重に行おう。バランスボールをしっかりグリップしないと手が滑ってケガにつながる恐れがある。

バランスボール・ダンベル・フライ

STABILITY BALL DUMBBELL FLY

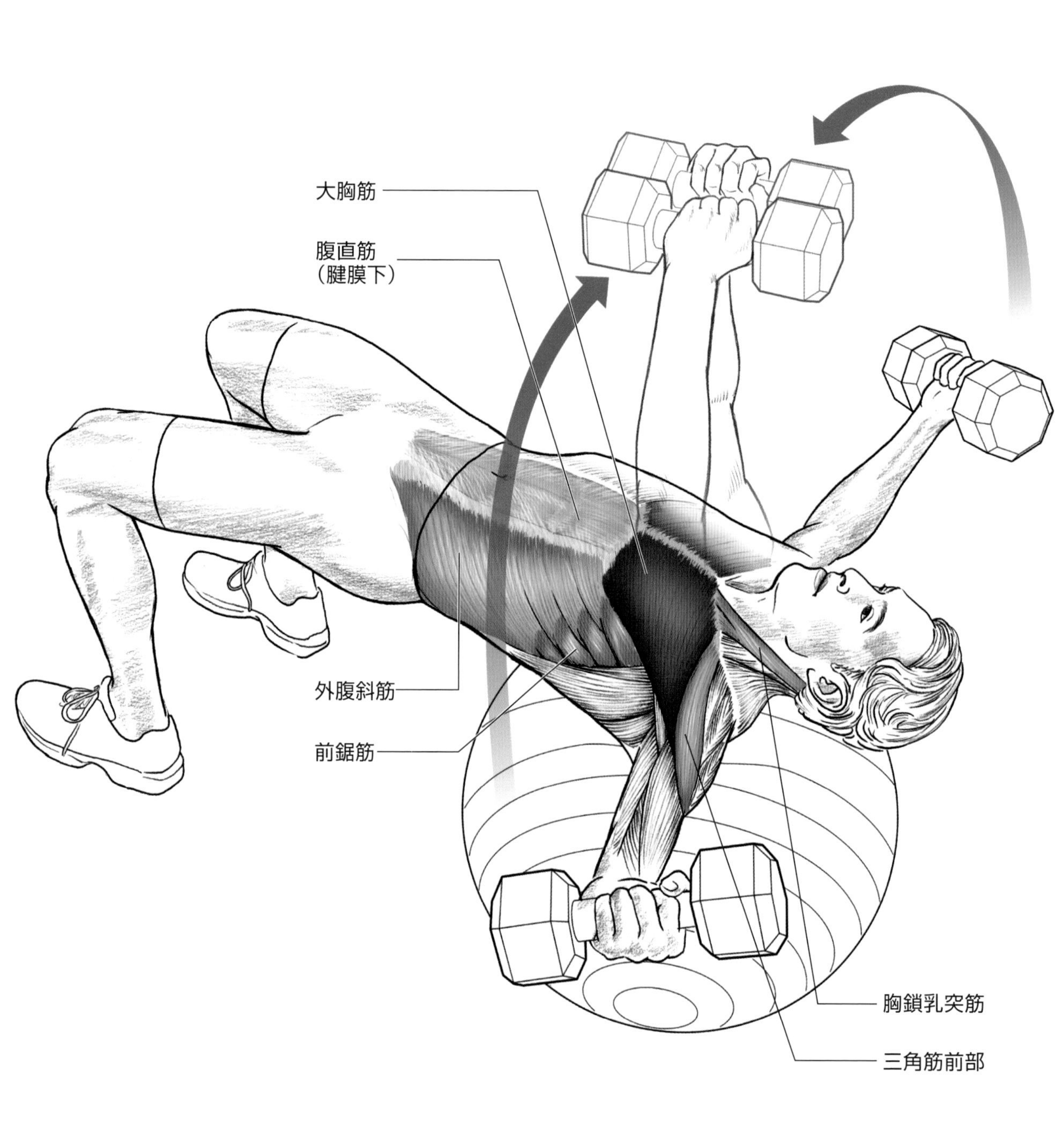

エクササイズ

1. バランスボールに肩を乗せて、仰向けになり、首と頭はボールから離しておく。それぞれの手にダンベルを持ち、手のひらを内側に向ける。
2. 腕を両サイドに広げた状態から始める。肘は軽く曲げる（上腕と前腕との角度が 150 度）。肘の角度を維持したまま、ゆっくりとダンベルを胸の上方へ持ち上げる。
3. スタートポジションに戻る。

動員される筋肉

主動筋：大胸筋

補助筋：三角筋前部、胸鎖乳突筋、腹直筋、外腹斜筋、内腹斜筋、前鋸筋

サイクリング・フォーカス

タイムトライアルのゴールは過酷である。ロード走行ですべてを出し切ったあとにもかかわらず、最後100メートルでラストスパートをかけなくてはならない。ペダルを踏み下ろすたびに、自転車は左右に揺さぶられる。腕や胸は、パワーやコントロールを奪う動きを回避しなければならない。イラストを見ると、自転車競技者の腕のポジションがダンベル・フライのそれと似ていることがわかる。すべてのエネルギーは、自転車を前進させることに使われるべきであることを忘れてはならない。よって、大胸筋を使って自転車を垂直に保つ必要があるのだ。

バリエーション

ペック・デック
Pec Deck

ペック・デックは、大胸筋だけにターゲットを絞ったエクササイズである。正しいフォームで、背中はパッドにしっかりと押し付けた状態を維持する。胸のポジションを動かしてテコの作用を利用しないよう、ペックに集中して行う。

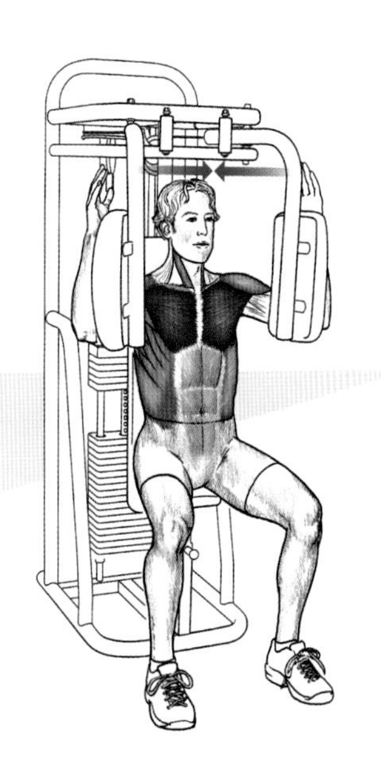

ディップ
DIP

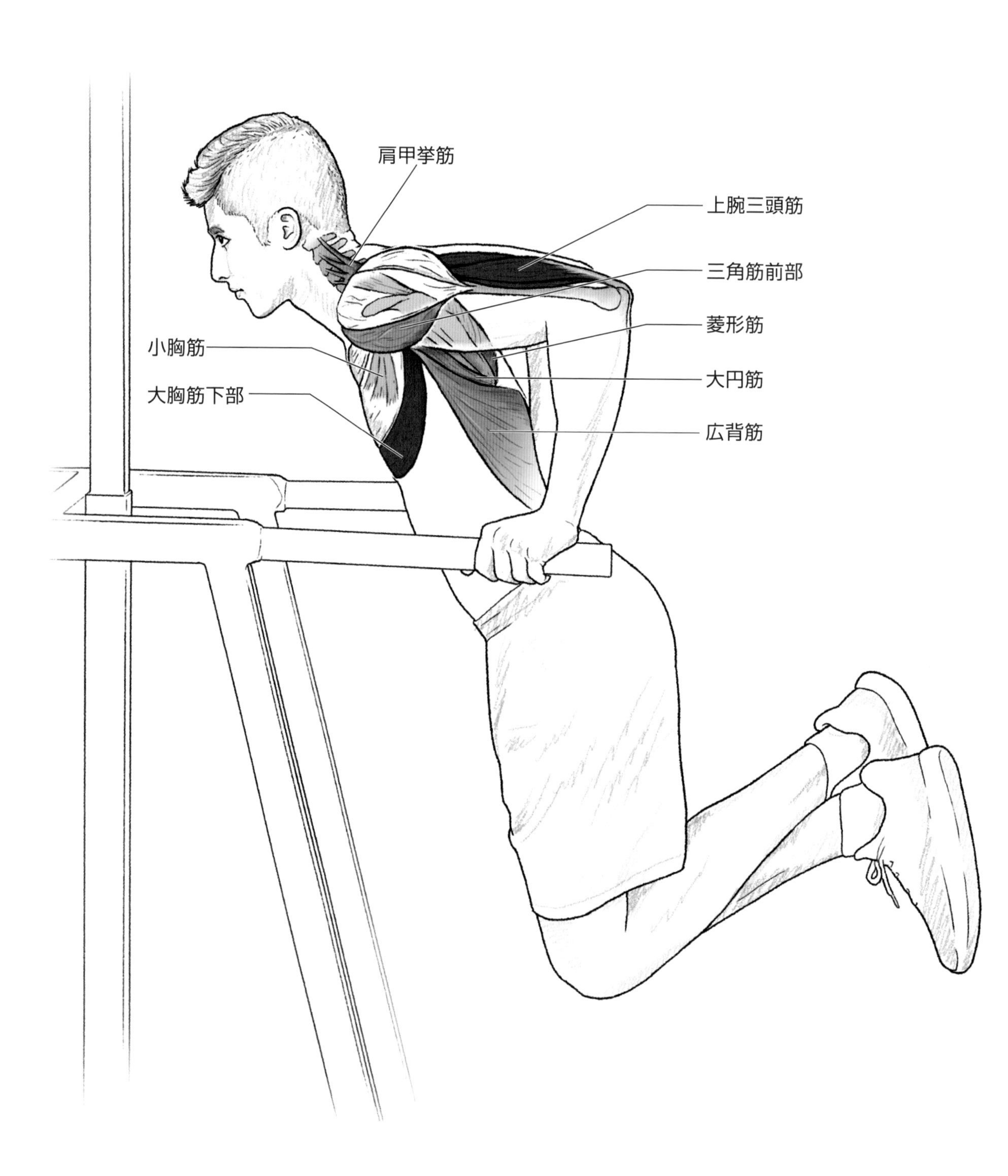

エクササイズ

1. 腕を伸ばした状態でディップ・バーをつかみ、30 度ほど胸部を前傾させる。
2. 肘を曲げながら、上腕（上腕骨）が床と平行になるまで身体を沈める（肘の角度は 90 度）。
3. スタートポジションまで身体を押し上げる。

動員される筋肉

主動筋：大胸筋下部、上腕三頭筋
補助筋：三角筋前部、広背筋、小胸筋、肩甲挙筋、大円筋、菱形筋

サイクリング・フォーカス

エクササイズのイラストと自転車競技者のスプリントとを比べてみると、このエクササイズの価値が見えてくる。ディップは自転車競技者の上半身を支える多くの筋を鍛えるので、私のお気に入りの胸部トレーニングエクササイズである。自転車に乗ってスプリントを行う時、安定性、パワー、ステアリング・コントロールにおいて、胸部は重要な役割を担っている。スプリント中、膨大なトルク量を脚が生み出す一方で、大胸筋の筋力は自転車の左右の動きを安定させている。脚のエネルギーは、自転車の左右への激しい動きにではなく、前方への推進力に余すところなく使われるべきである。ディップ・エクササイズは肩関節全体を強化し、またハンドルの上に前傾しながらの何時間ものライディングに対して、さらなるサポートと持久力を提供する。

バリエーション

マシン・ディップ
Machine Dip

このエクササイズを補助なしではできない場合、ディップ・アシスト・マシンを使うとよいだろう。通常このマシンには、ディップ・マシンを握る時に膝を乗せるプラットフォームが付いている。ダイヤルで重量をセットすれば、エクササイズを行う時にプラットフォームが身体の上げ下げを補助してくれる。

バンドアシステッド・ディップ
Band-Assisted Dip

補助なしでディップを行うことが困難な場合、ディップ・ハンドルにバンドを巻いてその輪の中に膝を通せば、バンドで膝下の脚もしくは足首を補助することができる。私は疲れてくると、このテクニックを使う。

デクライン・ダンベル・プレス

DECLINE DUMBBELL PRESS

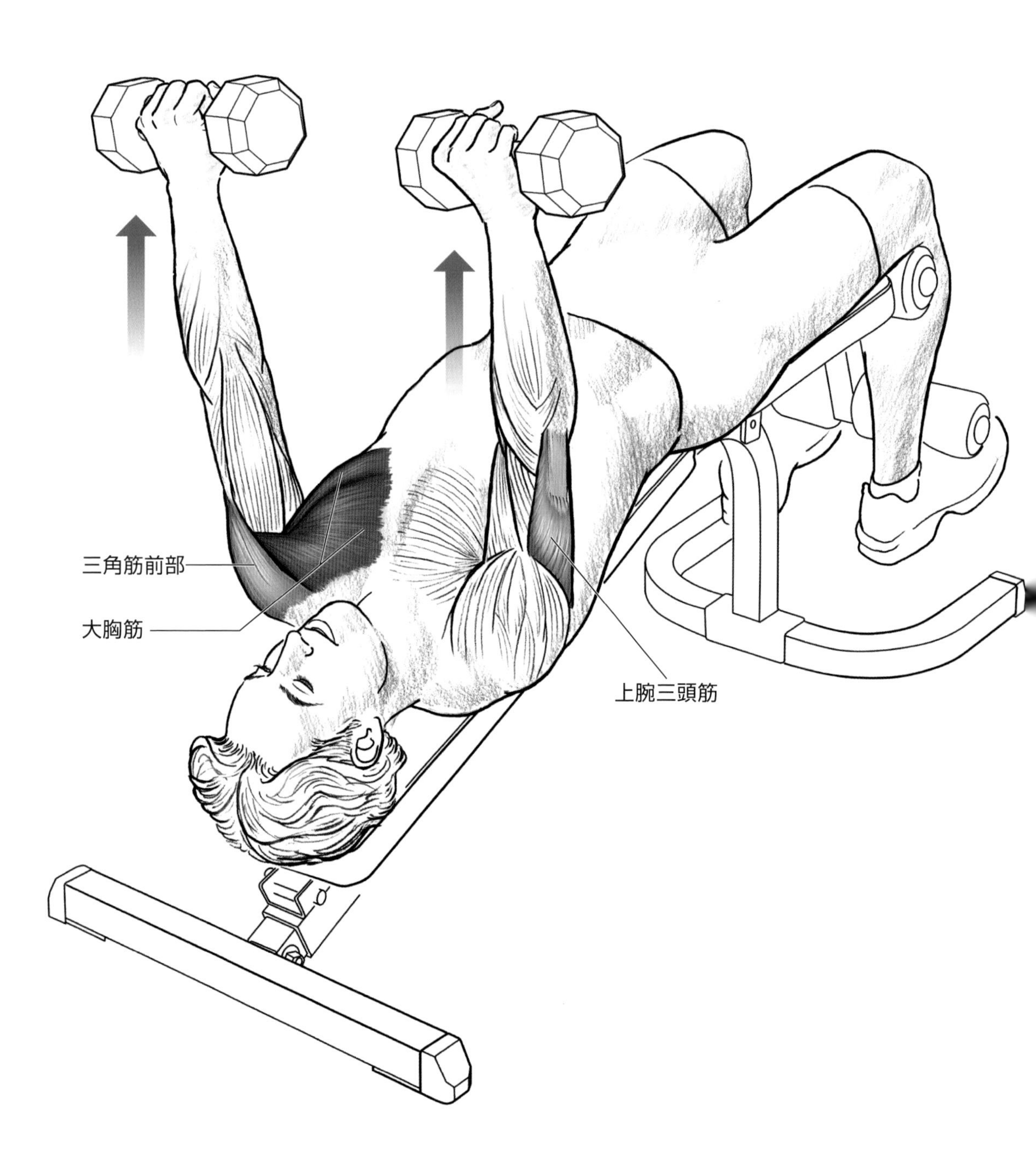

エクササイズ

1. デクラインベンチを下方へ 20 ～ 40 度にセットする。ベンチに横たわり、それぞれの手にダンベルを持つ。腕を伸ばし、手のひらは頭と反対方向へ向ける。
2. ダンベルを左右同時に胸に引き寄せる。手のひらは引き続き頭と反対方向へ向けておく。
3. ダンベルを押し上げて、スタートポジションに戻す。

動員される筋肉

主動筋：大胸筋下部
補助筋：上腕三頭筋、三角筋前部

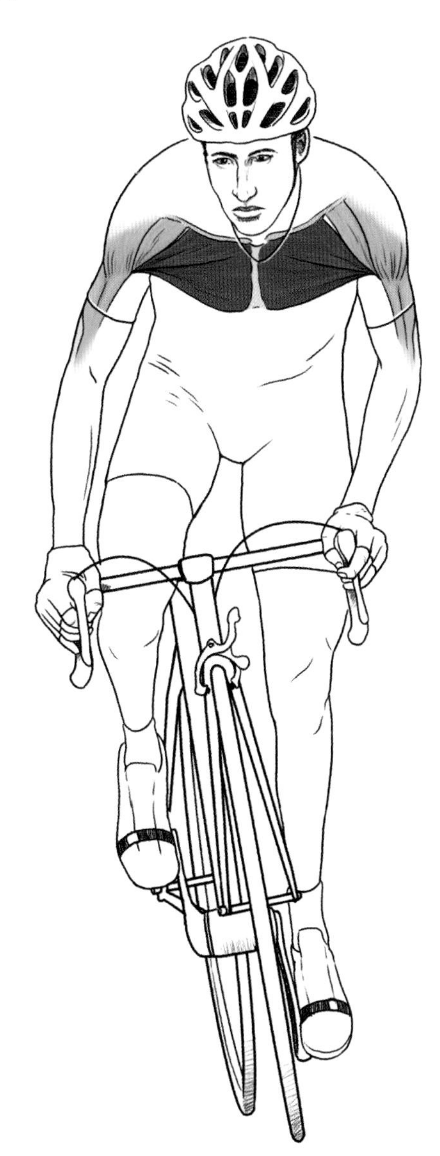

サイクリング・フォーカス

デクライン・ダンベル・プレスのポジションは、フードに手を置いて登坂するライディングポジションを再現している。サドルから腰を上げて登坂する時、胴体は前傾してペダルの回転を促進させる。このポジションは腕、肩、胸部への負荷を増すものである。大胸筋は自転車を安定させ、バーにかかる体重を支える。ペダルストロークのたびに、自転車は左右に揺れ動く。大胸筋はこの動きを抑え、効率的なフォームの維持を助ける。

バリエーション

デクライン・バーベル・プレス
Decline Barbell Press

バーベルを使うことによって、デクライン・プレスのエクササイズをより安定して行うことができる。バーベルを下げていくと胸に接触して止まる。こうすることにより、ケガの危険性を下げることができる。一方、両腕の自由と可動域を制限してしまうことがバーベルの欠点である。腕が不安定であればあるほど、適切なフォームを維持するためには、補助筋をさらに鍛える必要がある。

ケーブル・クロスオーバー
CABLE CROSSOVER

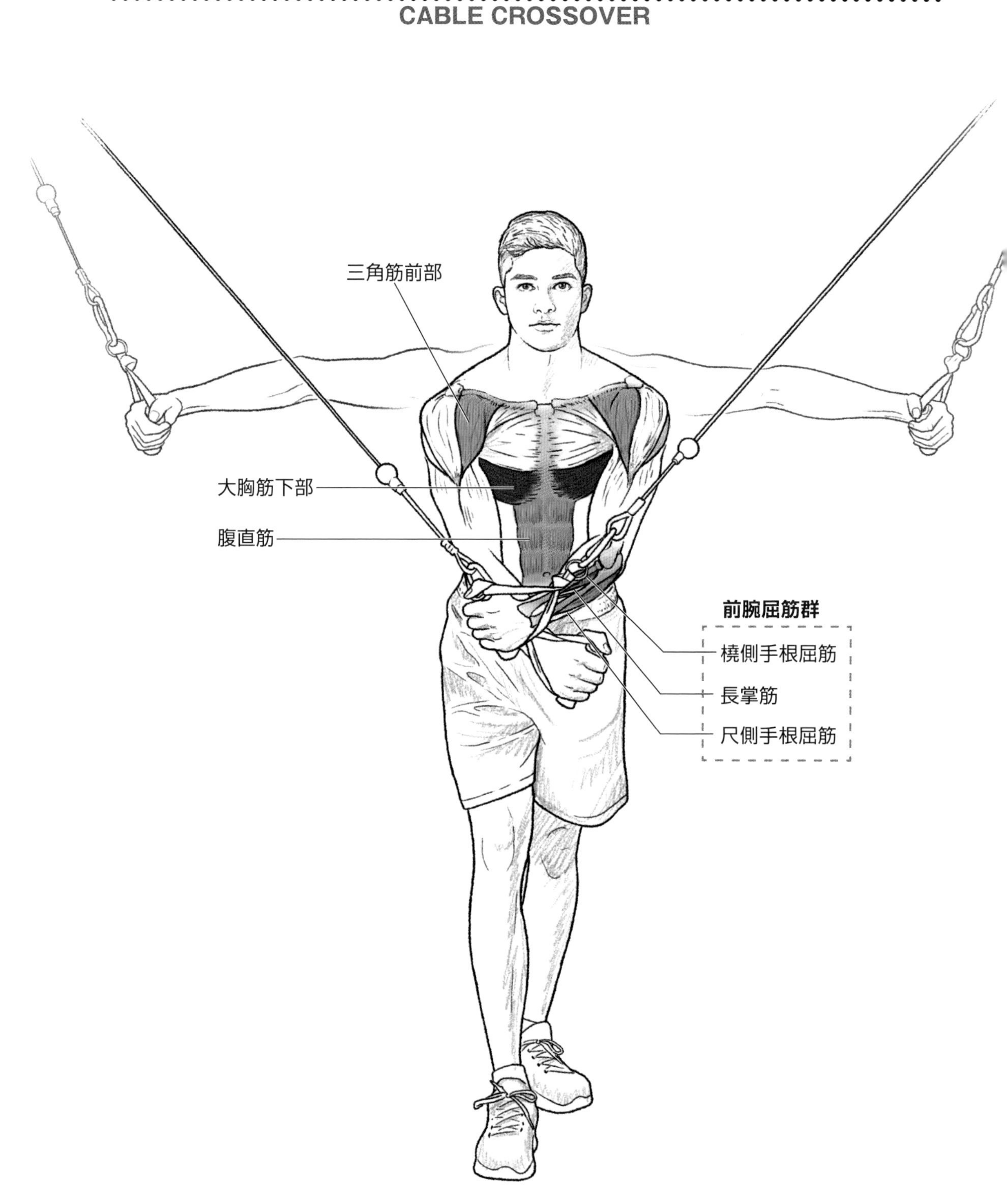

エクササイズ

1. それぞれの手でハイ・プーリーのハンドルをつかみ、わずかに前傾姿勢をとる。腕は両側に突き出し、肘をやや曲げる。
2. 肘をロックしたままウエストの前で手首が交差するまでハンドルを引き寄せる。
3. 両手をゆっくりとスタートポジションに戻す。

動員される筋肉

主動筋：大胸筋下部

補助筋：三角筋前部、腹直筋、前腕屈筋群（橈側手根屈筋、長掌筋、尺側手根屈筋）

サイクリング・フォーカス

タイムトライアルのスタートは、自転車競技で最も瞬発力を要する瞬間である。停止状態からレーススピードまで、急加速しなければならない。自転車にはその慣性を増すエアロホイールおよびエアロバーが取り付けられている。計測が始まり、審判員がスタートの合図をすると、自転車競技者は力を振り絞ってペダルを踏み下ろす。脚を踏み込むたびに、上半身は膨大な力に対抗すべくハンドルを引く。この動きを行うためには大胸筋、上腕二頭筋、腹筋が力強く収縮する必要がある。ケーブル・クロスオーバーは、この力強い収縮を実行するための身体能力を発達させる。

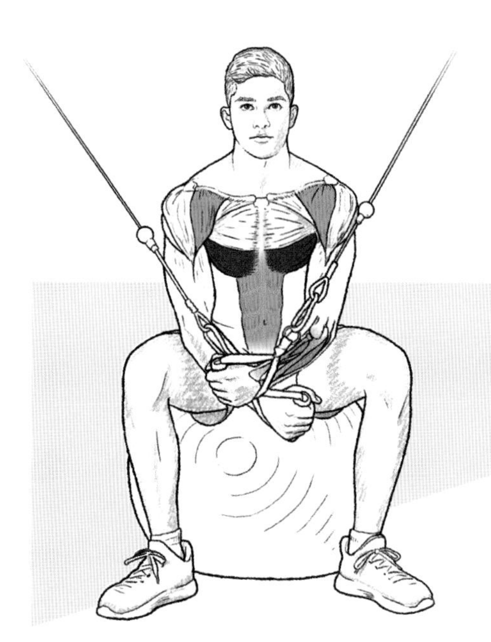

バリエーション

シーテッド・ケーブル・クロスオーバー
Seated Cable Crossover

バランスボールに座って、ケーブル・クロスオーバーと同じエクササイズをすることができる。より難しい方法になるので、腹筋のさらなる活動が要求される。ポジションを安定させるためにしっかりとした体幹全体の収縮を実感できるだろう。

プレート・スクイーズ

PLATE SQUEEZE

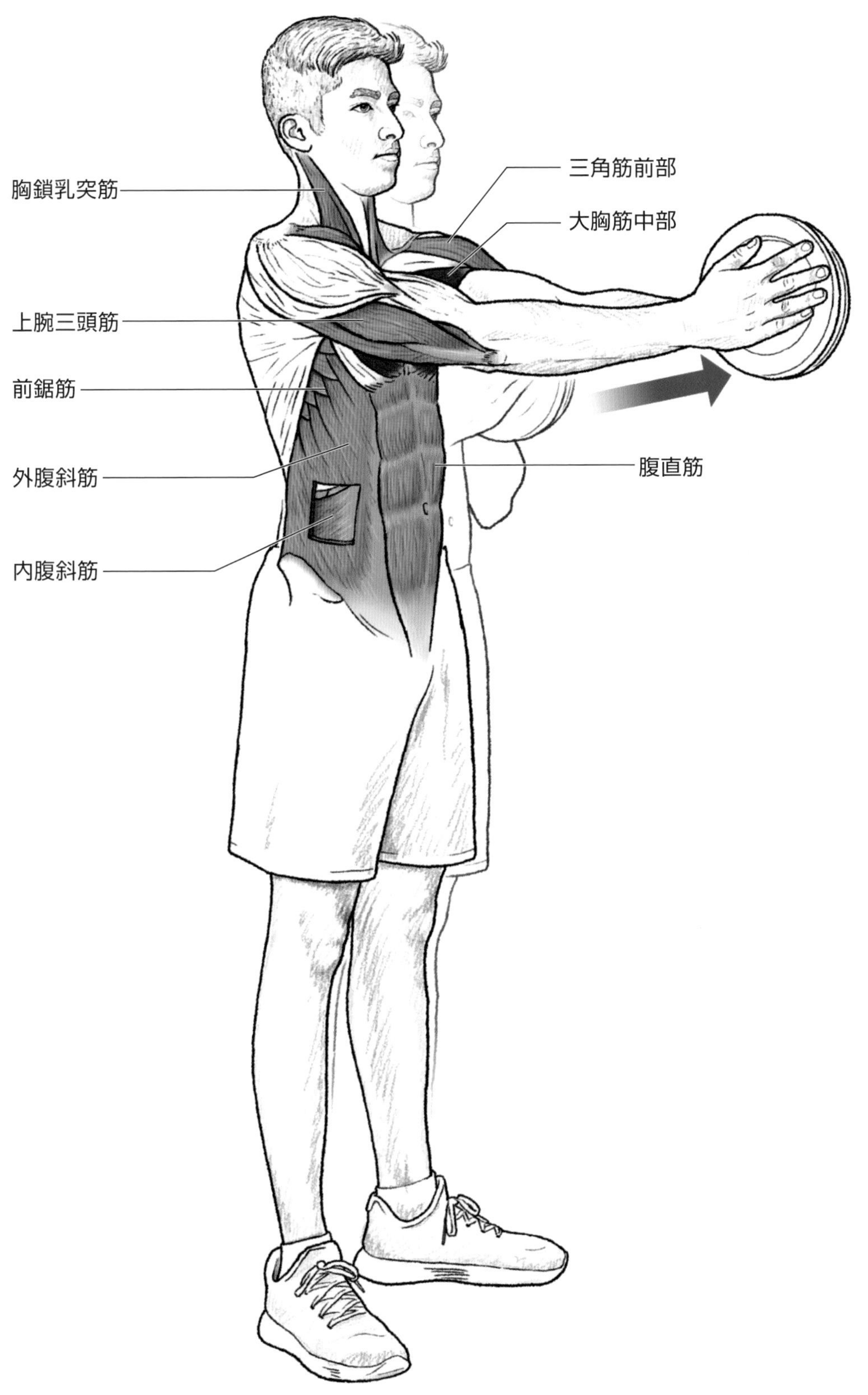

エクササイズ

1. 直立する。2枚のウエイトプレートを両手で挟み、胸の位置で持つ（ウエイトは必要に応じて1枚でもよい）。
2. プレートを挟んでそれぞれの手を押し、静的エクササイズを行う。
3. 胸の前で床と平行に腕を伸ばす。プレート同士を強く押す。
4. ゆっくりとスタートポジションに戻す。

動員される筋肉

主動筋：大胸筋中部

補助筋：三角筋前部、上腕三頭筋、胸鎖乳突筋、腹直筋、外腹斜筋、内腹斜筋、前鋸筋

サイクリング・フォーカス

タイムトライアルは過酷な競技である。とにかくタイムとの戦いがすべてという要素において、精神面の試練となる。さらに困難なのは、自転車のコントロールである。エアロバーを握りながらのコーナリングはたやすいことではない。コーナーや整地されていない区間を走行する際に自転車のコントロールをとる1つの方法は、大胸筋のアイソメトリック（静的）収縮を行うことで、エアロバーを支える腕を安定させることである。これにはある程度の訓練が必要となる。

バリエーション

垂直な動作のプレート・スクイーズ

Plate Squeeze With Vertical Movement

上記で説明されたエクササイズを行う流れで、腕を完全に伸ばしきったら腰の方向に下げてみる（肘は伸ばしたまま）。そして次に腕を頭の高さまで上げる。これは見た目よりずっときつい。筋肉が焼け付くような刺激のエクササイズだ！

ダンベル・プルオーバー

BOX STEP-UP

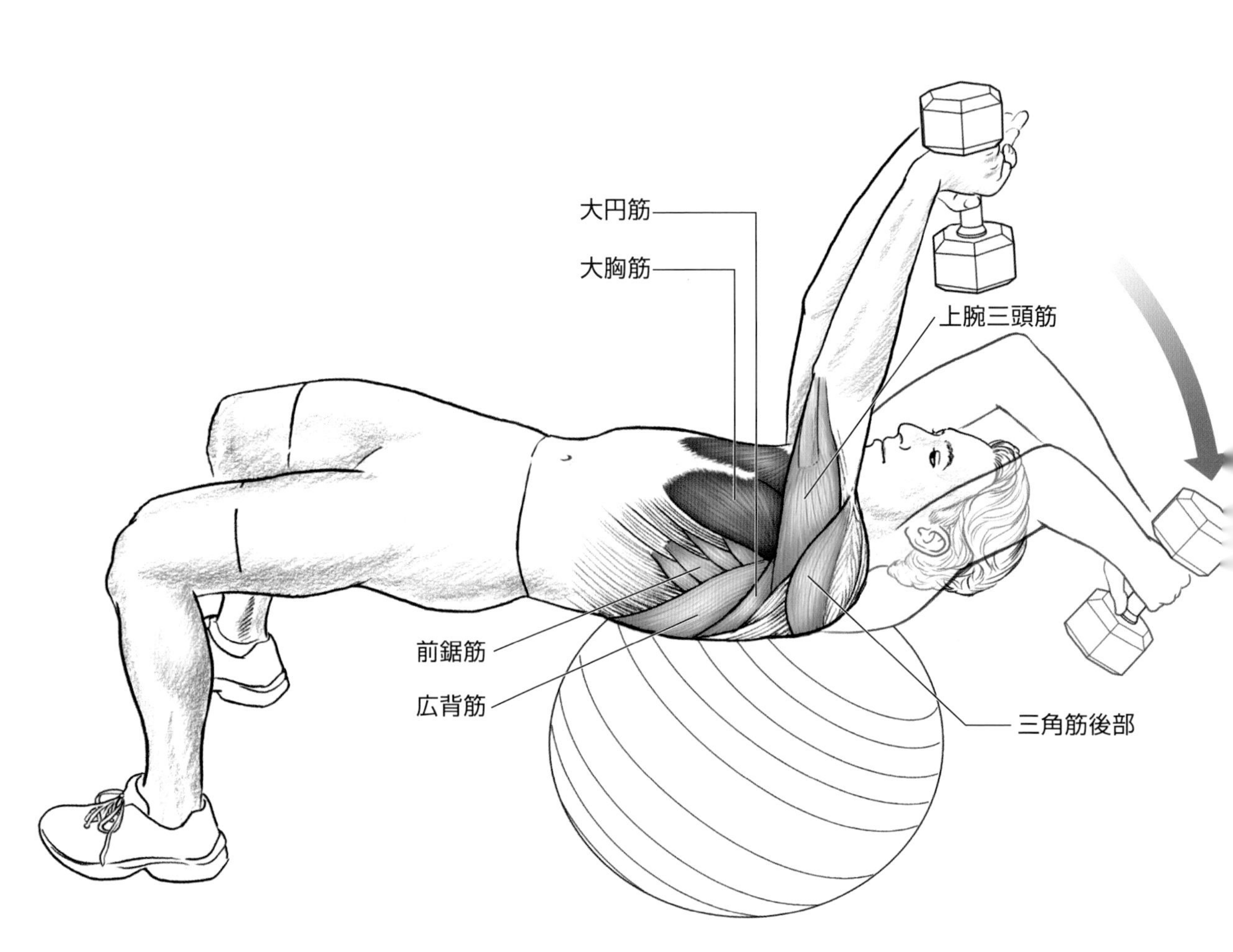

エクササイズ

1. 背中をバランスボールに乗せて仰向けになり、ダンベルのプレート内側のシャフトを両手でつかむ（もしくはケトルベル）。
2. 胸の上方にダンベルを構え、肘を軽く曲げた状態で、頭のレベルまで後方へとゆっくりダンベルを下ろす。
3. 肘の角度を維持したまま、肩を回転させながら、ダンベルを垂直の位置まで戻す。

動員される筋肉

主動筋：大胸筋

補助筋：広背筋、前鋸筋、大円筋、三角筋後部、上腕三頭筋、菱形筋、小胸筋

サイクリング・フォーカス

タイムトライアルバイクに乗って、長い直線道路を突き進む時、このエクササイズで鍛えた多くの筋を使うことになるだろう。このエクササイズの動きの途中のポジションが、エアロバーに腕を伸ばしている競技者のポジションに非常によく似ていることがわかる。強力なペダルストロークのたびに、ペダルに脚の力を伝えるべくハンドルを引きつける。簡単にいえば、タイムトライアルは速く進むことが鍵である。私の友人でもあるプロサイクリストがタイムトライアルでスピードを出すことについて、最近こんなことを明らかにした。「とにかくペダルを思いっきり踏み下ろすこと、それがプロの秘訣さ！」と彼は言ったのだ。

バリエーション

ベンチでのストレートアーム・バーベル・プルオーバー

Straight-Arm Barbell Pullover on Bench

ダンベルを使う代わりに、バーベルを使うのもよい。動作中、肘から伸ばした腕を真っすぐに保つことになる。これにより動きに柔軟性が加わる。

背部

強靭かつ適切に鍛えられた背部を形成することは自転車競技者の身体づくり、健康、そしてパフォーマンスにおいて最優先事項である。背部と脊柱は自転車上でのポジションとパワー形成の基礎となる。しかし残念なことに、自転車競技者は背部の障害を頻繁に訴える。前傾姿勢のライディングポジションをとるため、背部の筋には常に負荷がかかるからだ。継続的な負荷に耐えられるように背部の状態を整え鍛えておかないと、身体に深刻なダメージを受けることになるだろう。シッティングでもスタンディングでも、背部は硬い基盤の役割をする。そして腰や臀部や脚はこの基盤を通してこそ、ペダルを回転させている間中パワーを作り出すことができるのである。

障害の発生を見越して背部の筋をコンディショニングしておくことが、健全な背部づくりへの最善の方法である。それを目的としたエクササイズをこの章で紹介する。ワークアウトを始めたばかりの時期は、軽いウエイトから始めてゆっくり進めていこう。時間をかけて背部の筋力を発達させていけば、長い目で見ると、のちに利益をもたらすことになるだろう。背部は本来強いので、軽い負荷から始めると力がついていないように思うかもしれないが、焦ってはいけない。のちにより重いウエイトを使う時に、初期段階の積み重ねがその基盤を作るのだから。このエクササイズを慎重に動作を大事にしながら行えば、漸進的に力はついてくる。リフティングによる負荷がほとんどかかっていないと思っても、1～2日後にはその効果を実感するだろう。休息の日に身体がつくられることを忘れてはならない。筋が十分にリカバリー（回復）することを心がけよう。ジムで背部のトレーニングを行った翌日には長距離走行をしないことも、リカバリーの一環である。

この章では、ライディングやレースでの背部へのストレスに対処するエクササイズを紹介する。この本で紹介しているほかの多くのエクササイズと同様に、背部を鍛えるための動作はクロスオーバー、つまり1つのエクササイズで複数の筋が鍛えられるものもある。しかし、各エクササイズ項目で記述されている筋群をターゲットにして行うべきである。そうすればトレーニングの最大効果が得

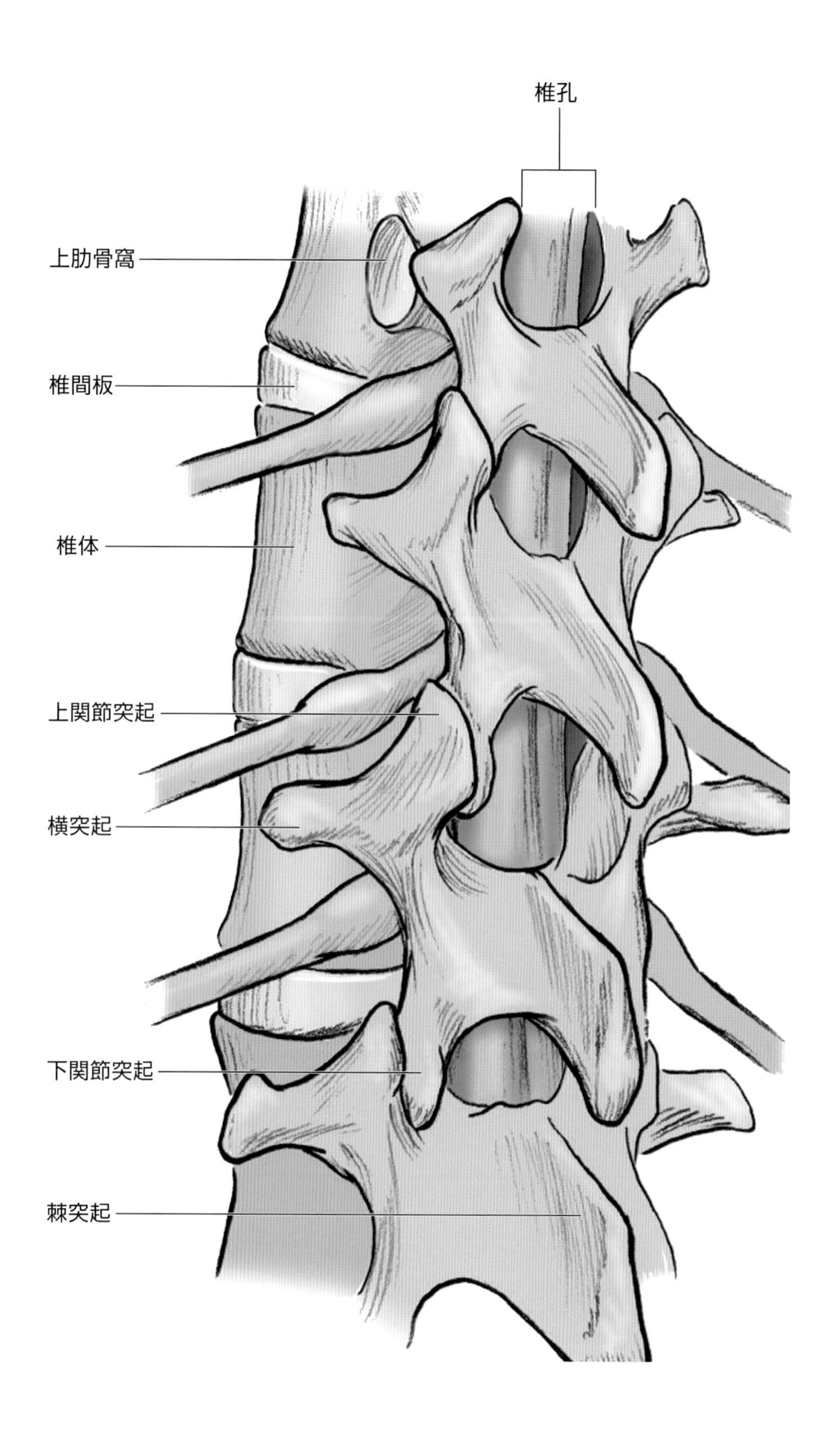

図 6-1　脊柱

られ、特異的な筋群を意識しながら行うことにより、ジムにおいてもライディングにおいてもフォームが改善されるであろう。

骨格の解剖学

脊柱は身体の姿勢と動作を支える柱である。脊柱には7つの頸椎（C1-C7）、12個の胸椎（T1-T12）、5個の腰椎（L1-L5）、癒合された仙骨（S1-S5）と癒合された尾骨がある。胴（体幹）と首のすべての支えと動きを可能にしているのは、脊髄を収容している積み重ねられた椎骨である。1つ1つの椎骨は、上下の椎骨と複数の箇所で接触している（**図6-1**参照）。これらの接触ポイントは関節面と呼ばれている。椎骨が連なっている側面には管（椎間孔）が形成されている。その管を通って神経が脊髄から身体中のさまざまな目的地まで延びている。また、椎骨の周辺には多数の靭帯があり、椎体を安定させ、結合させている。

椎間板（ついかんばん）は2つの椎骨の接する部分（椎体間）のクッションとなり、脊柱のスムーズな動きを可能にしている。椎間板の繊維状の外側部分は繊維輪（せんいりん）と呼ばれている。圧力と負荷を分散させている内側部分は髄核（ずいかく）と呼ばれており、線維性の外側の靭帯が損傷したり、髄核が突き出たりすると、椎間板ヘルニアが起こる。椎間板の周辺ではどこでもこの突出が発生するが、それが椎孔（ついこう）の近くで発生すると、脊髄から出ている神経（脊髄神経）を圧迫し、激しい痛みと脱力感を覚える。

ライディングポジションが自然に弯曲した脊柱に構造上の負荷をかけるため、背部に障害を抱える自転車競技者が多い。通常、下背部は腰椎が内側に曲がることで前弯している。自転車に乗ると、このカーブは平らになる。一般に空気抵抗の少ない「フラット・バック（平らな背中）」で自転車に乗ることが好まれるが、前弯を平らにすると、腰椎前部と椎間板にさらなる負荷をかけることになってしまう。かかる負荷が大きくなれば、椎間板ヘルニアを引き起こす危険性が高まる。ジムでのトレーニングを少しずつ取り入れ、背部と腹部の筋を鍛えることで、ライディングポジションによって起こる多くの問題を緩和することができる。

背部の筋系

頻繁に自転車に乗る競技者は身体の各部位が発達するが、そのなかでも背部は最も発達する部位の1つといえるだろう。背部の幾重もの筋が、脊柱と肩のサポートとなり、動作の助けとなる（**図6-2**参照）。筋線維の方向に注意しみてほしい。これらの筋の収縮と弛緩こそがトレーニングフォーカスになるのだ。

僧帽筋

大きな三角形の僧帽筋は、背中の一番外側にある筋である。頭蓋骨の基部から生じ、脊柱に沿って背部を覆い、肩甲骨と鎖骨に付着する。僧帽筋は大きく、扇形の解剖学的構造をしており、筋線維が多方面に伸びているので、さまざまな動きができる。機能面から見ると、この筋は3つのセクションに分けることができる（筋線維の組み合わせにより4つの機能も生じる）。上方と下方の筋線維が両

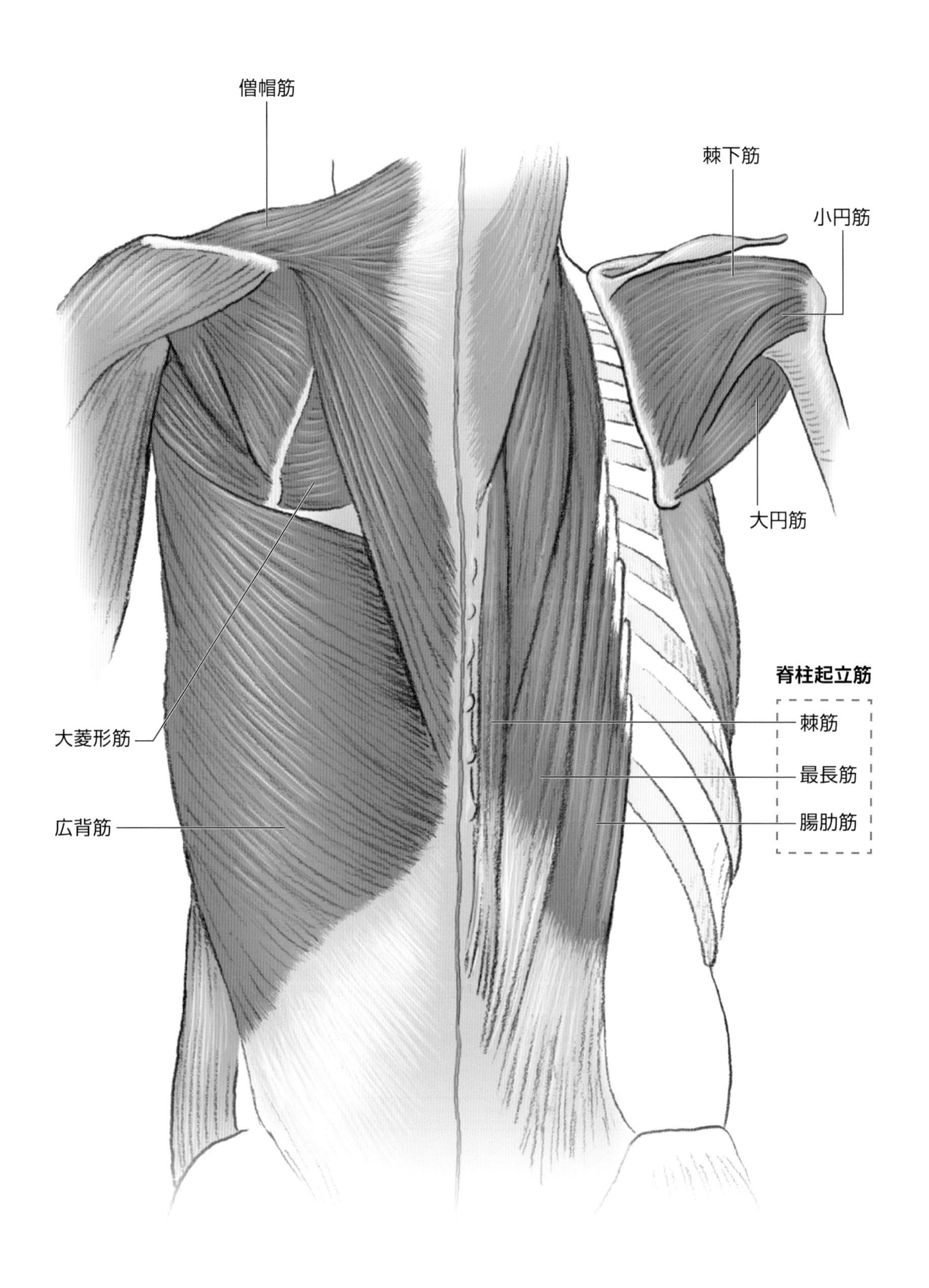

図 6-2　背部の筋

方収縮するときは回転させる。

上部線維：肩甲骨の引き上げと外転（肩をすくめる、肩を持ち上げる）
中部線維：肩甲骨の引き寄せ（肩甲骨を中央に向かって引き寄せる）
下部線維：肩甲骨の引き下げ（肩甲骨を下方に引き下ろす）
複合線維：肩甲骨の回転

広背筋

広背筋もまた、大きな三角形をした背部の筋である。脊柱下部に沿って、骨盤（腸骨稜）の上後部から起きる。この筋のもう一方側では、線維が結合して固い線維バンド（腱）を形成し、上腕骨の上部に付着する（大胸筋が付着している箇所に近い）。広背筋の収縮によって、上腕骨が下方ならびに後方に引かれ、すなわち肩の伸展が可能になる。この筋によって肩は内転することもできる（腕を身体に向かって内側に引く）。

肩甲挙筋と菱形筋

僧帽筋の下では、肩甲挙筋、大菱形筋、小菱形筋が脊柱上部に肩甲骨を接続している。文字通り、肩甲挙筋は肩甲骨を押し上げている。大菱形筋と小菱形筋は僧帽筋の中部線維と一緒に肩甲骨を引く。これらすべての筋が肩と上背部を安定させている。

脊柱起立筋

脊柱起立筋は脊柱に沿って走っている。脊柱起立筋は腸肋筋、最長筋、棘筋の３つのコラム（列）に分かれる。その主な役割は、脊柱の安定化と伸展である。自転車に乗って前傾姿勢をとると、脊柱起立筋が収縮し、負荷を吸収する。背部のエクササイズの多くは、直接的あるいは間接的にこれらの極めて重要な筋を鍛える。

ウォームアップとストレッチ

前章でも述べたように、適切なウォームアップは背部損傷予防のために欠かせない。エアロバイクに乗ることは、この章で紹介するエクササイズ前の効果的なウォームアップになる。ロウイングもまた心拍を高めるためのよいウォームアップである。特に背部の筋を温めながら、身体全体を目覚めさせるのに有効である。これから紹介するエクササイズを行う前には、十分にストレッチするようにしよう。ストレッチには、紹介されている背部のエクササイズにはウエイトを使わずに行えるものもある。それぞれのポジションを最低30秒間維持するようにしよう。軽いバック・ベントや伸展運動もいいだろう。

デッドリフト

DEADLIFT

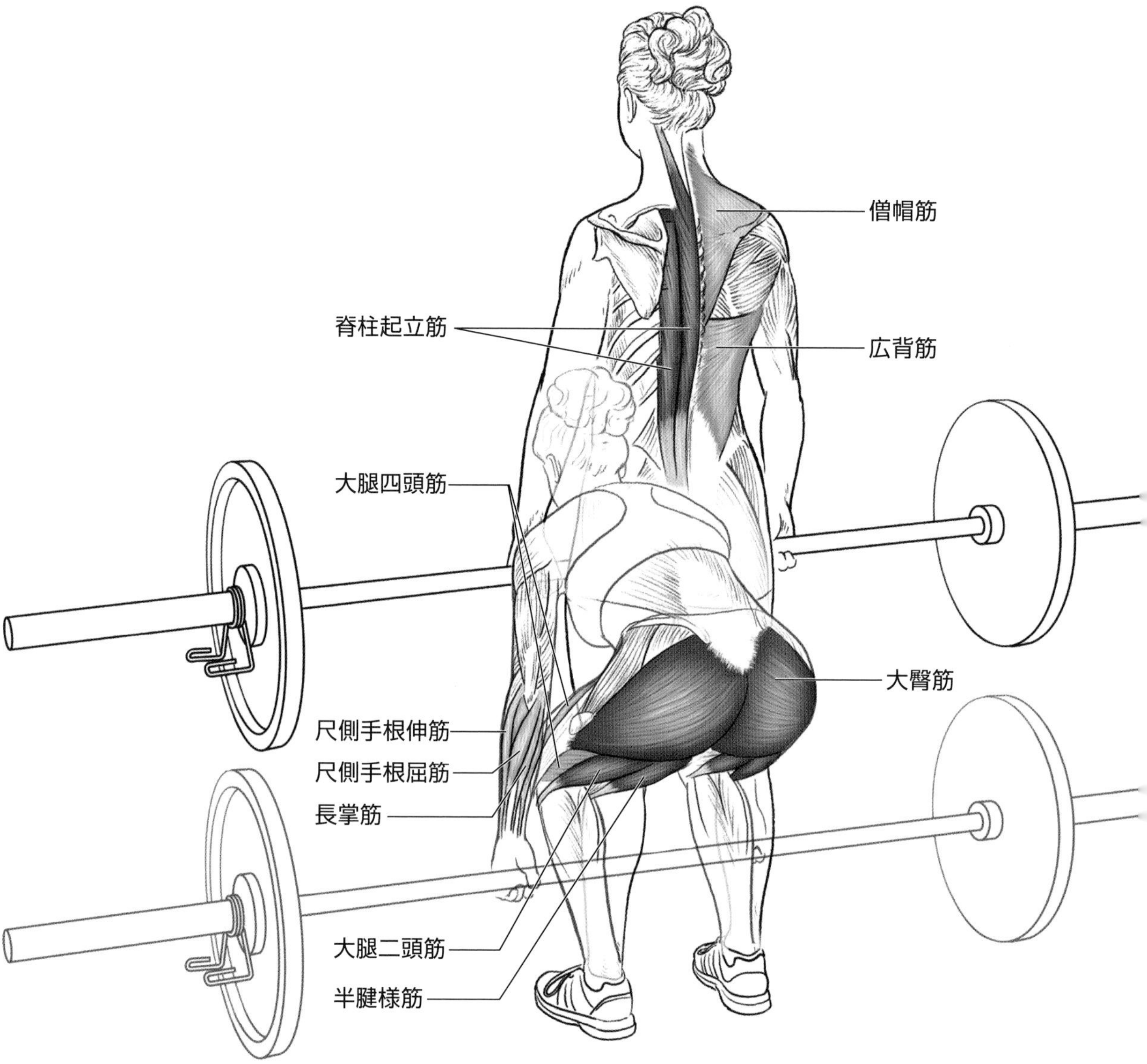

僧帽筋
脊柱起立筋
広背筋
大腿四頭筋
大臀筋
尺側手根伸筋
尺側手根屈筋
長掌筋
大腿二頭筋
半腱様筋

エクササイズ

1. まずバーベルを床に置く。足を肩幅に広げて立ち、膝を曲げ、手も足と同じ肩幅の間隔で、オーバーハンドグリップでバーベルを握る。
2. 脊柱を真っすぐに維持し、あごを上げ、股関節を伸ばしながらバーベルをウエストの高さまで持ち上げる。
3. ゆっくりとバーベルを床の上に戻す。

安全に行うために
エクササイズ中は正しいフォームで行う必要がある。頭を上げ、背部を真っすぐに維持する。こうすれば脊柱が真っすぐになり、ケガを予防できる。

動員される筋肉

主動筋：脊柱起立筋（腸肋筋、最長筋、棘筋）、大臀筋、ハムストリング（半腱様筋、半膜様筋、大腿二頭筋）
補助筋：僧帽筋、広背筋、大腿四頭筋（大腿直筋、外側広筋、内側広筋、中間広筋）、尺側手根伸筋、尺側手根屈筋、長掌筋

サイクリング・フォーカス

　このエクササイズは背部を鍛えるためには必須である。力強く全身を使った動作が求められるため、全体的な筋力と筋の発達を促すシステムを活性化させる。筋形成に必要なすべてのホルモンと仲介・伝達物質を放出するように指令を与える。脊柱起立筋は自転車に乗っている時の身体を支える重要な役割を担う。デッドリフトは主要な背筋だけを鍛えるのではなく、自転車競技者がパワーをクランクに伝える時に役立つパワーハウス筋群（体幹の支持筋）をも鍛えるので、この競技にとっては素晴らしいエクササイズである。このエクササイズによって下背部は明らかに負荷を受けるが、ハムストリング、臀筋、大腿四頭筋にとっても筋力トレーニングのメリットがある。何度もいうが、私は同時に複数の筋を鍛えるエクササイズが好きである。デッドリフトも確実にそのカテゴリーに入る。

バリエーション

スモウ・デッドリフト（ワイド・スタンス・デッドリフト）
Sumo Deadlift (Wide-Stance Deadlift)

　広いスタンスで、つま先を外側に向ける。通常のデッドリフトと同じテクニックを用いる。イラストのように片手をオーバーグリップに、もう片手をアンダーグリップにしてもよい。スタンスを広くすることで、大腿四頭筋と股関節内転筋群をターゲットにすることができる。

グッドモーニング

GOOD MORNNING

エクササイズ

1. 両足を肩幅に広げ、バーベルを肩に乗せ、真っすぐに立つ。
2. 背中を真っすぐにしたまま視線を上に向け、上半身が床とほぼ平行になるまで股関節を曲げる（腰で曲げない）。ハムストリングに伸びを感じる。
3. ゆっくりと、胴体を直立させたポジションに戻す。

動員される筋肉

主動筋：脊柱起立筋（腸肋筋、最長筋、棘筋）、大臀筋
補助筋：ハムストリング（半腱様筋、半膜様筋、大腿二頭筋）、
大腿四頭筋（大腿直筋、外側広筋、内側広筋、中間広筋）

サイクリング・フォーカス

このエクササイズをする時には、鍛えようとする筋をやりすぎて痛めないように気をつける。グッドモーニングは、自転車に乗った時の姿勢を維持する筋を発達させる。強い脊柱起立筋があれば、フォームだけではなくパワーの伝達能力も向上する。自転車に乗っている時は、背中はしっかりと真っすぐで平らにした状態で、手はハンドルのドロップを握っていることが理想である。背部が平らで空気抵抗が少ないフォームであるかをトレーナーにチェックしてもらったり、あるいは姿が映るウィンドウの近くを自転車で通る時に自分でチェックしたりするとよいだろう。脊柱起立筋など脊柱に沿って走るすべての筋は脊柱を安定させ、脊椎亜脱臼（1つの椎体が前方にずれて、別の椎体に当たる）の危険を軽減する。

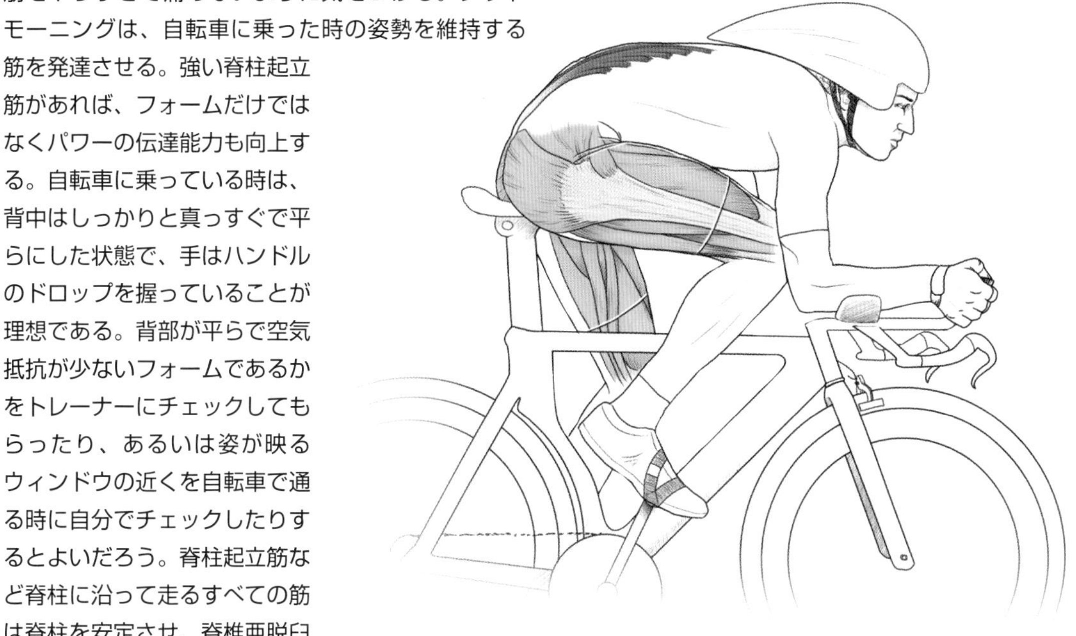

バリエーション

マシン・バック・エクステンション
Machine Back Extension

バック・エクステンション・マシンを使うと、安定性が高まる。背部を損傷している時、あるいは背部のケガから復帰したばかりの時には、脊柱起立筋のエクササイズに少しずつ身体を慣らすのにうってつけのマシンである。背中を伸ばす時、骨盤を持ち上げないように注意しよう。目標は背筋だけを単独で鍛えることである。

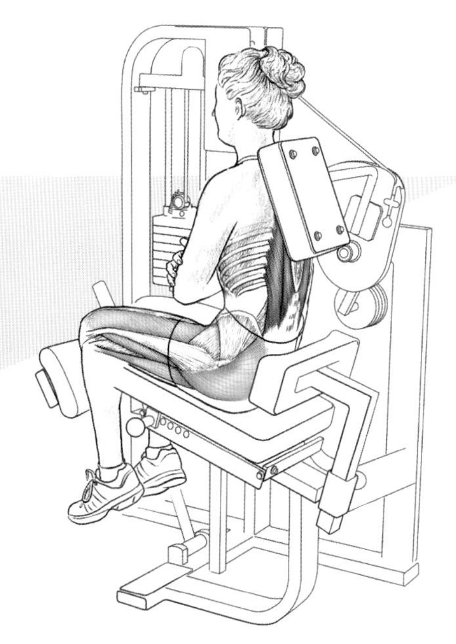

プルアップ

PULL-UP

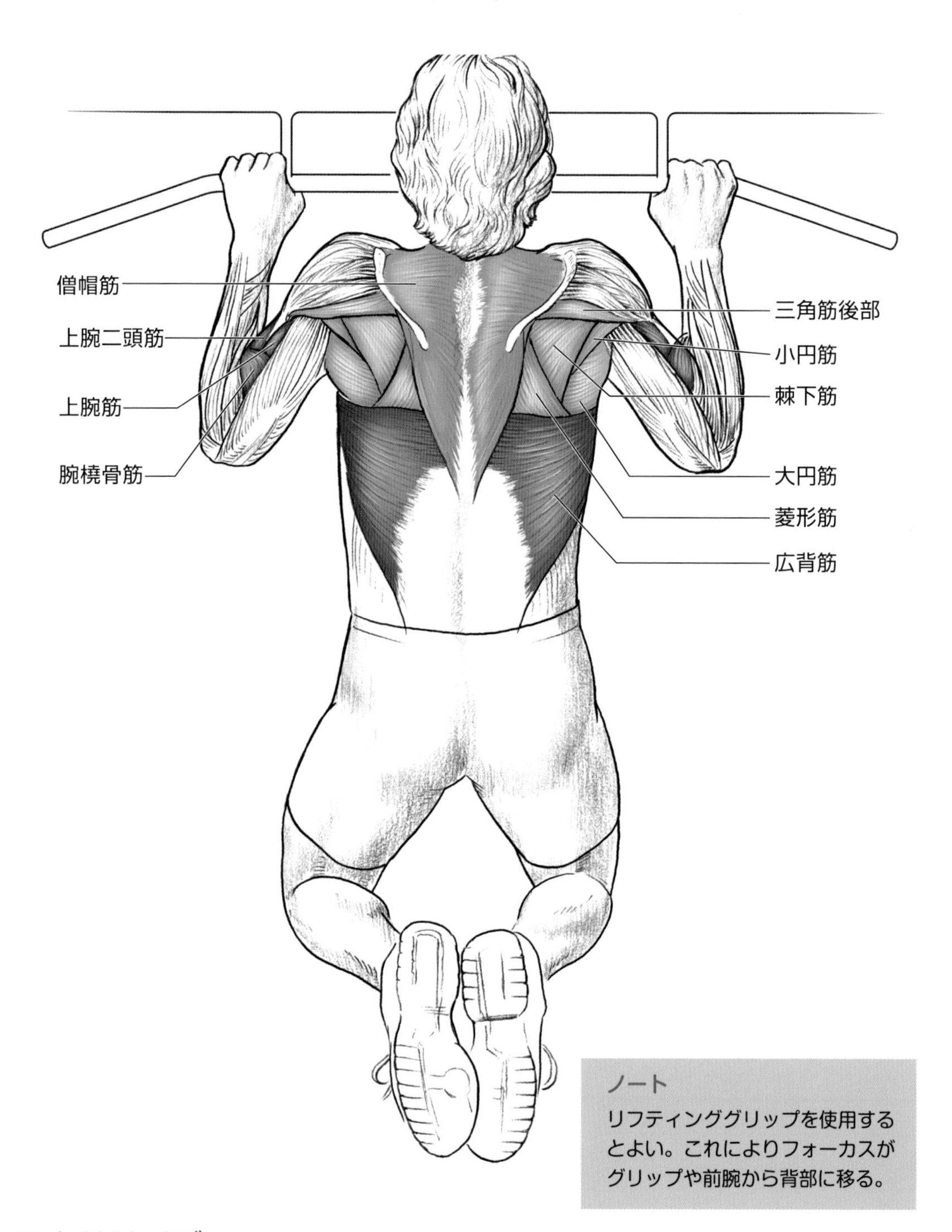

ノート

リフティンググリップを使用するとよい。これによりフォーカスがグリップや前腕から背部に移る。

エクサイサイズ

1. 両手は肩幅よりやや広めにプルアップバーを握り、ぶら下がる。
2. 身体を揺らさずに、バーの上まであごを引き上げる。
3. ゆっくりとスタートポジションに戻す（腕は伸ばす）。

動員される筋肉

主動筋：広背筋、上腕二頭筋、上腕筋、腕橈骨筋
補助筋：三角筋後部、菱形筋、大円筋、小円筋、棘下筋、外腹斜筋、内腹斜筋、僧帽筋

サイクリング・フォーカス

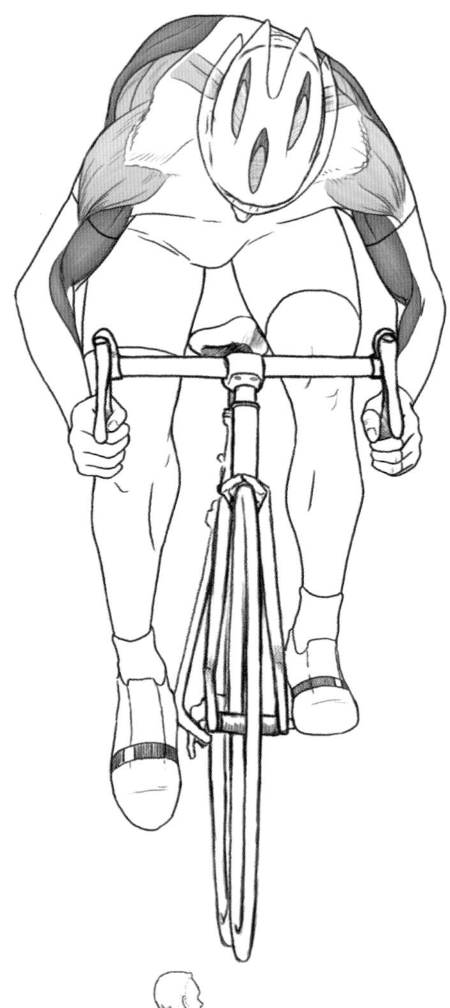

多くの自転車競技者はプルアップが苦手なようだが、どうか嫌わないでほしい。これは背筋のほとんどを鍛えることができる典型的なエクササイズである。同時に上腕二頭筋、上腕筋、腕橈骨筋をも鍛えることができる。その対価の高さから、これは背筋を鍛えるエクササイズの中でも特に私のお気に入りである。自転車競技者は、体重を支え、クランクに最適な駆動力を伝えるために、これらすべての筋を動員する。登坂走行やスプリント、ハンドルに手を軽く乗せてのクルージングなど、どんな時にでもこのエクササイズで鍛えられたいずれかの筋が使われている。私は複数の筋が同時に鍛えられるエクササイズが好きであるが、単純なプルアップはまさにそれである。このエクササイズは、トレーニングプログラムのなかで効果的な役割を担う。

バリエーション

プルアップ・アシスト・マシン
Pull-Up Assist Machine

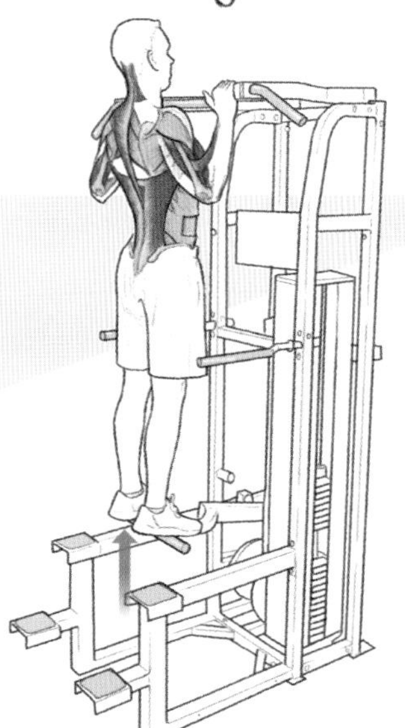

補助なしでのプルアップが難しい場合には、このマシンは最適な補助になるだろう。マシンに表示される重さがそのままプルアップ時に補助される。よって、マシンに表示される重さを増やせば、プルアップがより容易になる。

プルダウン

PULL-DOWN

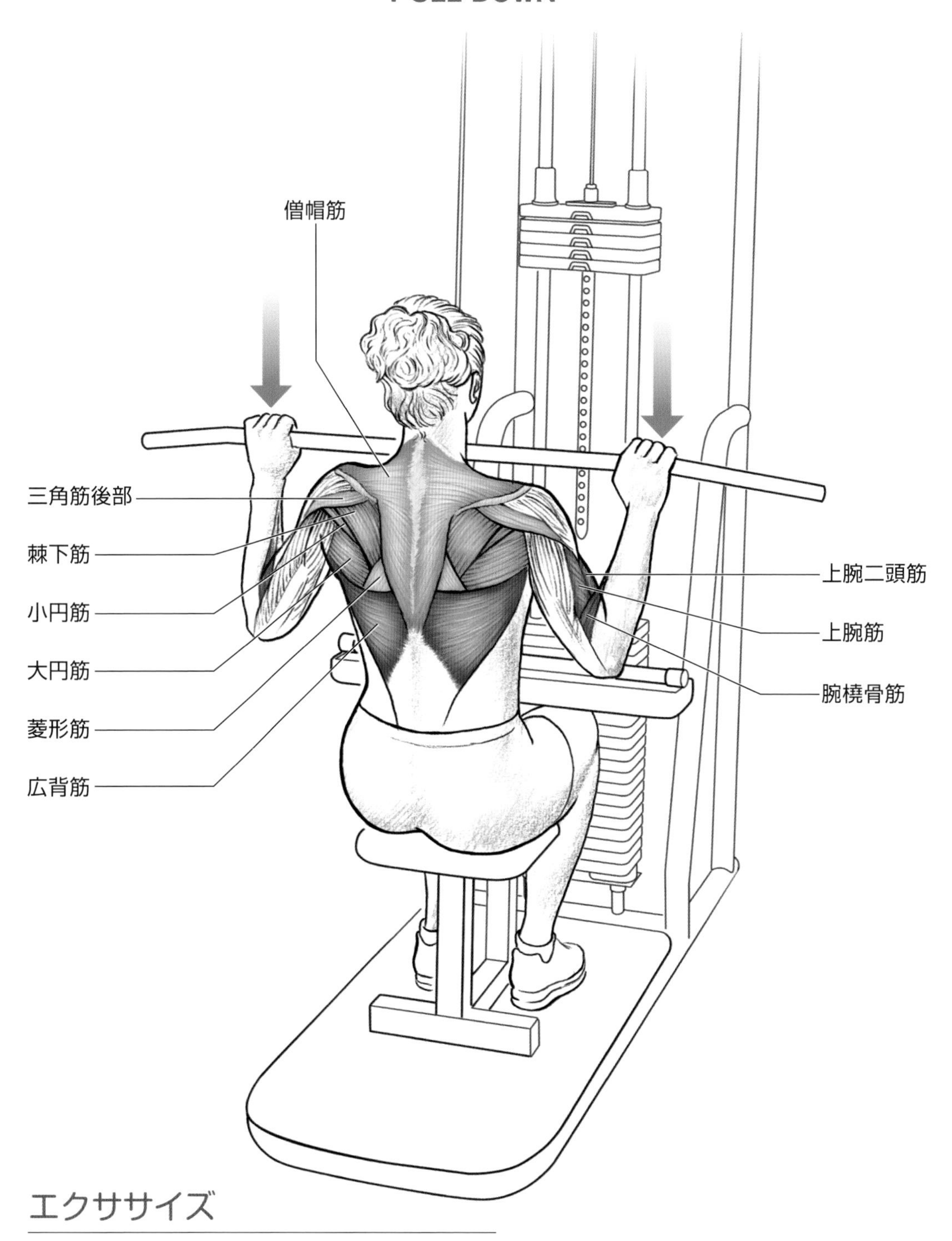

エクササイズ

1. パッドの下に太腿を差し入れて座る。両手の間隔は広めに、手のひらを外側に向けてプルダウン・バーを握る。
2. 身体を動かさないように、胸部に触れるまでバーを引き下ろす。
3. スタートポジションに戻す（腕は伸ばす）。

動員される筋肉

主動筋：広背筋、上腕二頭筋、上腕筋、腕橈骨筋
補助筋：三角筋後部、菱形筋、大円筋、小円筋、棘下筋、外腹斜筋、内腹斜筋、僧帽筋

サイクリング・フォーカス

プルアップに負けず劣らず、プルダウンも非常に効率良く有用なエクササイズである。プルアップで目指す目標に到達するための助けになったり、プルアップバーでのエクササイズに疲れた時の追加メニューとして役立つ。背部、腕、肩、胴のすべての筋がこのエクササイズで動員される。安定した強靭な背部を持てば、ケガを防止し、きつい走行を含むトレーニング期間を快適に過ごすことができる。オフシーズンこそ、これらの筋を強化するよい機会であり、今後の長距離のライディングからくるストレスに対抗する身体づくりになる。トレーニングシーズンが始まるまでに背部が十分にストレスに耐えられれば、シーズン中は背部の苦痛ではなく、身体づくりに集中することができる。

バリエーション

ナローグリップ、チンアップグリップ、ワイドグリップによるプルダウン

Pull-Down With Narrow Grip, Chin-Up Grip, and Wide Grip

プルダウンには多くのバリエーションがある。それぞれで働く筋はほぼ同じだが、バーの握り方と腕のポジションによって強調される部分がわずかに異なる。例えば、手のひらを上に向けたチンアップグリップは大胸筋と上腕二頭筋に働きかける。ジムではグリップの位置をいろいろと変えて自分のトレーニングと組み合わせてみるとよい。

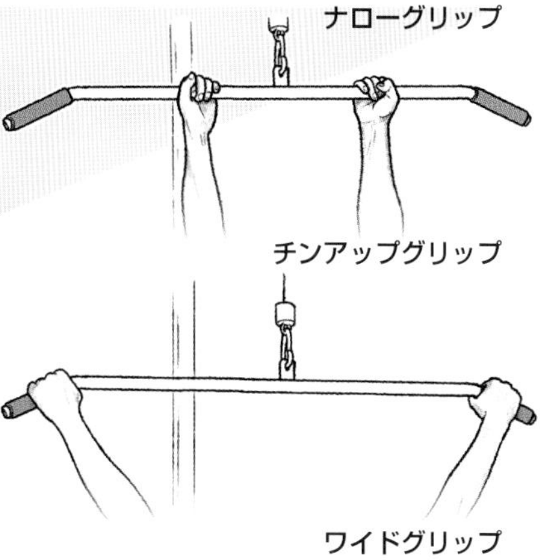

ベントオーバー・バーベル・ロウ

BENT-OVER BARBELL ROW

エクササイズ

1. 手のひらを下にして肩幅の間隔でバーベルを握り、腕を伸ばす。背中を真っすぐにして立ち、床に対し胴が 45 度になるように前傾姿勢をとる。
2. 胴を動かさないように、バーベルの胸の下部まで垂直に引き上げる。
3. 一息おいてから、バーベルをスタートポジションに戻す。

安全に行うために

ウエストの位置で前傾するように気をつける。脊柱は真っすぐに維持する。背中が弯曲し始めたら、不必要な負荷を腰にかけていることになり、ケガにつながる。

動員される筋肉

主動筋：広背筋（こうはいきん）

補助筋：脊柱起立筋（せきちゅうきりつきん）（腸肋筋（ちょうろくきん）、最長筋（さいちょうきん）、棘筋（きょくきん））、上腕二頭筋（じょうわんにとうきん）、上腕筋（じょうわんきん）、腕橈骨筋（わんとうこつきん）、三角筋後部（さんかくきんこうぶ）、僧帽筋（そうぼうきん）、菱形筋（りょうけいきん）、大円筋（だいえんきん）

サイクリング・フォーカス

イラストを見ると、このエクササイズのポジションと、一般的なライディングポジションとがよく似ていることがわかる。手がブラケットフードを握って坂を上る時には、ハンドルをリズミカルに引くだろう。背中（主に広背筋）、肩、腕は、坂を上る時に必要な安定とさらなる駆動力を提供する。ベントオーバー・バーベル・ロウは脊柱起立筋も鍛えるため、自転車競技者にとっては理想的なエクササイズである。このエクササイズでの背中の角度は、自転車に乗ってサドルから腰を上げながら坂を上る時の背中の角度とほぼ同じである。このエクササイズをトレーニングプログラムに取り入れれば、将来遭遇するであろう険しい山登りに立ち向かっていけるようにコンディショニングされるだろう。

バリエーション

Tバー・ロウ

T-Bar Row

Tバー・ロウはバーベル・ロウの代わりになるよいエクササイズである。このエクササイズはフリーウエイトバーやTバーを用いて行うことができる。

シーテッド・ロウ

SEATED ROW

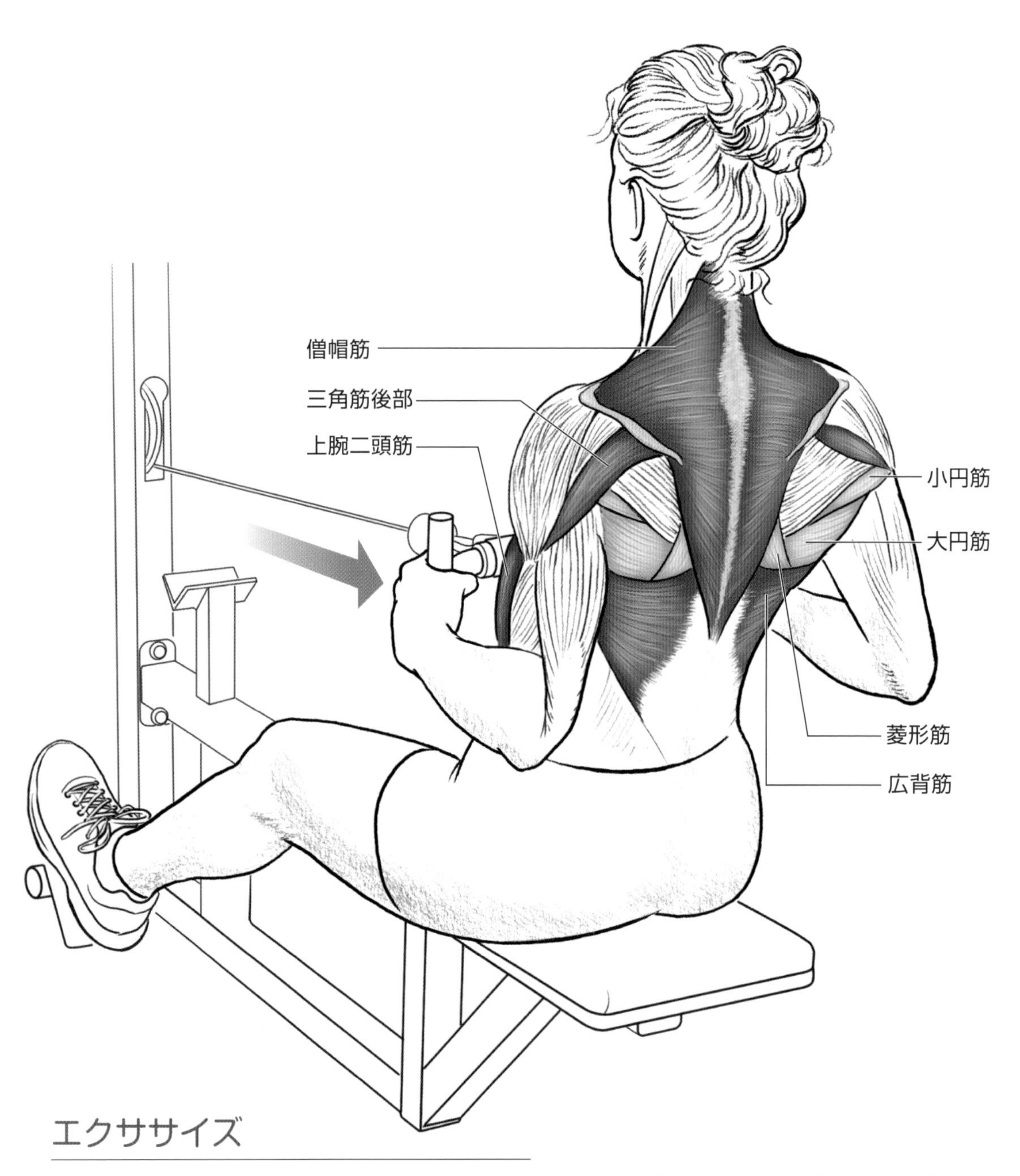

エクササイズ

1. ロウイング・プラットフォームあるいはフットレストの上で足を肩幅に開く。ロー・プーリーに正対し、サムアップグリップ（親指を立てる）でハンドルを握る。腕は伸ばす。
2. 背中を真っすぐにし、肩甲骨を脊柱の方へ互いに引き寄せるよう意識する（腕は伸ばしたまま保つ）。
3. 肩甲骨を十分に引き寄せ、肘をぴったりと脇につけながらハンドルを胸部の方へ引く。
4. スタートポジションに戻し、まず腕を伸ばしてから肩甲骨をリラックスさせる。

動員される筋肉

主動筋：僧帽筋(そうぼうきん)、広背筋(こうはいきん)、三角筋後部(さんかくきんこうぶ)、上腕二頭筋(じょうわんにとうきん)

補助筋：菱形筋(りょうけいきん)、大円筋(だいえんきん)、小円筋(しょうえんきん)、脊柱起立筋(せきちゅうきりつきん)（腸肋筋(ちょうろくきん)、最長筋(さいちょうきん)、棘筋(きょくきん)）、上腕筋(じょうわんきん)、腕橈骨筋(わんとうこつきん)

サイクリング・フォーカス

変化に富んだ地形を走っていると、ある時点で必然的に急坂を上らなければならなくなる。自転車の最も軽いギアを使っても、前方への推進力を維持するのは至難の業である。ペダルを漕ぐ１回１回が大仕事であり、その回転にパワーを提供するためには、ハンドルを引いている腕や背部が頼みの綱である。シーテッド・ロウは腕と背部の十分な筋力を発達させる。エクササイズのイラストのグリップポジションを見ると、自転車のドロップやブラケットフードをつかんでいる様子を再現していることがわかる。マシンのストレート・バー・アタッチメントを使って自転車のハンドル・トップを握っているポジション（手のひらを下にした握り）も再現してみよう。

バリエーション

マシン・ロウ

Machine Row

マシンを使って同じエクササイズをすることができる。しかしながら、胸部がパッドからのサポートを受けるため、下背部にかかる負荷は小さくなる。

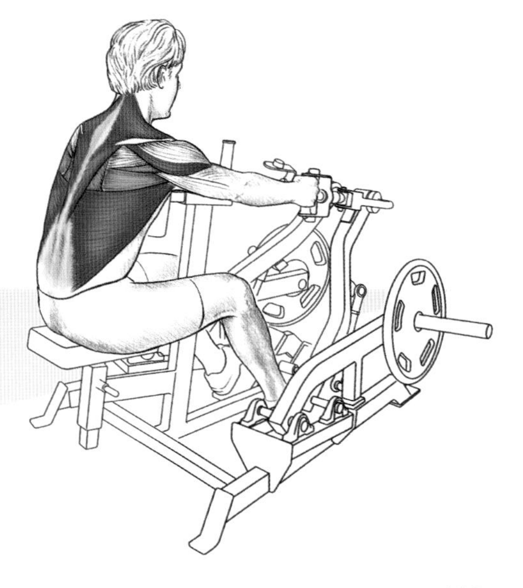

パーペンディキュラー・ランドマイン・ロウ

PERPENDICULAR LANDMINE ROW

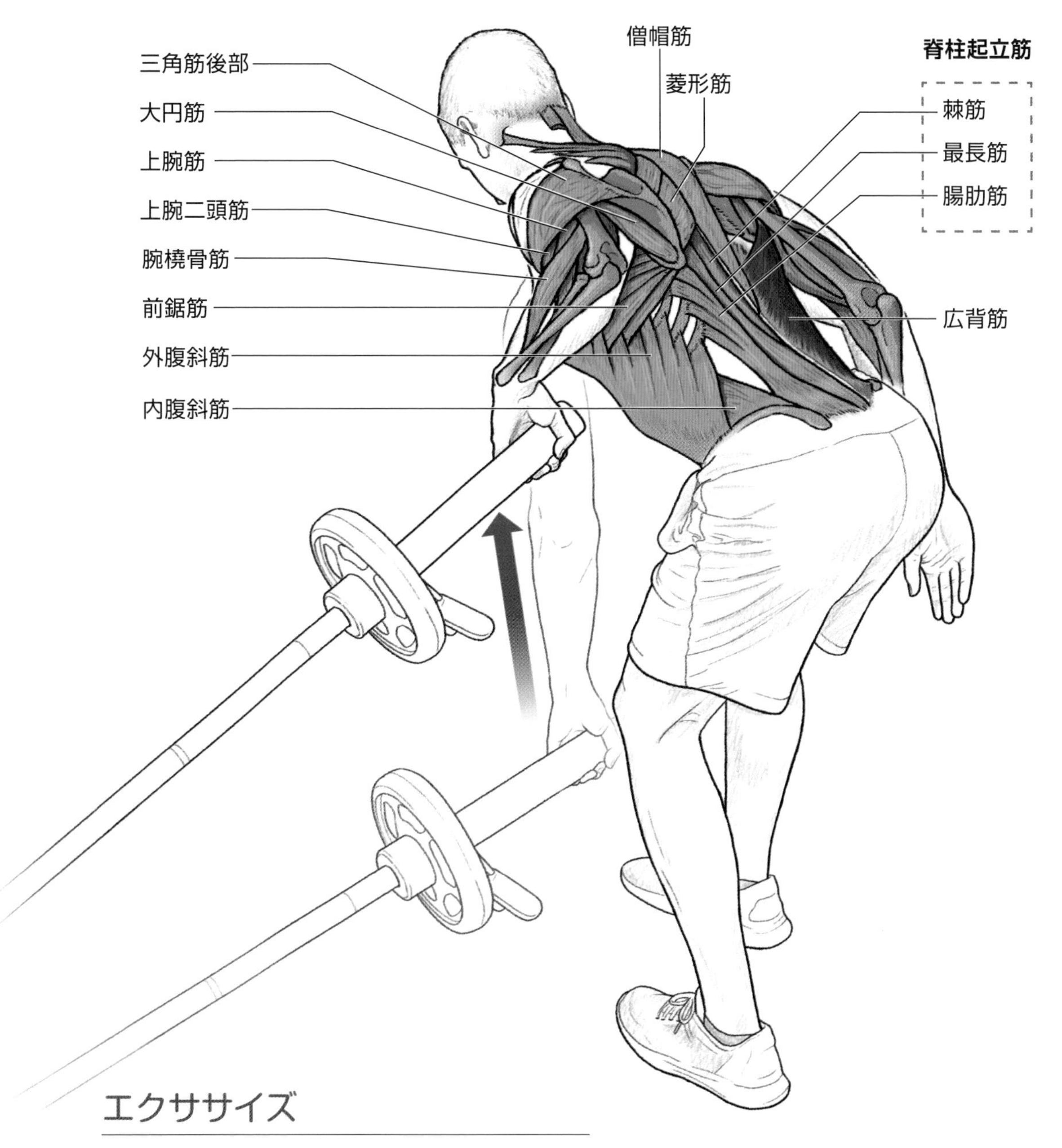

エクササイズ

1. バーベルを身体に対して垂直に床に置く。バーベル近くからやや下がった辺りに片足を置き、スタッガードスタンスになる。身体は真っすぐ前を向く。
2. 上体を 45 度に前傾させ、膝を曲げた状態でバーベルの端をオーバーハンドグリップで握る。
3. 背中を真っすぐに保持したまま、バーベルを握った手を脇の下に向かって真っすぐ引き上げる。背中の中央で肩甲骨同士を引き寄せるように意識する。
4. スタートポジションに肘を戻す。
5. 反対側のセットも逆向きで同じイメージで行う。

動員される筋肉

主動筋：広背筋

補助筋：脊柱起立筋（腸肋筋、最長筋、棘筋）、上腕二頭筋、上腕筋、腕橈骨筋、三角筋後部、僧帽筋、菱形筋、大円筋、外腹斜筋、内腹斜筋、前鋸筋

サイクリング・フォーカス

ベントオーバー・バーベル・ロウと同じように、このエクササイズは自転車上のポジションとほぼ同じである。加えて、このエクササイズは左右非対称がゆえにポジションを保つために体幹が鍛えられる。きつい傾斜を必死で上ろうとしたり加速をつけるために自転車を左右に振る時に感じる筋が焼け付くような感覚を味わうことができるため、私はこのエクササイズが好きだ。パーペンディキュラー・ランドマイン・ロウはペダルにありったけの力を伝えるのに必要ないくつかの異なる安定筋に働きかけてくれる。

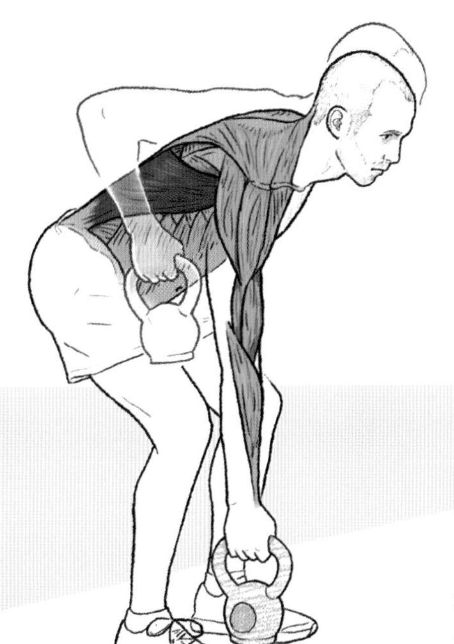

バリエーション

ベントオーバー・ケトルベル・レイズ

Bent-Over Kettlebell Raise

左右非対称な動作で骨格にトルクをかける（ひねりを加える）ことがこのエクササイズの鍵である。同じエクササイズをケトルベルやダンベルを使って行ってもよい。

バランスボール・エクステンション

STABILITY BALL EXTENSION

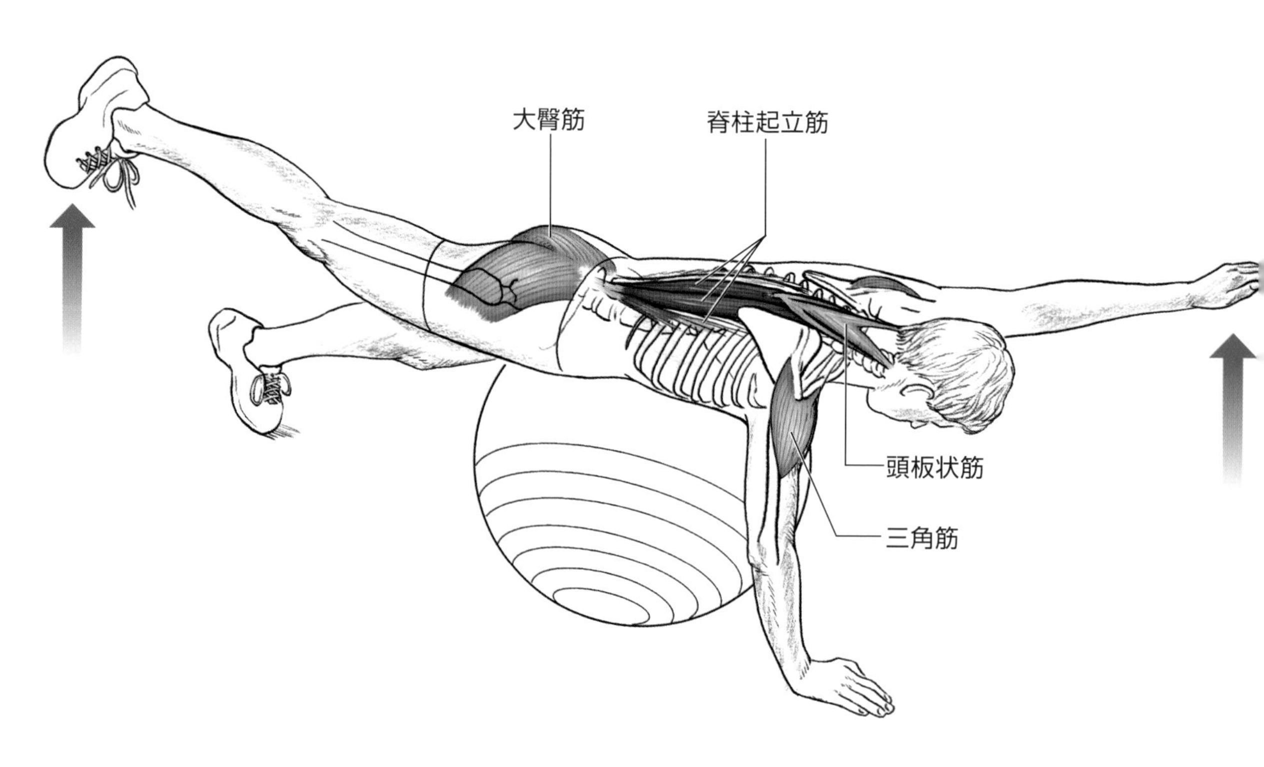

エクササイズ

1. バランスボールに下腹部を乗せてうつ伏せになる。
2. 片脚と反対側の腕を床の上に残し、もう一方の腕と反対側の脚を上げて伸ばしながら、背部を弯曲させる。肘と膝は真っすぐに伸ばす。
3. ゆっくりと腕と脚を下ろす。バランスボールを抱きかかえるように身体を丸める。
4. 反対側の腕と脚で繰り返す。

動員される筋肉

主動筋：脊柱起立筋(腸肋筋、最長筋、棘筋)
補助筋：頭板状筋、大臀筋、三角筋、烏口上腕筋

サイクリング・フォーカス

脊柱起立筋は自転車に乗る時の負荷に耐えなくてはならない。乗車中はほとんど、これらの筋が前傾姿勢を維持している。背部が痛くなったり、疲れてきたりする時は、たいてい脊柱起立筋が原因である。バランスボール・エクステンションは、最大伸展時に最大可動域をもたらすため、特に効果的なエクササイズである。何時間も背部を弯曲させて自転車に乗る姿勢に耐えられるようになる。このエクササイズをさらに効果的なものにするために、ウエイトの使用が必要であると考えてはならない。最大可動域を通して、筋をストレッチしたり動かしたりすることだけで、筋線維の最大動員を促すことができるからである。

バリエーション

ダブルアーム・バランスボール・エクステンション

Double-Arm Stability Ball Extension

両手を上げ、背中を伸ばしきるバリエーションも良い。両足は床につける、もしくは片足ずつ上げる。または、バランスボールの前の方に身体を移動させ、腕立て伏せをするように両手や両腕を床につける。そして両足を真っすぐ伸ばしたまま天井の方向に向けて持ち上げることにより、背中を伸展させる。

スタティック・バック・エクステンション・ウィズ・リバース・フライ

STATIC BACK EXTENSION WITH REVERSE FLY

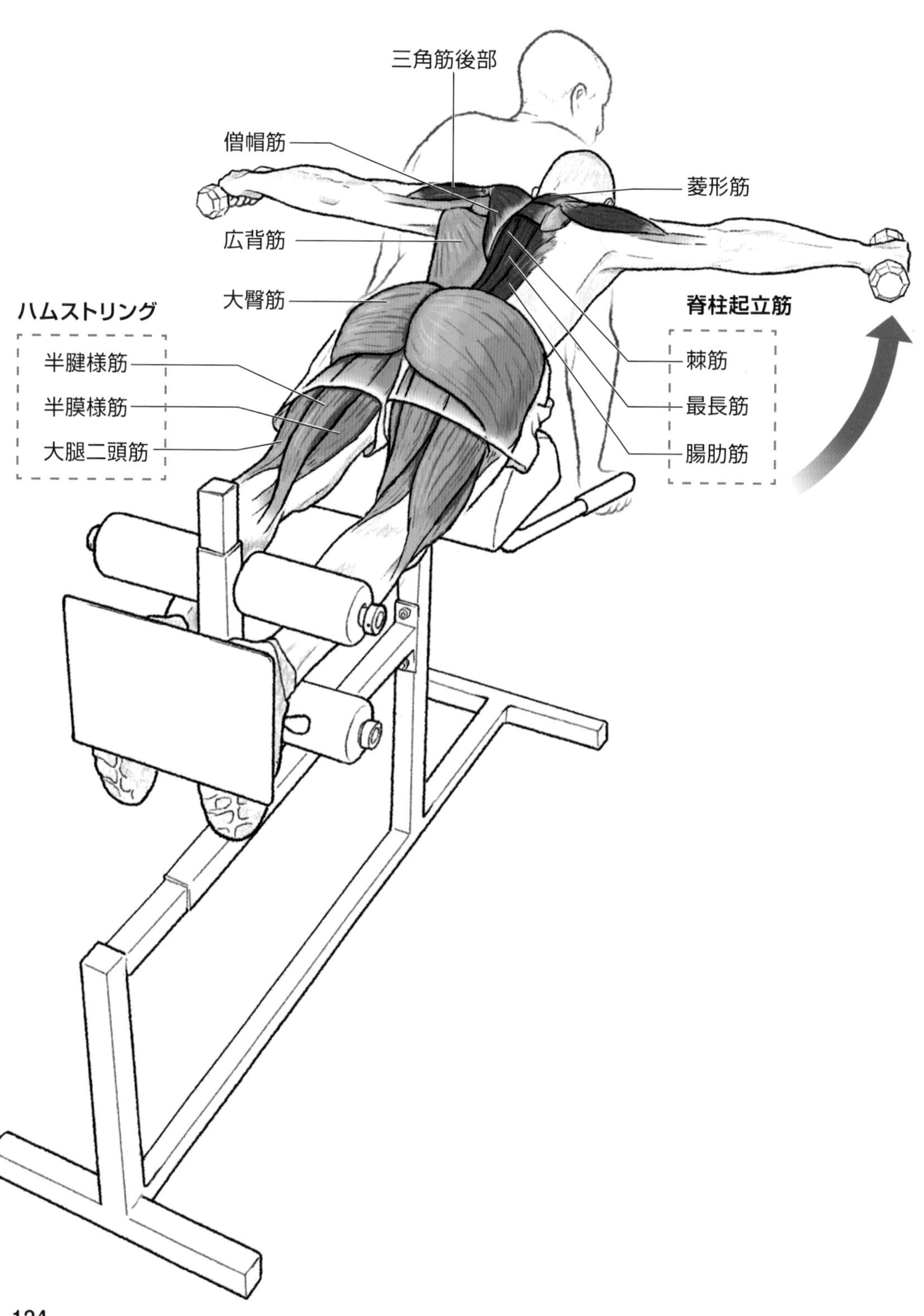

エクササイズ

1. 腰が支えられている状態でバックエクステンションベンチにうつ伏せに横たわり、足首をサポートの下にあてる。
2. 軽めのウエイトプレートやダンベルをそれぞれの手に持つ。
3. これは下背部の静的エクササイズである。ポジションについたらそれ以上の背部の動作はない。背中を伸ばし、脊柱を床と平行にする。
4. 腕は床に向かって下ろした状態で、リバースフライの動作を行う。腕を上げ広げると同時に肩甲骨を引き寄せる。背部は伸ばしたまま「T」の形になるように行う。
5. 腕を床に下ろしたポジションに戻す。下背部を動かすことなく腕の動作を繰り返す。

動員される筋肉

主動筋：脊柱起立筋（腸肋筋、最長筋、棘筋）、菱形筋、僧帽筋、三角筋後部
補助筋：広背筋、大臀筋、ハムストリング（半腱様筋、半膜様筋、大腿二頭筋）

サイクリング・フォーカス

これは下背部の静的エクササイズと上背部の動的エクササイズである。肩甲骨を動かすための筋（菱形筋、僧帽筋、三角筋後部）を鍛えるだけでなく、同時に脊柱起立筋も強化する。これはまさに自転車競技者が必要とするタイプのエクササイズである。ハンドルに向かって背部が大きく弯曲した状態が長時間続くと、筋のけいれんを招く。このエクササイズは、純粋な筋力だけでなく、持久力のために下背部を強化する。持久力は、より長くより激しいライドに乗り出すときに間違いなく下背部に必要なものである。

バリエーション

スタティック・バック・エクステンション・ウィズ・Aフレーム
Static Back Extension With A-Frame

同じエクササイズを、腕の動作を変えて行ってみよう。リバース・フライをする代わりに第4章で紹介したAフレームの動作を加えてみる。まず手順の1～3を行い、次にフライの代わりにAフレームの腕の動きを行う。このエクササイズのポイントは、下背部が伸びた状態を維持し、時間をかけて持久力を養うことだ。

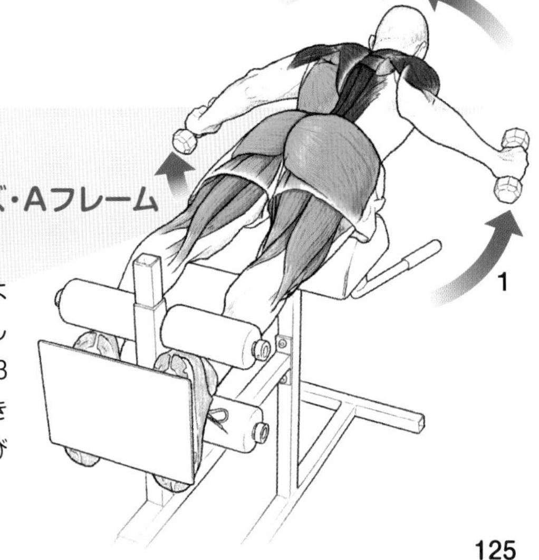

バック・エクステンション・ウィズ・アーム・スウィープ
BACK EXTENSION WITH ARM SWEEP

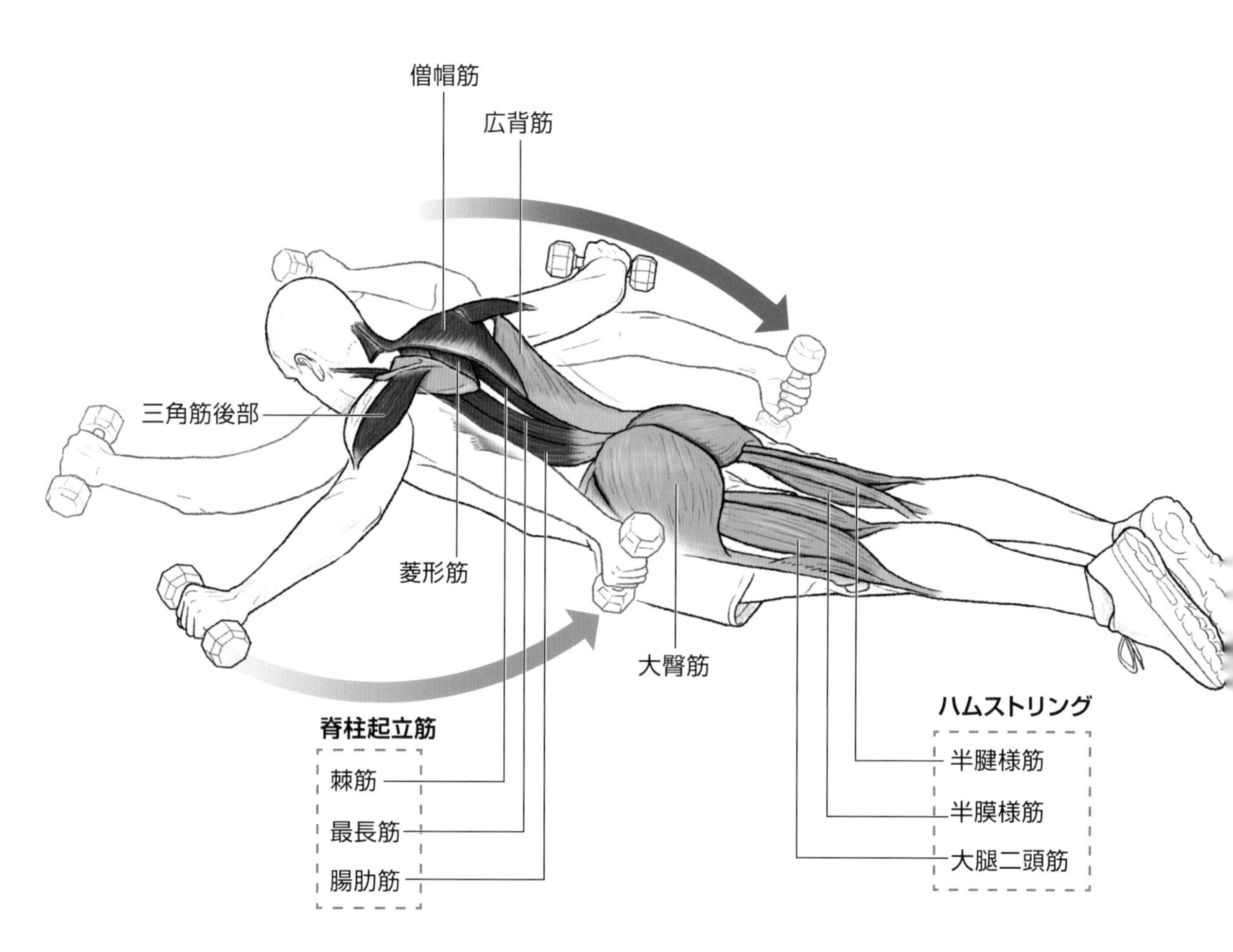

エクササイズ

1. 腕を前方に向け伸ばした状態で床またはマットの上に腹ばいになる。軽めのダンベルをそれぞれの手に持つ。
2. 背部を伸ばし、胸を持ち上げ、足を床から上げる（スーパーマンのポーズ）。
3. スノーエンジェルを形作るように弧を描きながら腕を臀部に向かって下ろす。その後スーパーマンのポジションに戻す。
4. 繰り返す。

動員される筋肉

主動筋：脊柱起立筋(腸肋筋、最長筋、棘筋)、菱形筋、僧帽筋、三角筋後部
補助筋：広背筋、大臀筋、ハムストリング（半腱様筋、半膜様筋、大腿二頭筋）

サイクリング・フォーカス

前述の通り、自転車競技は下背部に負担がかかる。ジムではこれらの背筋が将来悪化することのないように、十分に発達させることを意識する。このエクササイズは見た目よりかなり難しい。その動作が子どもの頃に経験した「スノーエンジェル」（訳者注：新雪の上で手足を広げて仰向けに寝そべり、腕を上下に動かし、脚を開閉させる動きを繰り返すことによってできる、天使形の跡）に似た動きでありながら比べものにならないほどきついことから、「死のエンジェル」と呼ばれることがあるほどだ。バランスのとれた筋構成こそが、適切なアライメントとケガ防止の鍵であることを忘れてはならない。自転車に乗っている時にはポジションが限られてしまうので、ジムではより可動域の広いエクササイズをするべきである。身体のバランスがとれていて、すべての可動域における筋力があれば、より速く、より効率的に乗ることができる。

バリエーション

フリー・フォール
Freefall

フリー・フォールはアーム・スイープ（腕を床に対して水平に動かす）させながら背部を伸展させるワークアウトに役立つ。まず床にうつ伏せになる。スーパーマンのポジションで背部を伸展させ、その後力を抜いて身体をリラックスさせる。次に両腕を真横に広げ伸展させたあと、リラックス。最後に手が臀部の辺りに位置するように腕を下ろし伸展させたあと、リラックス。動作を細かく分解することにより、背部の伸展とアーム・スイープを同時に行うための持久力が向上する。

シュラッグ

SHRUG

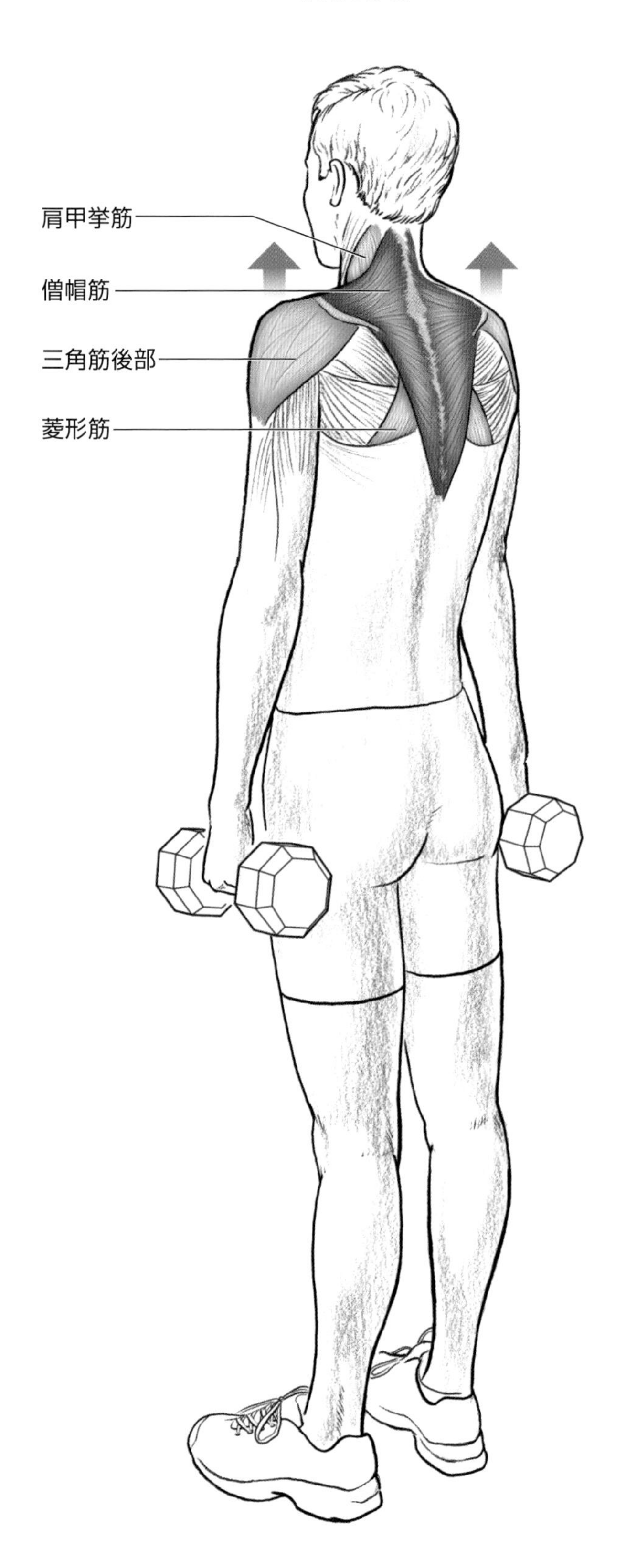

エクササイズ

1. 背中を真っすぐにして腕を伸ばして立ち、それぞれの手にダンベルを持つ。
2. 腕を曲げないように、耳に向かって真っすぐ上に肩をすくめる。
3. ゆっくりとスタートポジションに戻す。

動員される筋肉

主動筋：僧帽筋

補助筋：三角筋、肩甲挙筋、菱形筋、脊柱起立筋（腸肋筋、最長筋、棘筋）、前腕の筋群（握力関連筋群）

サイクリング・フォーカス

このエクササイズで鍛えている筋のほとんどは、自転車のハンドルを手で握り、前傾姿勢をとっている時に使われる。これらの筋は、サドルから腰を上げて登坂を始める時により大きな負荷がかかる。腰を上げると前傾になり、肩や腕は上半身の体重を支えなければならない。また荒れた路面に遭遇した際には、これらの筋による大きなサポートを得ることになる。昔のヨーロッパの丸石が敷き詰められた道を走ることはなくなったものの、工事現場や荒れ果てた田舎道を走ることがあるだろう。ロードからハンドルに毎回振動が伝わるたびに、腕と肩はショック・アブソーバー（緩衝装置）のように屈曲し収縮する。

バリエーション

バーベル・シュラッグ

Barbell Shrug

ダンベルの代わりにバーベルを使ってこのエクササイズをすることができる。脚、腰、体幹をより鍛えるためには、バランスディスクの上に乗ってこのエクササイズをするとよいだろう。

第 7 章

CORE

体幹（腹部）

強い腹部の体幹は、自転車競技者の体力にとって最重要事項である。この筋群は自転車上でのポジションを安定させる鍵としての役割を担っている。背部と共に働くことにより、腹筋群はパワーとペダルスピードを作り出す基盤となる。

自転車競技者は自転車に乗るポジションから背部の筋は強く発達するため、前部にある腹部の筋をこれに見合う強いものに鍛えることが重要である。前傾姿勢でハンドルを握る体勢により、背部は自転車に乗る時間に比例して自然に鍛えられる。筋を鍛え強くなることは、まさに私たちがトレーニングに求めていることである。しかし、これは続けるほど不均整をもたらす。背部は腹部に比べてより強くなり、それが問題を引き起こす。

第６章でも述べた通り、脊椎は椎骨が均等に１つずつ積み重ねられている。背筋が腹筋よりも強く脊柱を引っ張れば、次第に脊椎のアライメント（配列）がずれていくだろう。アライメントのずれが進行すると、椎間板が突出し始める。しばしば「椎間板ヘルニア」と呼ばれるこの状態は不運な症状をもたらし、誰でもひどい不快感と痛みを訴える。この症状は体力を消耗させ、脊椎の外科手術による治療が必要な場合もある。この本があるのは、これらの問題が起こる前に対処するためだ。この背部の筋肥大を相殺し、バランスを保たせる唯一の方法は、ジムで腹部と体幹を集中的に鍛えるのみである。

腹筋の重要な機能は、クランクにパワーを伝達している２本の大きな「ピストン」（＝脚）のために、安定した基盤を提供することである。脚がペダリング動作で回転する時、腹筋と背筋によって股関節と骨盤は安定する。どのような建造物でも基礎は安定性の面から重要であり、それは身体も同じである。脚からペダルへ最大の駆動力を伝えるためには、しっかりと固定された体幹が必要である。とはいえ、骨盤が動かないというわけではない。むしろペダルストロークの間、背筋と腹筋とが協調して骨盤を適切な位置に据えるのである。腹筋と背筋が骨盤を効果的な位置に保てなければ、最適なパフォーマンスを実現することはできない。

レースの最後に、自分の限界に迫り、空気中の酸素分子を残らず吸い込もうとする時、腹筋は最大換気（呼吸）量に貢献する。ライディングの負荷に耐え懸命に努力している時、身体全体が一致団結してペダルへ一定のパワーを伝達する。だからこそ、身体全体のコンディショニングとトレーニングは自転車競技者に最高の結果をもたらしてくれるのである。

腹部の筋系

腹筋は層になっている筋群で、胴の前方屈曲、回転、左右への屈曲の動きに働く。腹筋は腹直筋（6つに分かれる筋）がよく知られているが、腹直筋のほかに3つの筋が腹壁を形成している。これらの筋はそれぞれ重なり合って、胴の幅広い動きに効率的に貢献している。この章で紹介するエクササイズは、これらすべての筋群を鍛えるものである。

腹直筋

左右対になっている腹直筋は、最もよくわかる筋で腹部の前面に位置する（図7-1参照）。肋骨の最下部および胸骨から骨盤の恥骨へと垂直に走っている。この筋群を取り囲んでいるのは、硬い線維組織（筋膜）であり、腹直筋鞘と呼ばれる。腹直筋鞘は筋線維を包み込んでとどめ、格子状のパターンを作る。これが腹部の中央を垂直に走る境界（白線）と水平に横切る腱の帯（腱画）の両方を形成

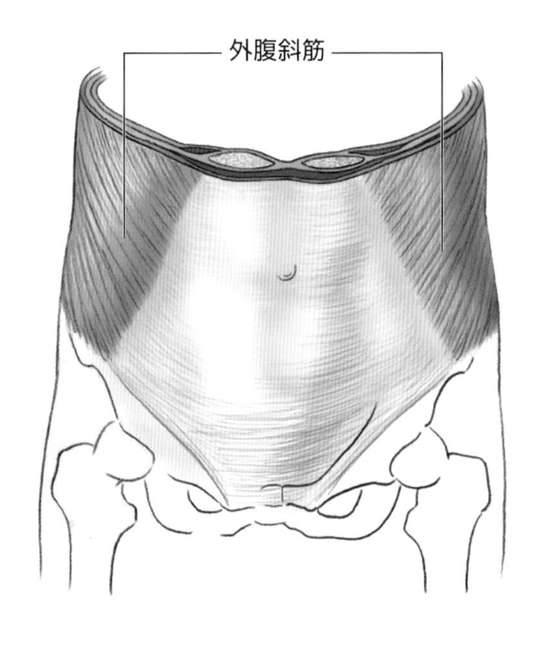

表面の層

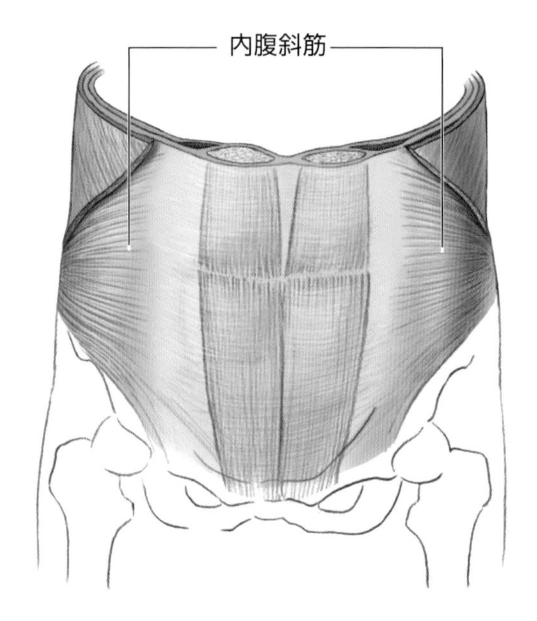

中間の層

図7-1　腹部の筋群

するため、「6つに分かれる筋」の様相を呈するのである。腹直筋は体幹を前方に屈曲させる。上部の筋が肋骨を引き下ろし、それと同時に下部の筋は骨盤を引き上げる。この強いクランチの動きが腹部を鍛える多くのエクササイズに出てくる。

外腹斜筋

ほかの3つの腹筋はすべて、腹直筋に対して横方向に走っている。最も外側にあるのは外腹斜筋である。肋骨から白線および骨盤へと、下方内側へ斜めに走っている。筋が内側（内部）へ走ると、外腹斜筋腱膜と呼ばれる硬い線維性の鞘（さや）を形成する。これは前述の腹直筋鞘と癒着する。

内腹斜筋

内腹斜筋は筋の中間の層である。機能上、外腹斜筋とは反対方向、骨盤から白線および肋骨へと上方内側に走っている。内腹斜筋もまた線維性腱膜を形成し、腹直筋鞘と外腹斜筋の腱膜と癒着する。両腹斜筋の片側が収縮すると、胴体は収縮した側へ屈曲（側屈）する。両腹斜筋の同時収縮は腹直筋の屈曲を助ける。両側の収縮はまた、過大な負荷をかけたり、力んだりする時（バルサルバ手技、あるいは閉塞した口や鼻から息を吹き出す）に、腹壁を保護し固定する。

腹横筋

最も内側にあるのが腹横筋である。腹横筋は背部、肋骨、恥骨から腹直筋鞘へと水平に走っている。あたかも動きを可能な限り網羅しようと、エンジニアが設計したかのようである。ほかの腹筋同様に、筋膜の層を形成する。背部の胸腰筋膜は、筋を水平および内側（中心）へ起こさせ、筋膜は腹

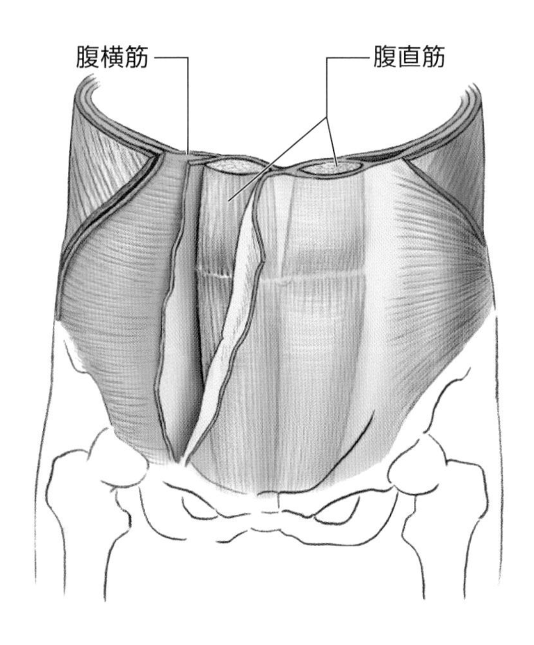

深い層

直筋鞘と腹部の腱膜につながっている。腹横筋の主な役割は、強制呼気と腹腔内圧力の上昇を助けることである。また、最大運動時や過度の負荷がかかる時に腹壁の安定を助ける役割もある。

体幹トレーニング

この章では、すべての腹筋を発達させるエクササイズを紹介する。解剖学的には腹部の上部や下部という言葉は存在しないが、ジムで意識してトレーニングができるように、エクササイズをさまざまな腹部のセクションごと（全体、上部、下部、腹斜筋）に分けている。各エクササイズはほとんどの腹筋を鍛えるものであるが、特定の部位に、より多くのストレスと負荷がかかるだろう。それぞれのエクササイズを行う際には、各エクササイズに記された主動筋を意識するべきである。コマーシャルがなんと宣伝しようとも、強い腹筋を手に入れる近道はない！　パフォーマンス向上に重要なこれらの筋を発達させるには、時間と労力を惜しまずにジムに通うべきである。

ウォームアップとストレッチ

すべてのトレーニングと同様、この強い筋群のエクササイズを実施する前には、ウォームアップを十分に行う必要がある。ます、エクササイズ・バイク、トレッドミル、あるいはエリプティカルなどのマシンを使って10〜15分間、心拍数を上げる運動をしよう。心拍数が上がり汗をかいたら、次に腹筋と胴の筋をストレッチする必要がある。この章で紹介しているエクササイズの多くはよいウォームアップにもなる。抵抗をなくし、説明にある通りにエクササイズを行ってみよう。ウォームアップとして行う時には、抵抗をかける本番のエクササイズよりも可動域を少し広げるようにする。

加えて紹介するストレッチエクササイズは「ホウキストレッチ」と「アーチング・トウ・タッチ」である。

ホウキストレッチ

両肩後部でホウキの柄を担ぎ、30 〜 60 秒間、胴体を左右にねじる。

アーチング・トウ・タッチ

足をそろえて真っすぐに立ち、腕は頭上に垂直に伸ばす。腕を真っすぐにしたまま、背中を伸ばして弓なりになり、手は上後方に伸ばす。脚を真っすぐにしたまま、腕を下前方にアーチを描くようにゆっくりと移動させ、腰の位置から上体を曲げる。脚を真っすぐにしたまま、つま先に触ってみる。この動きを逆に行い、スタートポジションに戻る。十分にストレッチできたと感じるまで、この動きを最初から最後まで繰り返す。

バランスボール・パス

STABILITY BALL PASS

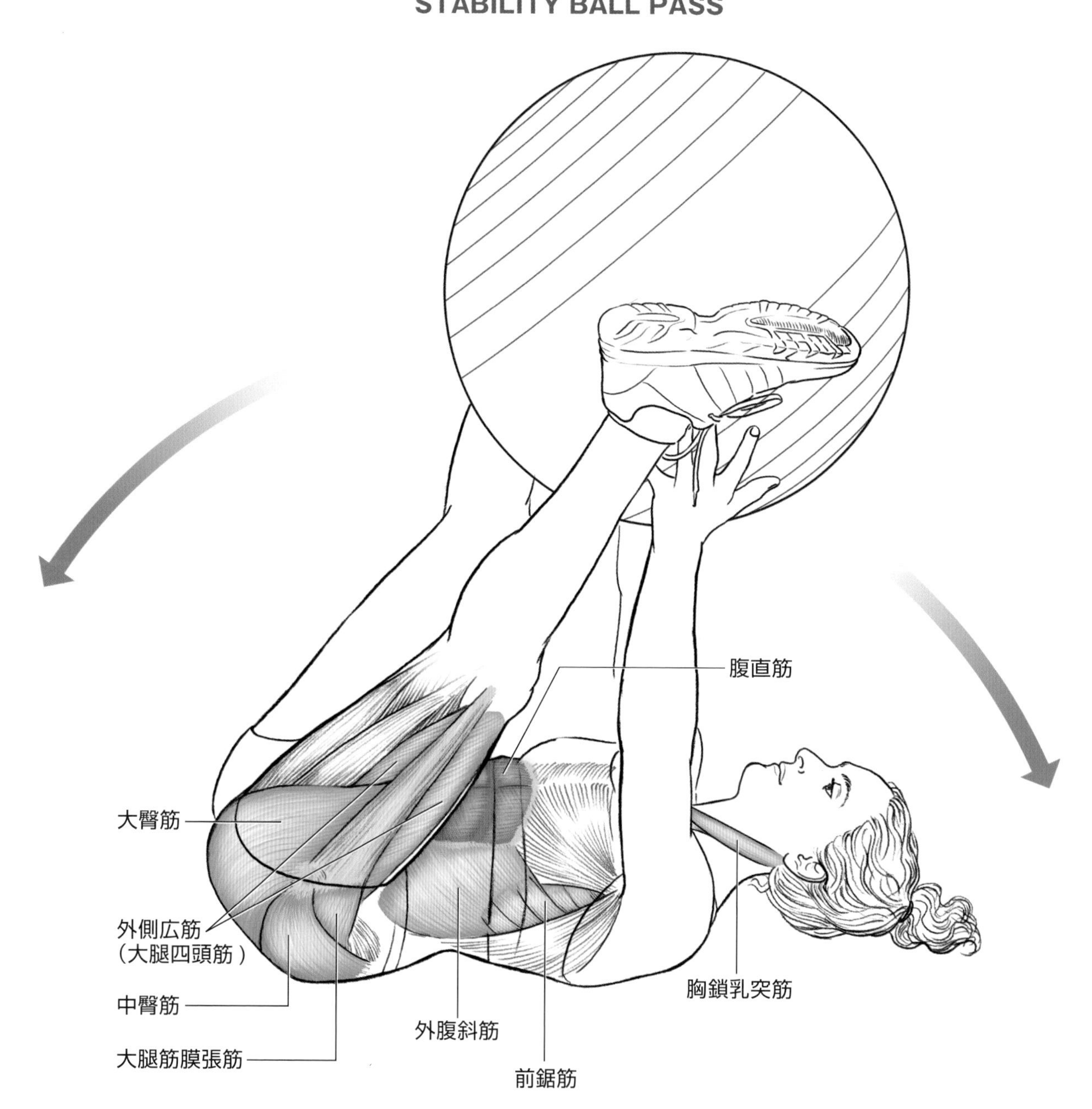

エクササイズ

1. 腕を伸ばして仰向けになる。両脚の間にバランスボールをしっかりと挟み、腕は頭上に水平に伸ばす。
2. 脚と腕を垂直に引き寄せるクランチの動きをする。肩は床から垂直に上げる。
3. 腕が腹部の上で垂直に伸びたところでバランスボールを脚から手に渡す。
4. バランスボールを手に持っている状態でゆっくりとスタートポジションに戻る。
5. 反対の動作を行う。

動員される筋肉

主動筋：腹直筋

補助筋：外腹斜筋、内腹斜筋、腹横筋、股関節内転筋群（大内転筋、長内転筋、短内転筋）、薄筋、縫工筋、腸腰筋、大腿筋膜張筋、恥骨筋、大腿四頭筋（大腿直筋、外側広筋、内側広筋、中間広筋）、前鋸筋、胸鎖乳突筋

サイクリング・フォーカス

自転車に乗る時の骨盤の重要性は、どんなに強調してもしすぎることはない。スプリント、登坂、タイムトライアルでは、クランクを回転させる時に脚が大きな力を繰り出すため、強い基盤が必要になる。タイムトライアルでは、身体を動かすことなく空気抵抗の少ないポジションで風を切り裂いていく。ペダルにより多くのパワーが伝達できれば、より良いライドができる。腹筋はこの必要な基盤を構築するための重要な役割を担う。バランスボール・パスは臀筋や脚の筋だけでなく腹筋も鍛えるメリットがある。脚を伸ばしてボールを挟む時に、股関節の内転筋群も鍛えることになる。内転筋と外転筋が力強いと、疲労がたまってきたり、最大の運動量でトレーニングしたりしている時にも、スムーズなペダルストロークが可能になる。

Xマン・クランチ

X-MAN CRUNCH

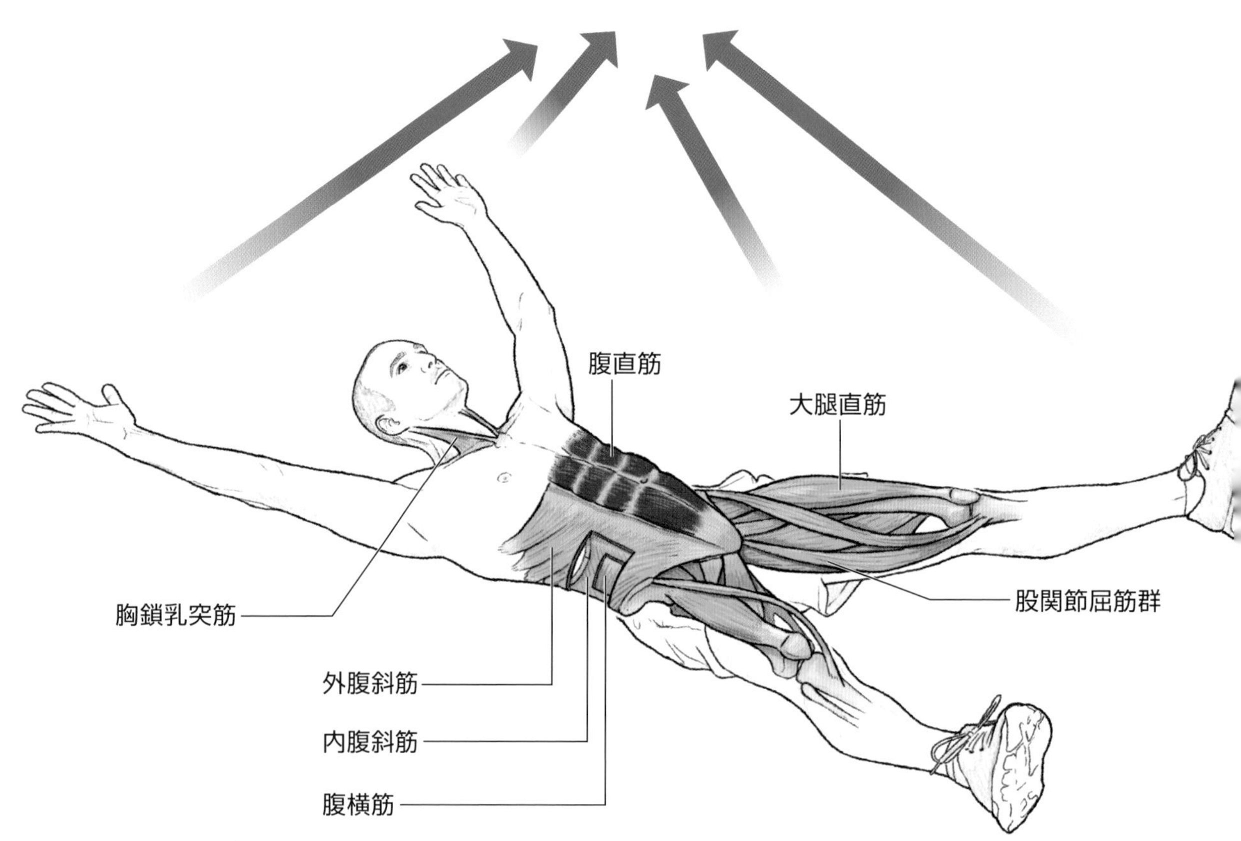

スタートポジション

クランチ

エクササイズ

1. 身体が「X」になるように、腕と脚を伸ばして仰向けに横たわる。
2. 足と手を床から少しだけ上げる。このポジションが起点と終点になる。始めから終わりまで、手も足も床につくことはない。
3. 両手と両足を同時に持ち上げ、中央に引き寄せる。腕と脚は伸ばした状態で維持する（できるようになるまではしばらくかかるかもしれない）。
4. スタートポジションに戻す。

動員される筋肉

主動筋：腹直筋

補助筋：縫工筋、腸腰筋、大腿直筋、大腿筋膜張筋、恥骨筋、短内転筋、長内転筋、外腹斜筋、内腹斜筋、腹横筋、胸鎖乳突筋

サイクリング・フォーカス

Xマン・クランチはきついエクササイズである。筋力、調整力、バランス力、集中力が必要とされ、そのすべてがライディングの助けとなる。脚と胴を真っすぐに保つため、上肢と下肢の結合部はコンディショニングされ、強化される。股関節屈筋群はよく鍛えられ、このエクササイズで培われたパワーはそのままライディングへと適用される。このエクササイズは臀部、骨盤、胴の安定筋に働きかける。骨格の基盤を固定させるのに役立ち、ペダルに最大パワーを伝達させる土台を作る。

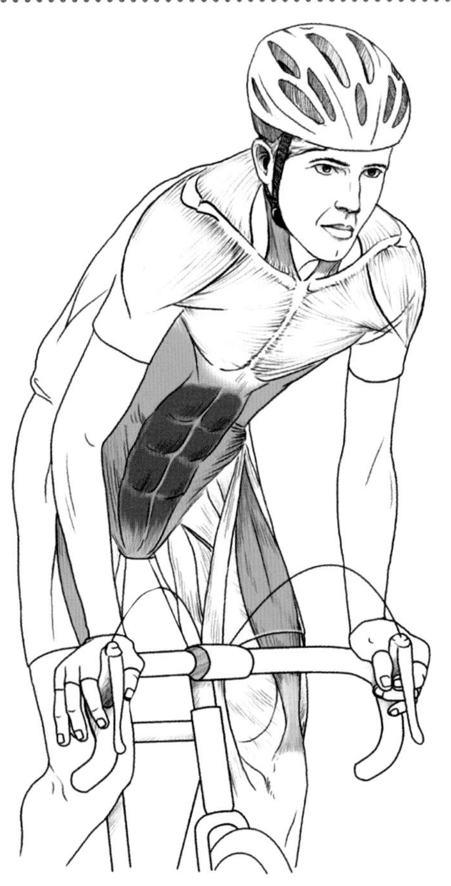

バリエーション

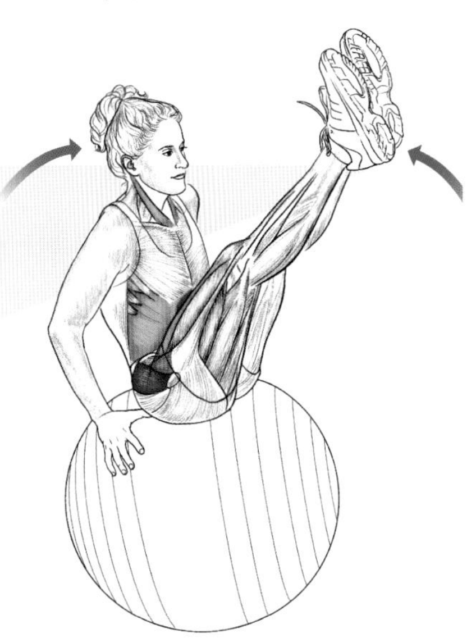

バランスボール・V

Stability Ball V

気をつけよう！　これは極めて難しい腹部のワークアウトである。ボール上でかなり不安定な状態となるため、かなりの練習が必要になる。このエクササイズを行うには、まず大きなバランスボールの上に座り、手を後方の臀部脇におく。身体は後方に傾け、脚を真っすぐにする。腰を屈曲させて、身体をVの字に曲げる。胴と脚を近づけてVの角度を狭めていく。このエクササイズに到達する過程では、平らなワークアウトベンチでVをつくる練習をするとよい。

ニーリング・ロープ・クランチ
KNEELING ROPE CRUNCH

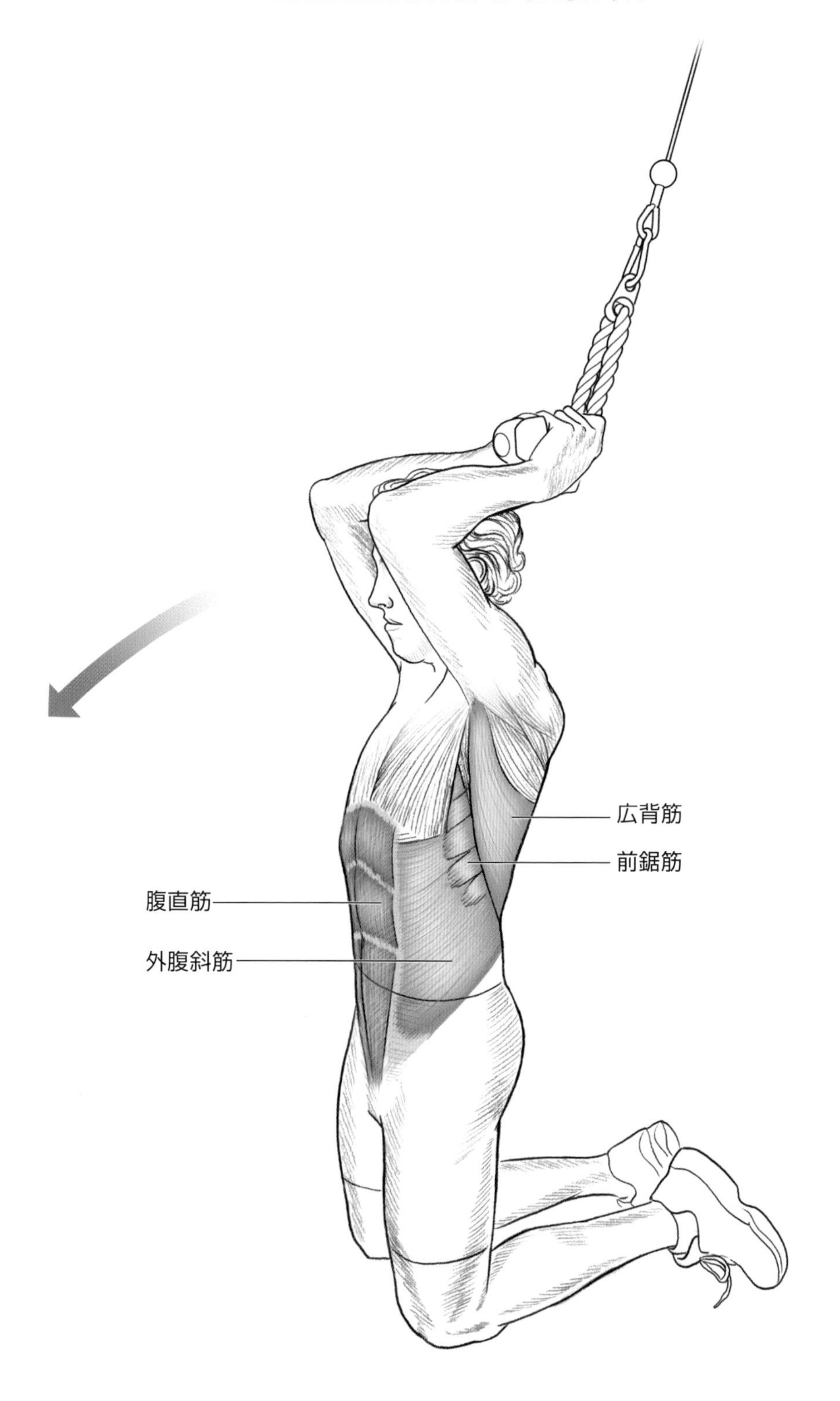

エクササイズ

1. プーリー・マシンに背を向け、マットの上に膝立ちし、ハイ・プーリー・ロープのアタッチメントを頭上で持つ。
2. 膝に向かって下方へ身体を曲げる。腰の位置で曲げることを意識し、あごは内側に向けて下ろす。
3. しばらく体勢を維持。腹筋が絞られる感覚を持つ。
4. ゆっくりと直立した膝立ち姿勢に戻す。

動員される筋肉

主動筋：腹直筋（ふくちょくきん）

補助筋：外腹斜筋（がいふくしゃきん）、内腹斜筋（ないふくしゃきん）、腹横筋（ふくおうきん）、前鋸筋（ぜんきょきん）、広背筋（こうはいきん）

サイクリング・フォーカス

前述の通り、標準的なライディング・ポジションは背部に大きな負担をかける。長い間のライディングで培われた背部の筋肥大に対して、腹筋トレーニングによってバランスを維持する必要がある。ニーリング・ロープ・クランチは脊柱のアライメント（配列）を整え、強靭な体幹をつくる。このエクササイズの最後のポジションは、自転車のドロップを握っているポジションと似ている。よって、最も必要とされている腹筋を鍛えるエクササイズである。エクササイズのなかでさまざまな動きをする時、自転車でのポジション（フード、トップ、ドロップ、タイムトライアル）を想像してみよう。そうすることによって、身体がポジションを意識し、最も安定が必要とされる部位に集中できるだろう。

バリエーション

マシン・クランチ

Machine Crunch

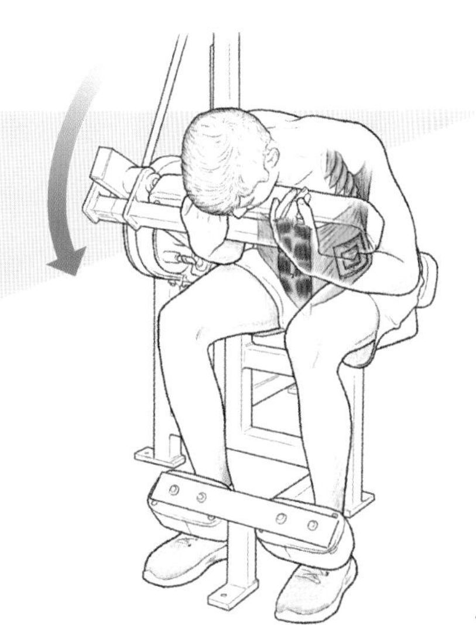

サポート・パッドを抱きかかえるような体勢をとる。腹筋を丸める際にパッドを抱える体勢を動かさないよう集中する。高いウエイトでやりたくなるが、フォームにより集中すること。もっと重いウエイトを上げられるからといって間違ったフォームでこのエクササイズをしているケースが見られる。

バランスボール・トランク・リフト

STABILITY BALL TRUNK LIFT

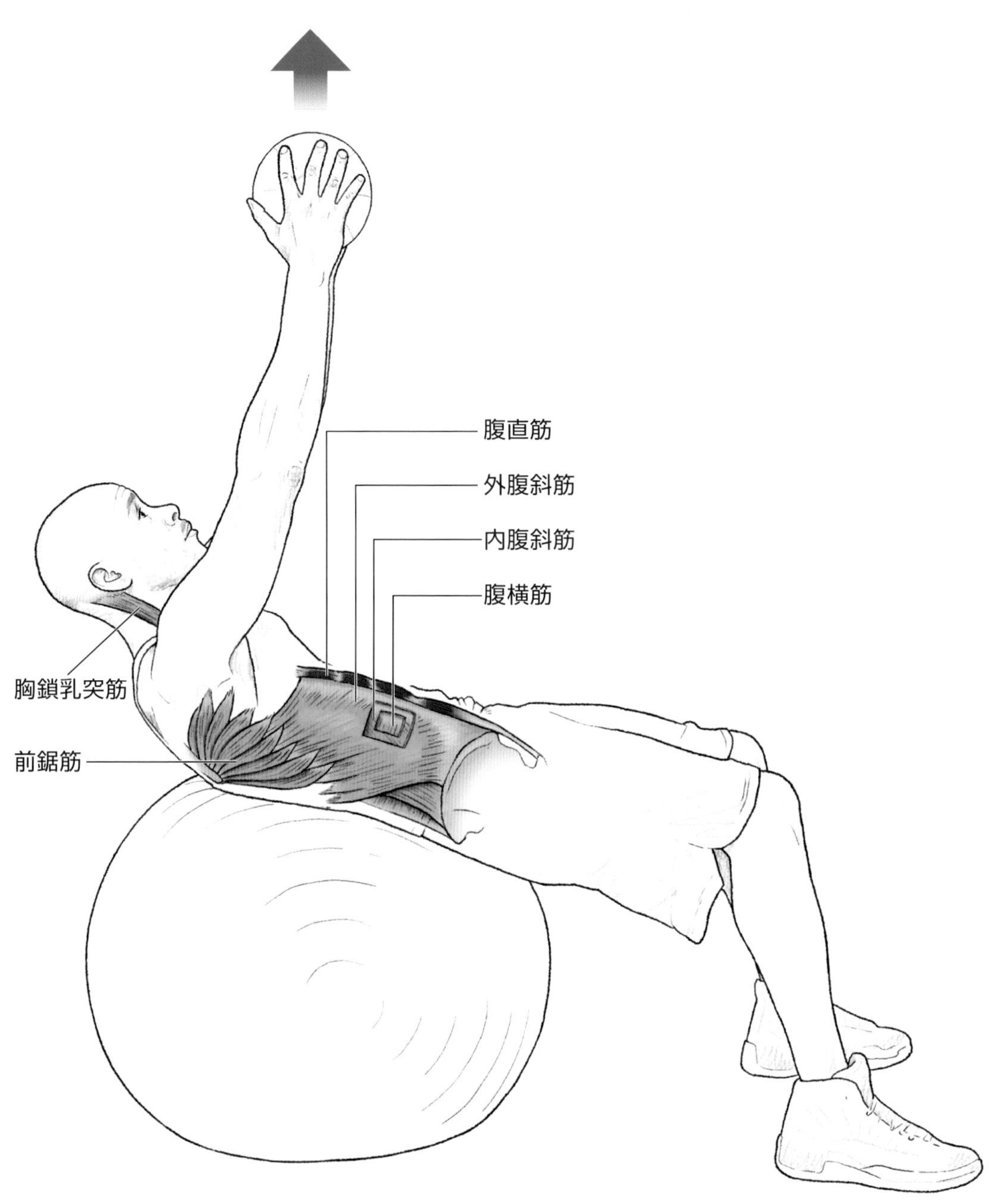

エクササイズ

1. 足をしっかりと床につけ、背中をバランスボールの上につける。メディシンボールを持った手を伸ばし、腕は胸の前で（垂直に）真っすぐ伸ばす。背中と大腿は水平で床と平行でなければならない。膝は 90 度に曲げ、足底全体を床につける。
2. 腹筋を収縮させながらメディシンボールを真っすぐ上に押し上げる（垂直方向に沿って）。あごは天井に向かって垂直に直線上を動かすように意識する。
3. 最高到達地点に達したら、一息おいて、ゆっくりとスタートポジションに戻す。

安全に行うために

あごを天井に向けた状態を維持する。あごを胸の方に引くと、頸椎に過度の負荷がかかってしまう。

動員される筋肉

主動筋：腹直筋（ふくちょくきん）

補助筋：内腹斜筋（ないふくしゃきん）、外腹斜筋（がいふくしゃきん）、腹横筋（ふくおうきん）、前鋸筋（ぜんきょきん）、胸鎖乳突筋（きょうさにゅうとつきん）

サイクリング・フォーカス

上り坂でパワーを継続的に伝達するには、ペダルストロークで回転させる脚のトルクを調整できるだけの強靭な体幹が必要である。パワーがよい状態で伝達されているのであれば、片脚を引き上げると同時にもう片方の脚で踏み込んでいるはずである。同時に腕もハンドルを押したり引いたりする。上半身と下半身の基盤となる体幹も、脚と腕が交互に動くと胴は自然に屈曲し、不安定になる。強い腹部を維持することができれば、上半身と骨盤は不必要な動きに効果的に対抗できる。身体や自転車の不必要な動きは、パワー・ロスや非効率につながる。プロ中のプロでさえパワーの伝達効率は25%程度である。エネルギーをできる限り温存することは極めて重要である。

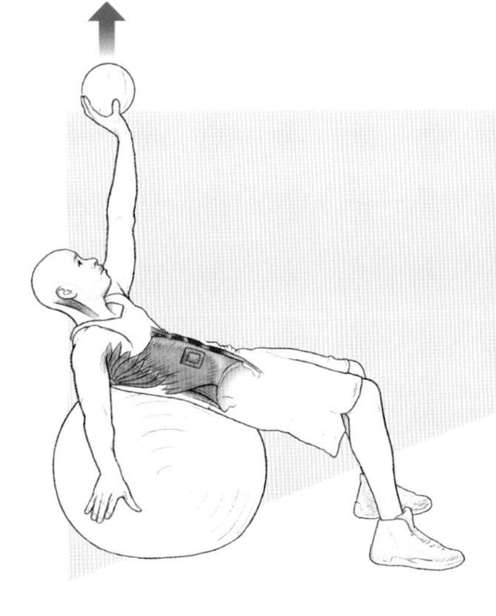

バリエーション

シングルアーム・バランスボール・トランク・リフト
Single-Arm Stability Ball Trunk Lift

メディシンボールを両手で持つのではなく、片手でバランスをとって同じエクササイズをやってみよう。腕を真っすぐに上げた状態を維持し、内側や外側にブレないようにする。ポイントは、体重が胴のどちらかに偏っていることである。これは腹直筋を鍛えるだけでなく、腹斜筋にも働きかける。片側が終わったら反対に替えて行おう。胸の前で10～15回（両腕）、左側で10～15回（片腕）、右側で10～15回(片腕)で1セットとする方法が私は好きである。

サスペンション・パイク
SUSPENSION PIKE

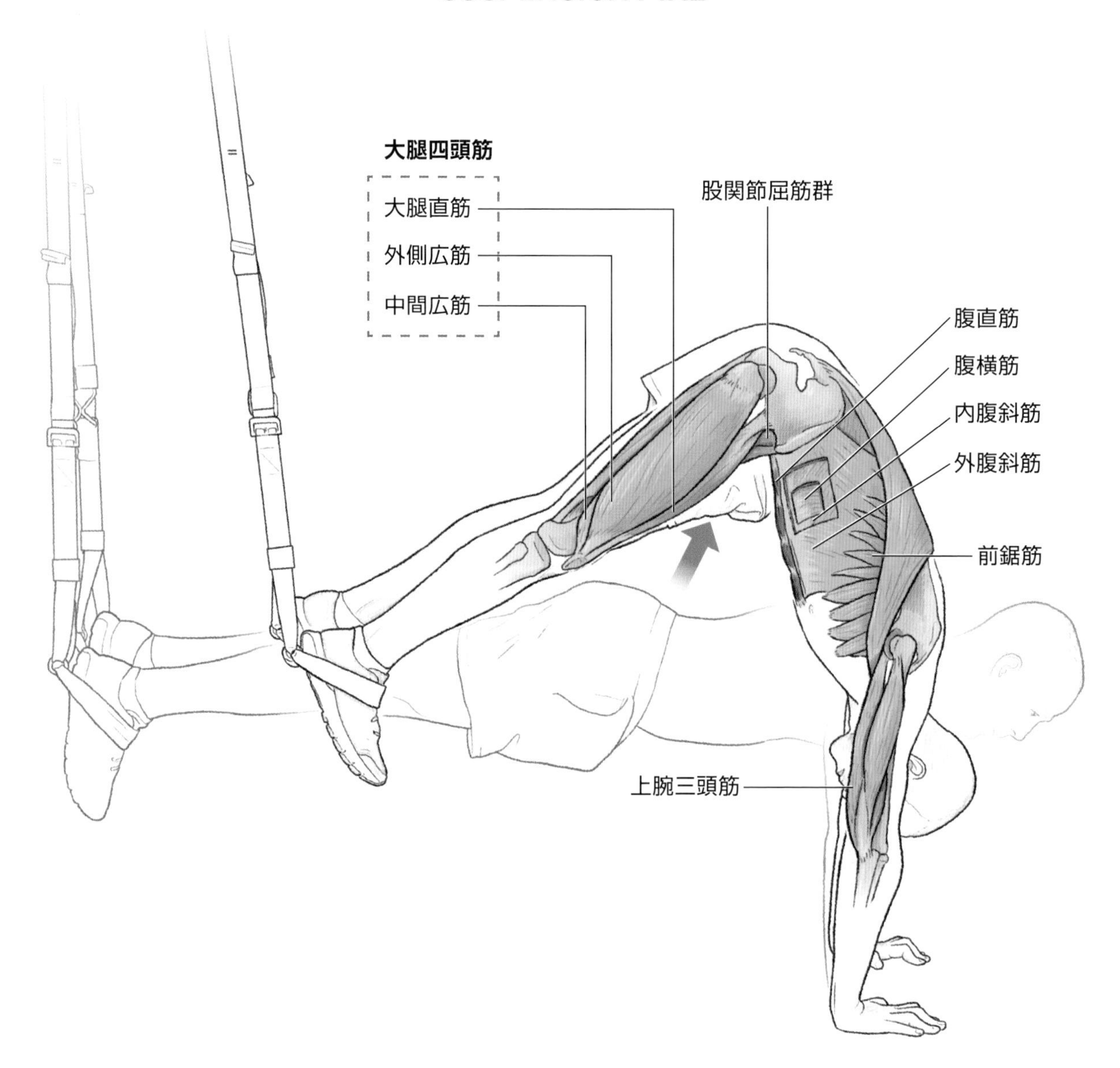

エクササイズ

1. サスペンションストラップのハンドル部分に足を掛けて、腕立て伏せのポジションをとる。
2. 尻を上方に持ち上げ、パイクポジションになる。手はしっかりと床につけ、その手の方向に足を動かしていく。
3. 背部と脚は常に真っすぐに維持する。
4. スタートポジションに戻る。

動員される筋肉

主動筋：腹直筋

補助筋：外腹斜筋、内腹斜筋、腹横筋、前鋸筋、縫工筋、腸腰筋、股関節屈筋群、大腿筋膜張筋、恥骨筋、短内転筋、長内転筋、大腿四頭筋（大腿直筋、外側広筋、内側広筋、中間広筋）、上腕三頭筋、広背筋、大円筋、三角筋後部

サイクリング・フォーカス

これは自転車競技者にとってはうってつけのエクササイズである。体幹だけでなく、腹筋、大腿四頭筋、腕、肩をも鍛えることができるからだ。ストラップは自由に動くので、よいフォームを保つためには補助的なスタビライザー（安定化筋）を使う必要がある。疲労がたまってきた時こそ、まさにその筋群がよいライディングフォームの維持を助けてくれる。自転車に乗っている時に重要な基点となっているのは、ハンドルの上の腕とペダルに乗っている脚である。このエクササイズは、同じ筋群を鍛えるものである。このエクササイズをやってみると、いかにきついものであるか驚くだろう。しかし、ロードに出た時には必ず、きついエクササイズをやってきてよかったと思うはずである。このエクササイズでは、動きの最初から最後まで吸気と呼気のコントロールを意識して行う。自転車に乗っている時には、最大運動時でも常に呼吸をコントロールしなくてはならない。新しい酸素を筋に供給し、二酸化炭素を筋から除去する必要がある。それができなければ、すぐにパワーとクランクを回転させる能力を失うだろう。

バリエーション

バランスボール・パイク
Stability Ball Pike

同じエクササイズを、サスペンションストラップを使う代わりにバランスボールの上に足をおいて行うこともできる。サスペンションストラップがない場合には最適な代替となる。バランスボールには、このエクササイズの重要な要素となるストラップに似た不安定性がある。

ヒールズ・トゥ・ヘブン

HEELS TO HEAVEN

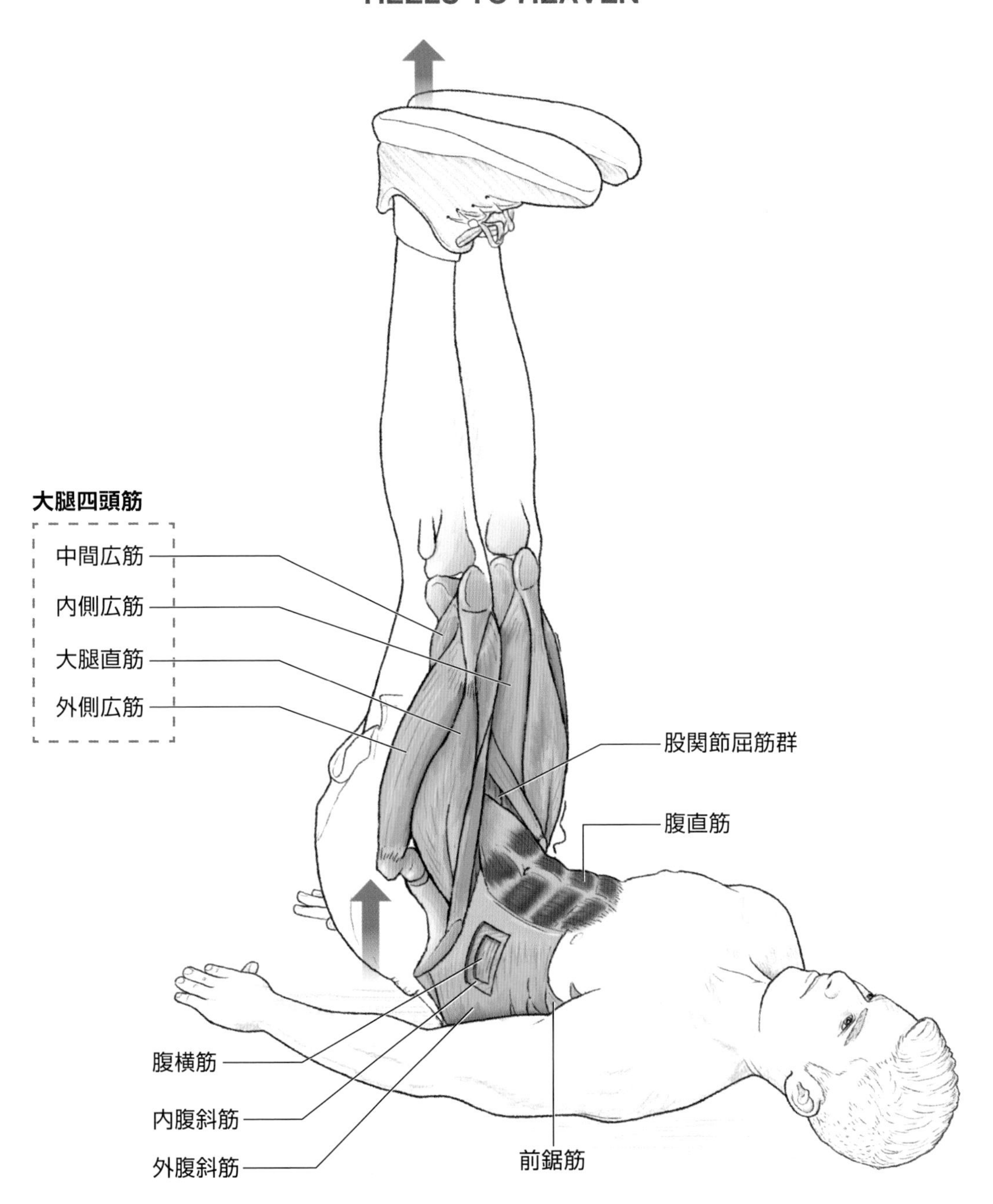

エクササイズ

1. 背中を平らにして床に横になり、腕は臀部の方に伸ばす。脚を床から直角になるまで上げ、膝を伸ばす。足首は屈曲させ、つま先が自分の方に向くようにする。
2. 骨盤を床から持ち上げ脚を真っすぐ天井に向かって押し上げる。
3. ゆっくりと脚と臀部をスタートポジションに戻す。

動員される筋肉

主動筋：腹直筋
補助筋：外腹斜筋、内腹斜筋、腹横筋、前鋸筋、
大腿四頭筋（大腿直筋、外側広筋、内側広筋、中間広筋）

サイクリング・フォーカス

ヒールズ・トゥ・ヘブンは、腹筋下部をターゲットとしたエクササイズである。乗車時に強固な基盤を最も必要とするのは腹筋下部である。最大パワーを出す時にこそ、力強い脚はしっかりとした筋群を必要としている。集団を抜け出した2人が、ゴール前でデッドヒートを繰り広げている光景を想像してみよう。ともに高回転で風を引き裂きながらハイスピードを維持しようと必死である。空気抵抗のできるだけ少ないポジションを維持しつつ、足を思い切り引き上げる。幸運なことに、今までのトレーニングのかいがあって骨盤は安定している。相手に競り勝っても、すぐにリカバリーし、再びレースに戻らなくてはならない。そのためには、体内で発生した二酸化炭素を素早く除去する必要があるのだ。最大換気を促すために、腹斜筋と腹横筋が「時間外労働」をしてくれるだろう。

バリエーション

ハンズ・アンド・ヒールズ・トゥ・ヘブン
Hands and Heels to Heaven

同じエクササイズを今度は腕を垂直に伸ばして行ってみよう。腕を脚を真っすぐ保ち、床に向かって持ち上げる。手と脚が中央で触れるようにする。臀部の一番高い部分で静止することが困難なため、動作はこちらの方が速くなる。

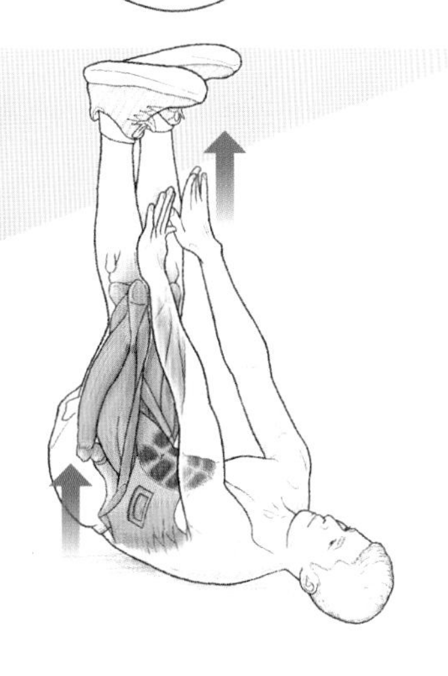

ハンギング・ニー・レイズ

HANGING KNEE RAISE

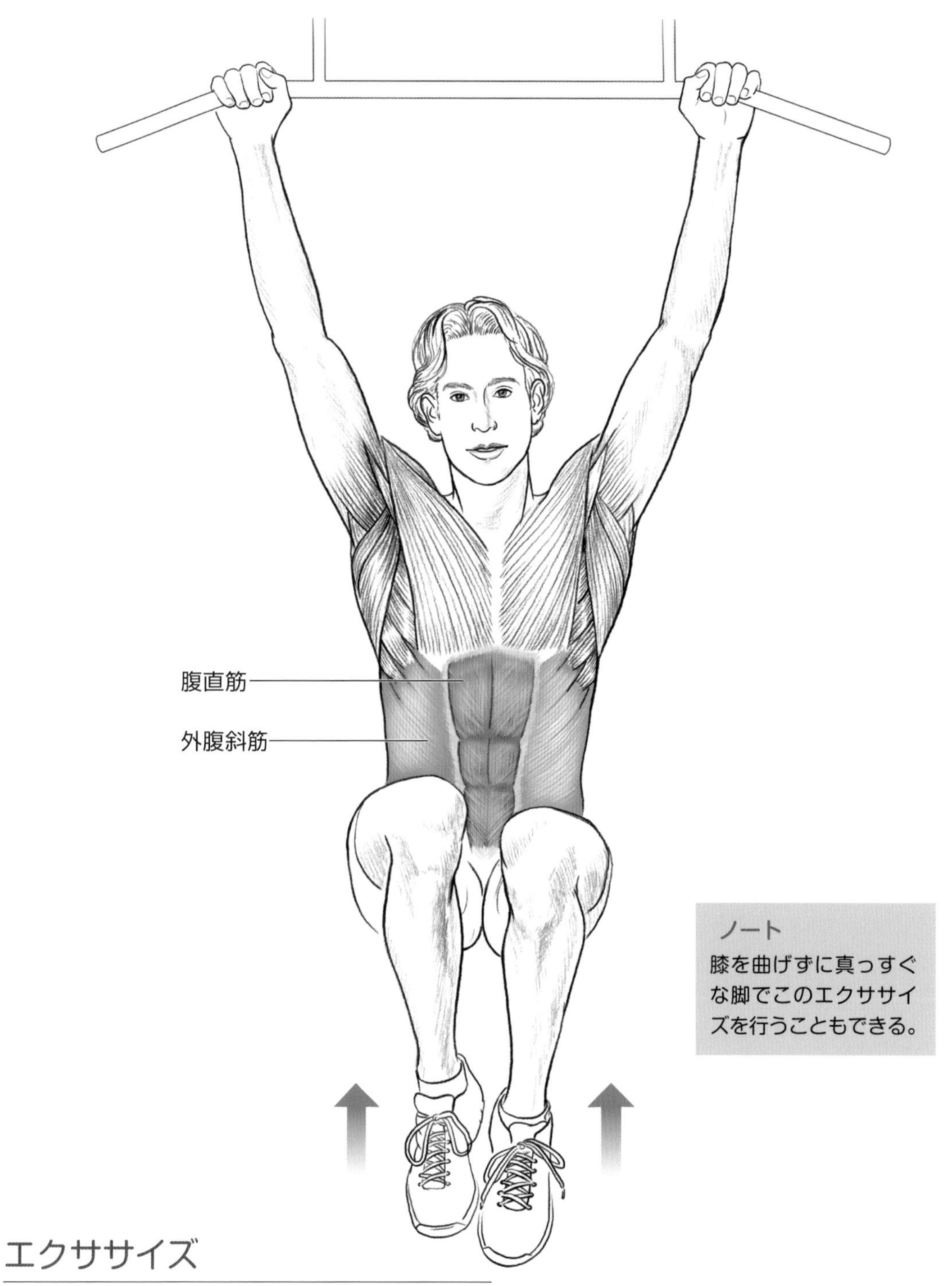

ノート
膝を曲げずに真っすぐな脚でこのエクササイズを行うこともできる。

エクササイズ

1. 手のひらを下にしてプルアップ・バーを握り、バーにぶら下がる。
2. 両膝を胸に向かって同時に上げる。大腿は床に対して平行以上になるように上げる。前に立っている人にお尻の下側が見えるくらいまで。
3. ゆっくりとコントロールをとりながら脚を下ろし、膝を伸ばす。

動員される筋肉

主動筋：腹直筋（ふくちょくきん）
補助筋：外腹斜筋（がいふくしゃきん）、内腹斜筋（ないふくしゃきん）、腹横筋（ふくおうきん）、縫工筋（ほうこうきん）、腸腰筋（ちょうようきん）、大腿直筋（だいたいちょっきん）、大腿筋膜張筋（だいたいきんまくちょうきん）、恥骨筋（ちこつきん）、短内転筋（たんないてんきん）、長内転筋（ちょうないてんきん）

サイクリング・フォーカス

このエクササイズは腹筋を鍛えるだけでなく、脊椎をストレッチしてリラックスさせる。長時間自転車に乗ったあとに、ジムに行ってこのエクササイズを行うと心地がいい。サドルに座ると脊椎が圧迫され、自転車に乗ったときの前傾姿勢は背筋を硬くする。ハンギング・ニー・レイズの前後には、靭帯や筋をよくストレッチするためにしばらく脚を伸ばした状態でぶら下がるといいだろう。脚を持ち上げると、腹筋にかかる負荷を感じることができる。このエクササイズは、下背部のパワーのバランスを保つよいトレーニングになる。エクササイズ中に身体をコントロールできていれば、小さいスタビライザー（安定化筋）も鍛えられる。つまり、脚の上げ下げの時に、身体を揺らして反動をつけない、ということだ。さらに、バーからぶら下がることで、前腕の筋力と握力も鍛えられる。セットが終了するまでバーを握り続けられない場合には、アーム・スリングを使うといいだろう。スリングに手と肘を通し、上腕後部に体重をかける。

バリエーション

ラテラル・ハンギング・ニー・レイズ
Lateral Hanging Knee Raise

脚を真っすぐ前に持ち上げる代わりに、右に左にとサイドを変えながら持ち上げる。こうすることで、腹斜筋により負荷をかけることができる。さらにバリエーションを増やして、メディシンボールを足に挟むのも良い。これはハンギング・ニー・レイズでもラテラル・ニー・レイズでも行うことができる。

スレッド・ザ・ニードル

THREAD THE NEEDLE

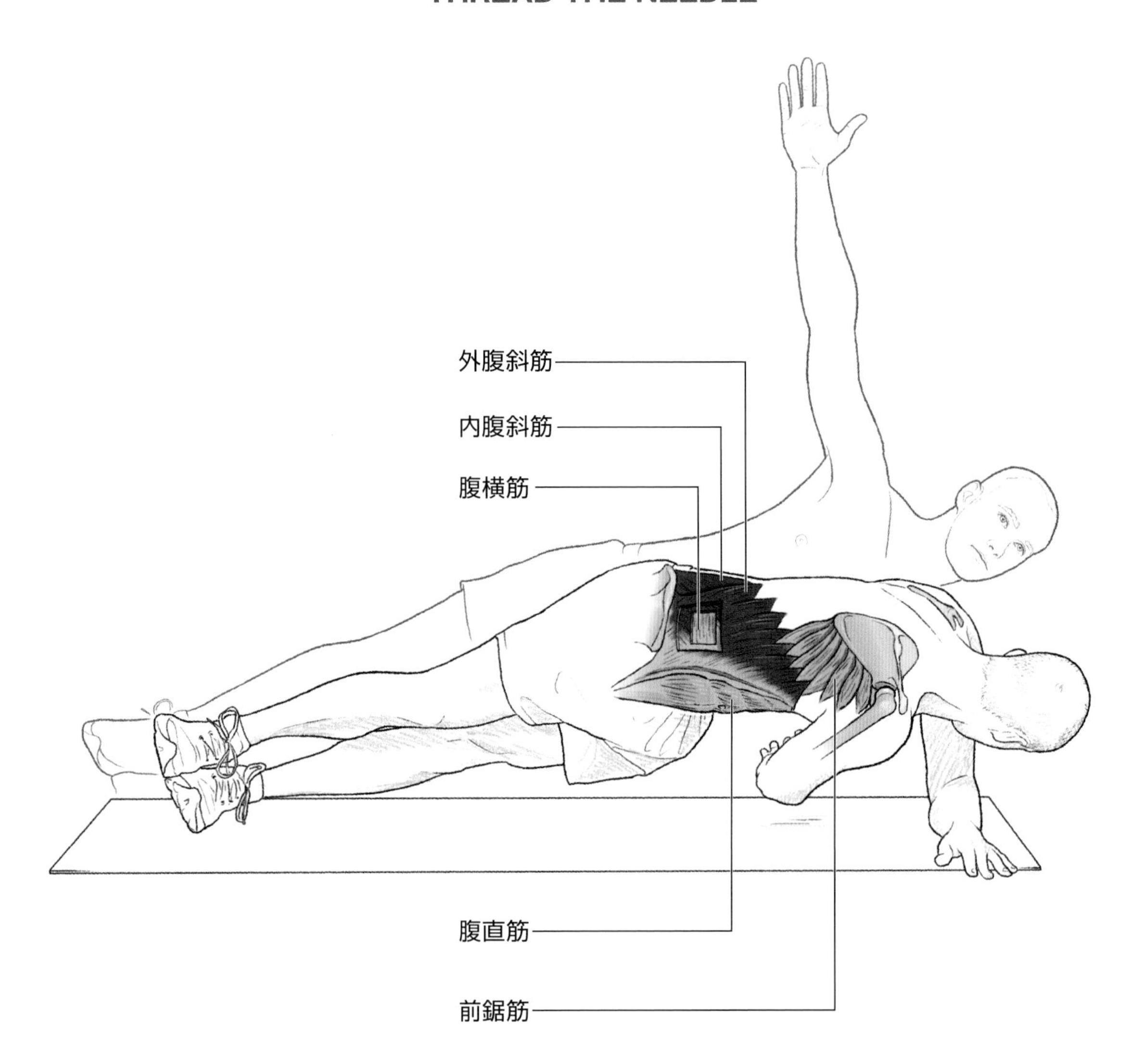

エクササイズ

1. 横向きで肘を支えにして横たわる。 肘は肩の真下にくるようにする。
2. お尻を床から離し、腕を天井に向けて伸ばす。
3. 息を吐きながら、上へ上げた手を下ろし、胴と床の間の隙間に通す。回転の動作になるが、床につけている脚と前腕は動かさない。この「針の糸通し」ができたら、通した手を後方に伸ばし、身体からできるだけ離す。
4. 手を天井に戻し、スタートポジションに戻る。片方が完了したら、身体の向きを変えて反対側も行う。

動員される筋肉

主動筋：外腹斜筋、内腹斜筋
補助筋：腹直筋、前鋸筋、腹横筋

サイクリング・フォーカス

もしテレビを観るタイミングがあるのなら、ぜひこのエクササイズをしながらにしてほしい！時間を有効利用するために、次回テレビの前にいる時にはこのエクササイズを試してみよう。他の腹筋エクササイズと同様、これもまた自転車に乗っている時にパワーを作り出す強い基盤を構築する。このエクササイズは腹壁を守る添え木となる。もうこれまでかと思う限界寸前の時に、最も効率よく肺に酸素を送り出す役割を果たす呼吸筋を鍛えるのに役立つ。体力がつくに従って、ポジションを保つ時間を延ばすといい。

バリエーション

サスペンション・ストラップを使ったスレッド・ザ・ニードル

Thread the Needle With Suspension Straps

サスペンション・ストラップの先が床から10cm浮いている状態で設置する。下側の足を両方のハンドルに通す。上側の足は下側の足の上におく。上記のエクササイズを行う。不安定な要素が加わることで体幹の筋が余計に鍛えられる。さらに自分を痛めつけたければ、腕を伸ばすことにより床につく部分を前腕でなく手のひらにする。

ステップ・スルー・プランク

STEP-THROUGH PLANK

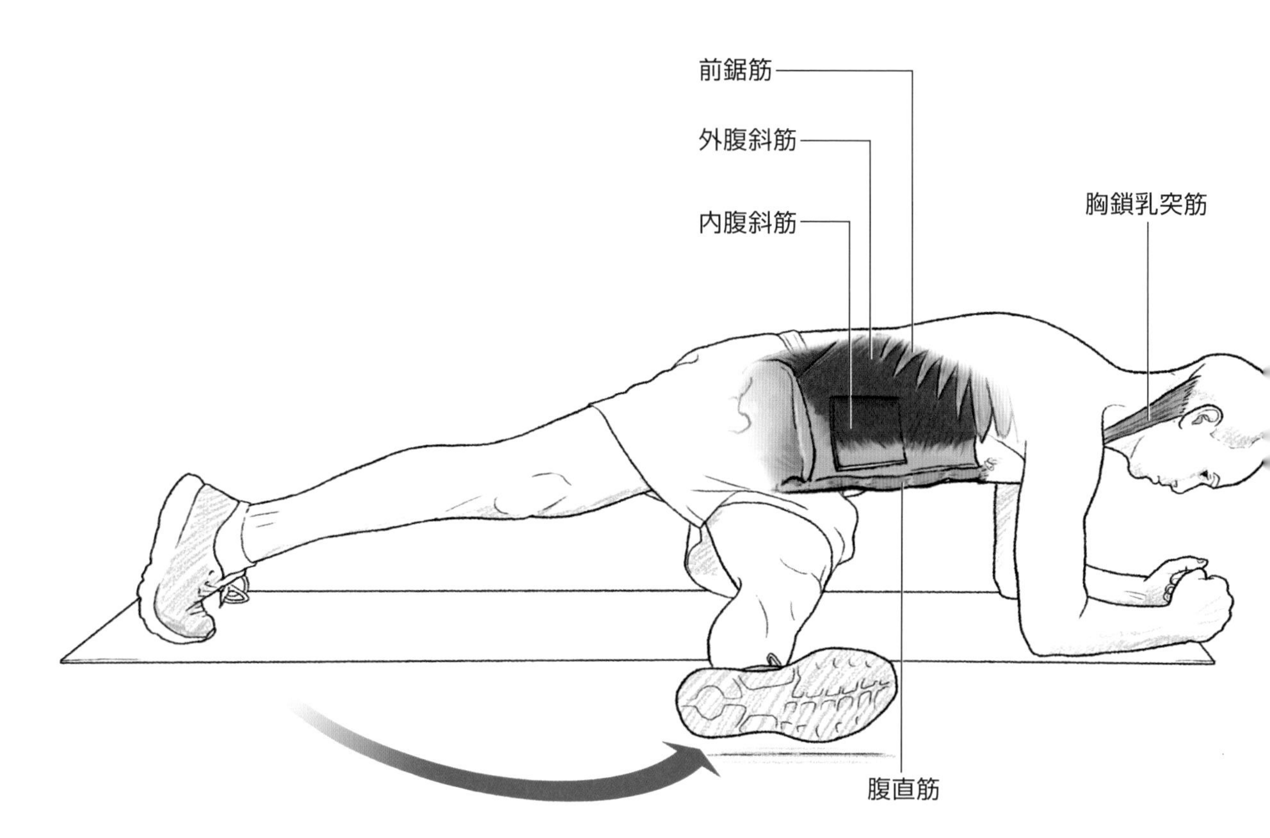

エクササイズ

1. 前腕と足がついたプランクのポジションをとる。足は肩幅に開く。
2. 背中は真っすぐで肩と胸は床に向いた状態を維持したまま、片脚をもう片方の脚の下にくぐらせ、臀部を回転させて脚を真横に伸ばす。
3. 脚を戻してスタートポジションに戻る。反対側も行う。

動員される筋肉

主動筋：内腹斜筋、外腹斜筋

補助筋：腹直筋、前鋸筋、胸鎖乳突筋

サイクリング・フォーカス

プロサイクリストがサドルから腰を上げて坂を上るのを見ると、上半身が動かないことに気づくだろう。全力でクランクを回転させている時ですら、動きのない状態を維持している。上半身が安定する鍵となっているのは、ステップ・スルー・プランクで鍛えられた腹斜筋である。ペダルを回転させるたびに、自転車は左右に揺さぶられる。この動きを抑えるために、内腹斜筋、外腹斜筋、腹横筋、腹直筋が動員されて胴を固定している。苦しい時でもこれらの筋群は、「エンジン」を動かし続けるために、（呼吸筋として）最大限の呼吸機能を果たす助けにもなる。

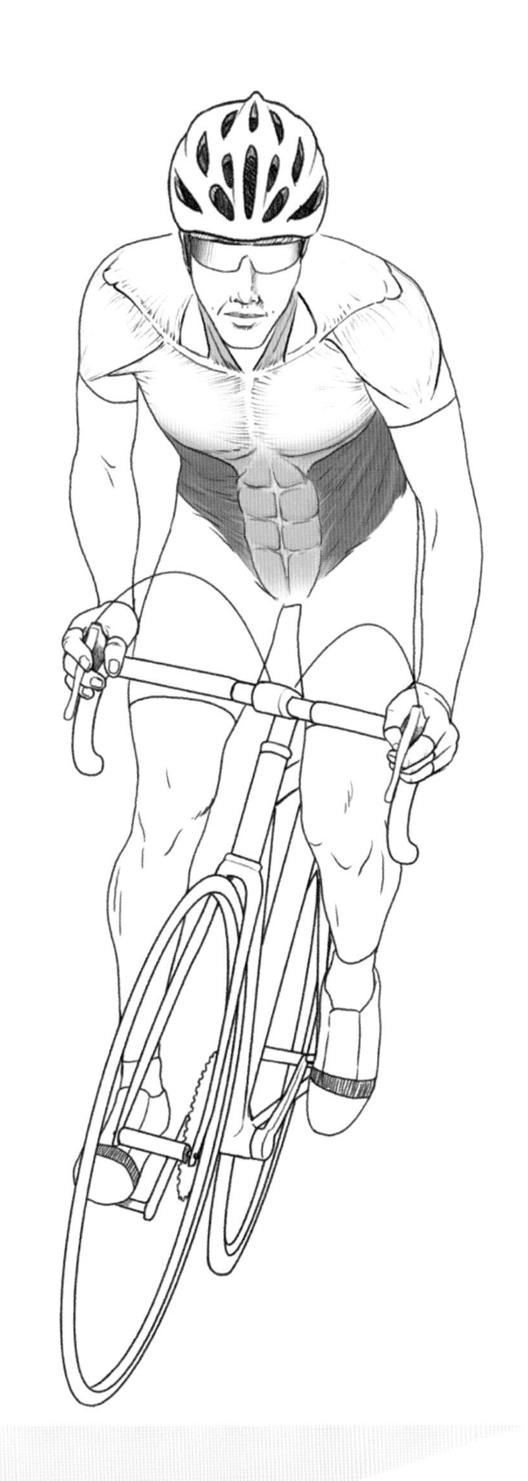

バリエーション

バランスボール・ステップ・スルー

Stability Ball Step-Through

このエクササイズは面白いが、より難しい。バランスボールの上に片方の足を乗せ、腕は腕立て伏せのポジションで手を床につく。ステップ・スルー・プランクと同じエクササイズを行う。きつい！

オブリーク・ツイスト・ウッドチョッパー

OBLIQUE TWIST WOODCHOPPER

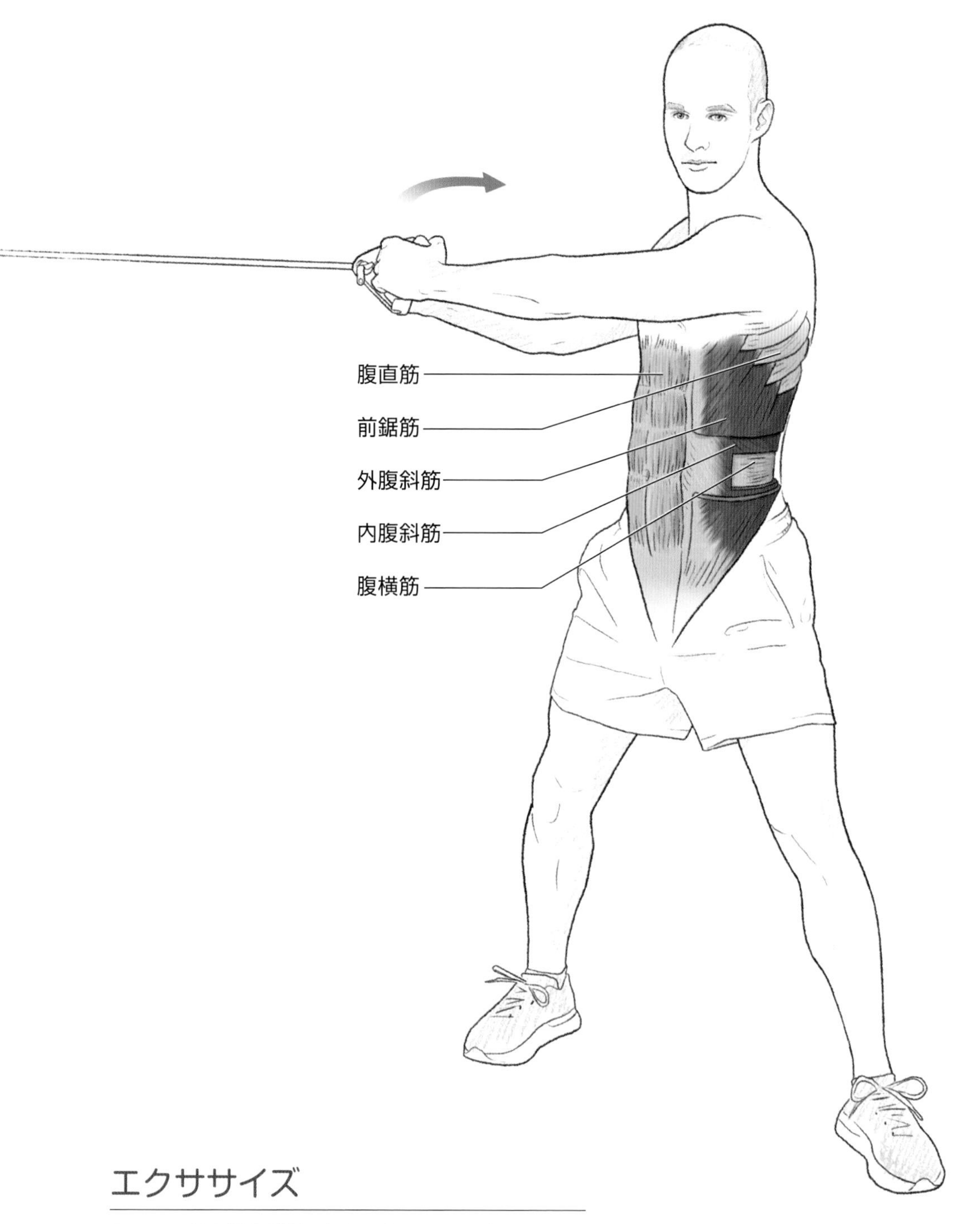

エクササイズ

1. ハンドル部分が腰の高さにくるようにプーリー・システムを設置する。 両手でハンドルを握り、指は内側に折り込む。腕は真っすぐ伸ばし、ケーブルシステムから一歩後ろに下がる。こうすることによりケーブルに繋がれたウエイトが宙に浮いている状態になる。
2. 足を肩幅よりわずかに広く開いて立つ。足のつま先と腰は 45 度の角度に開いた状態で前を向き、目線はマシンと反対の方向に向く。足と腰、頭は常に動かさない。

3. このツイストしたポジションからスタートし、腕を胸の前を通過させ、さらに後方に動かす（つま先、腰、頭と反対方向）。
4. 腕が身体の前を通過している間真っすぐに保ち、ツイスト状態を解くようにケーブルを引っ張っていく。腕を 180 度動かしたところで一時停止。この時点で頭、胴、腕、腰、つま先はすべて前方を向いているはず。息を吐き出し、腕を再び身体の前で通過させ、スタートポジションに戻る。

動員される筋肉

主動筋：内腹斜筋（ないふくしゃきん）、外腹斜筋（がいふくしゃきん）

補助筋：腹直筋（ふくちょくきん）、腹横筋（ふくおうきん）、前鋸筋（ぜんきょきん）

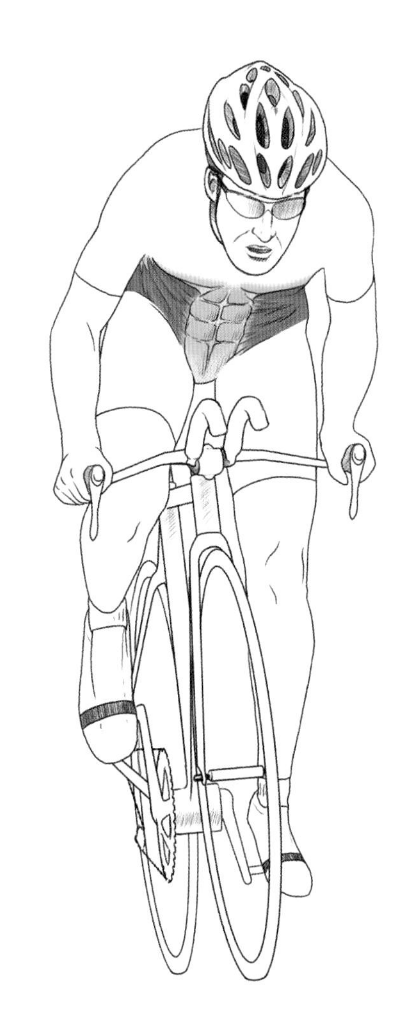

サイクリング・フォーカス

ウエイトを持ち上げていようと、自転車でスプリントをしていようと、腹筋は腹壁を固定するために収縮する。バルサルバ手技（閉じた口や鼻から空気を押し出そうとすること）によって、体幹は強く硬くなる。これにより脊椎と内臓を保護し、最適な力を伝達することができる。次回、フルパワーでのスプリントや加速を行う時は、腹部全体の硬さに注意してみよう。オブリーク・ツイスト・ウッドチョッパーはこの筋構造を鍛え、ヘルニアや背部損傷などの障害を予防する。

バリエーション

トランク・ツイスト
Trunk Twist

ケーブルシステムがない場合は、バランスボールやベンチ上でトランク・ツイストを行うといい。大きなバランスボールの上に背中の中心を乗せて仰向けになる。メディシンボールを持った状態で腕を天井に向けて伸ばす。肘を真っすぐに伸ばしたまま、両腕を左に倒し、その後右に倒す。足はしっかりと床につける。動作はお尻が起点になるのではなく、胴が起点となる。

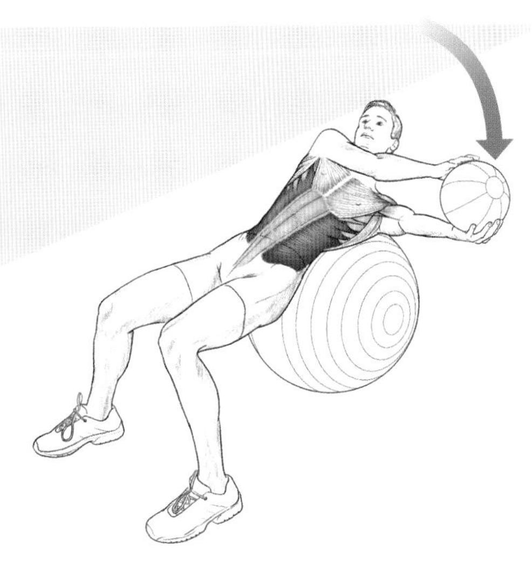

第 8 章

LEG ISOLATION

脚の部分的強化

自転車競技者にとって脚とヒップ（股関節）は重要な駆動力である。今までの章でも述べてきた通り、ライダーのパフォーマンスにとって身体のほかの筋系は重要である。しかし、自転車競技者にとって下肢ほど大切な筋群はない。脇役を演じる身体のほかの筋群を従えて、脚は紛れもなくショーの花形である。

ライダーの全身のコンディショニングは、クランクに最大パワーを伝達するという大きな目的を達成するために動く。サラブレッドの競走馬の際立った筋のように、強靭な自転車競技者の脚は長年にわたる厳しいトレーニングとコンディショニングの賜物である。プロの自転車競技者は自分の脚をまるで高級品のように扱うが、それは当然のことである。ジムで筋力とパワーを発達させるだけでなく、トレーニングの後のしっかりとしたリカバリーも忘れてはならない。ストレッチング、コンプレッションストッキング（着圧タイツ）、マッサージ、エレベーション（脚の挙上）はすべてケガを予防し、トレーニングの最大効果を得るためのテクニックとツールである。

この章で紹介するエクササイズは、下肢のさらなる筋力と高いフィットネスへと導いてくれる。これぞ待ち望んでいた章である！　しかし、下肢だけに重点をおくことはせず、バランスよく鍛えることを忘れてはならない。これまでの章で紹介された基盤があるからこそ、最大のクランクトルクでペダルを動かすことができるのである。

骨格の解剖学

下肢には股関節、膝関節、足関節の３つの主要な関節がある。股関節は球窩（きゅうか）関節（ボールとソケットの関節）で、大腿骨の近位端と骨盤とをつなげて（接続して）いる。骨頭として知られている大腿骨の最上部は、「ボール」を形成している。骨盤の寛骨臼（かんこつきゅう）は「ソケット」を形成している。球窩関節は、動きの柔軟性と広い可動域を提供する。自転車競技者は主に屈曲と伸展の２つのパワフルな動きに注意を払うが、股関節は６方向へ動かすことができる。

屈曲：アップ・ペダルストロークの時の膝を上に上げる動き
伸展：ダウン・ペダルストロークの時の膝を下に下げる動き
内転：脚を中心線に向かって内側に引く
外転：脚を中心線から外側に広げる
内旋：足を内側に回転させる
外旋：足を外側に回転させる

膝関節は股関節に比べてシンプルである。３つの骨――大腿骨（外側）、脛骨（内側）、膝蓋骨（膝のお皿）――で構成されている。蝶番関節である膝関節の可動域は小さく、屈曲（膝を曲げる）と伸展（膝を伸ばす）の２方向にしか動かない。複数の靱帯が膝関節を固定する。内側側副靱帯（MCL)、外側側副靱帯（LCL）、前十字靱帯（ACL）、そして後十字靱帯（PCL）がそれらだ。

足首も蝶番関節であるが、複数の方向に動くため膝よりもずっと複雑である。実は２つの異なる関節をまとめて「足首」と呼んでいる。実際の足関節は脛骨、腓骨、距骨で構成されている。脛骨と腓骨が結合してぴったり合った帽子を形成し、長方形をしている距骨の表面に乗っている。この関節は背屈（足先を上げる）と底屈（足先を下げる）の垂直面で動く。距骨下関節は足首にある２つ目の関節である。つまり、その名からもわかるように、この関節は踵骨と距骨から構成されている。この関節は、内反（足の内側へのひねり）と外反（足の外側へのひねり）を可能にしている。複合外側靭帯と内側三角靭帯を含む複数の靭帯が足首全体と距骨下関節を固定し、極めて強固で安定した関節にしている。

大腿四頭筋

大腿四頭筋群は膝を伸展させ、よくコンディショニングされた自転車競技者は、非常によく発達したパワフルな大腿四頭筋を持っている。その名の通り、大腿四頭筋は４つの異なる筋腹によって構成されている（**図8-1**）。

1. 大腿直筋
2. 中間広筋
3. 内側広筋
4. 外側広筋

これらの筋腹はいったん膝蓋骨で集合して線維帯となり、膝蓋骨を包み込む。この線維帯は膝蓋靭帯として知られており、脛骨の近位端（上端）の前部に付着している。大腿直筋は骨盤の腸骨棘から起こる。外側広筋、中間広筋、内側広筋はそれぞれ大腿骨の外側、前方、内側から起こる。これらの筋については、**図8-1**を参照してほしい。

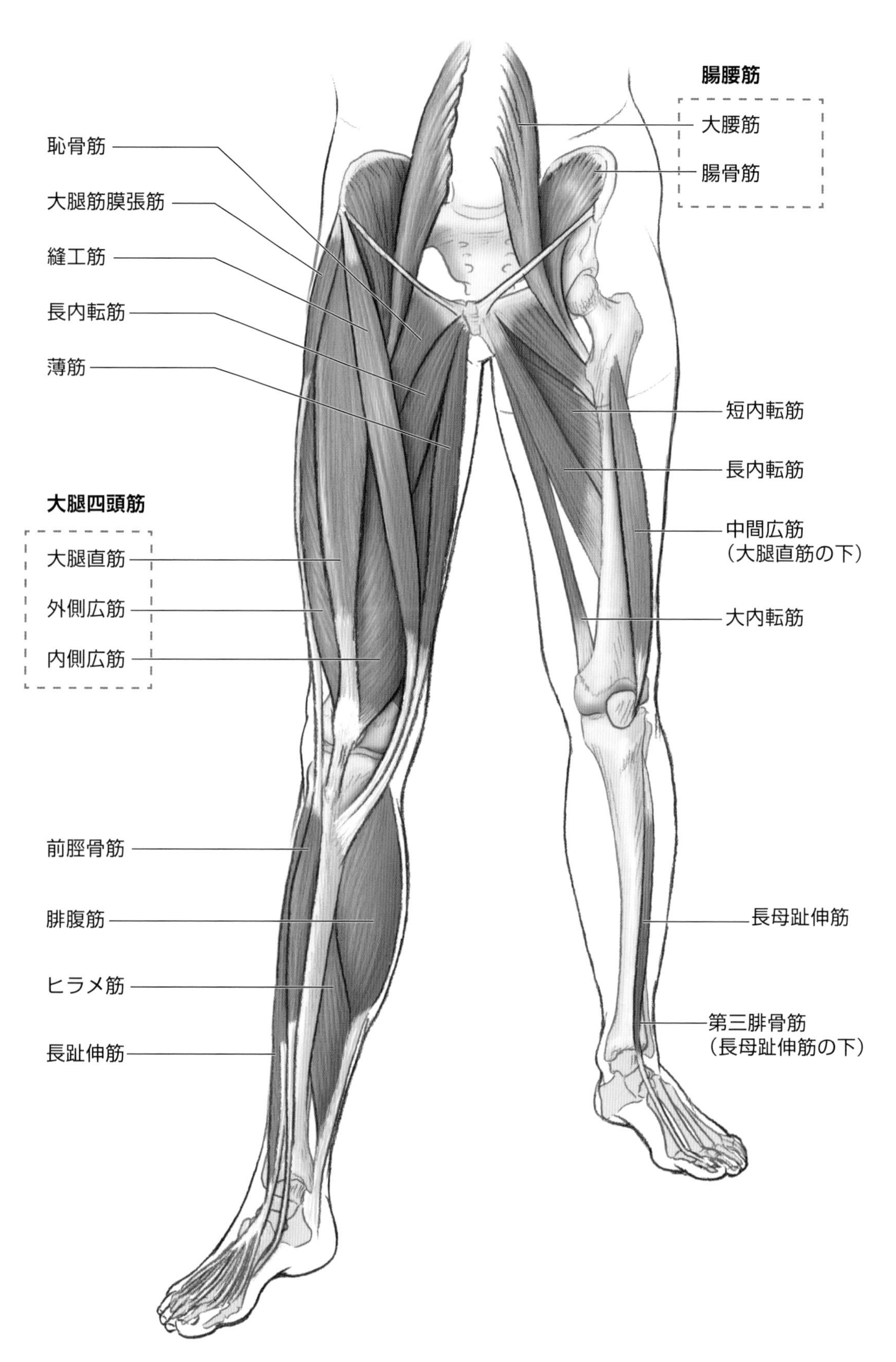
腸腰筋
大腰筋
腸骨筋
恥骨筋
大腿筋膜張筋
縫工筋
長内転筋
薄筋
短内転筋
長内転筋
大腿四頭筋
大腿直筋
外側広筋
内側広筋
中間広筋
（大腿直筋の下）
大内転筋
前脛骨筋
腓腹筋
ヒラメ筋
長趾伸筋
長母趾伸筋
第三腓骨筋
（長母趾伸筋の下）
図 8-1　脚の前面の筋

ハムストリング

ハムストリングは、大腿骨の後部（背部）の大きな筋群である。この筋群は主に膝を屈曲させる。ハムストリングは3つの筋から構成されている（**図8-2**）。

1. 大腿二頭筋
2. 半膜様筋
3. 半腱様筋

ハムストリングは、骨盤の坐骨結節ならびに大腿骨の後面から起こる。そして大腿骨の後ろを下方に走り、脛骨の外側ならびに内側顆、そして腓骨頭に付着している。このようにハムストリングは股関節と膝関節をまたぐため、2つの役目がある。前述の通り、第1には膝関節の屈曲であるが、もう1つに股関節を伸展させる。大腿四頭筋と同様に、よく鍛えられた自転車競技者がもつパワフルな筋である。

臀筋

大臀筋は最も大きく顕著な臀部の筋である（**図8-2**参照）。この筋は主に股関節を伸展させ、自転車競技者はペダリング中に大きな下方へのパワーを繰り出すことができる。大臀筋は腸骨と骨盤の仙骨から起きて、内側から外側へと走り、大腿骨に付着する。大腿筋膜張筋とともに、大臀筋は腸脛（IT）靭帯と結びついている。この線維性の鞘は、大腿の外側を下に走り、脛骨の外側顆に付着する。数日間に及ぶきついトレーニングのあとでは、IT靭帯は不快感の原因になることが多い。

ほかの2つの臀筋――小臀筋、中臀筋――は、脚の回転ならびに横方向の動きに作用する。小臀筋は大腿の外転と内旋に作用する。この筋は大臀筋の内側にあり、骨盤と大腿骨の大転子とをつなぐ。中臀筋もまた大腿を外転させる。外転角度により、中臀筋は脚を内側あるいは外側に回転させる。

ほかの大腿の筋

ほかの多くの筋によって、股関節は内転（身体の中央線に向かう）と外転（中央線から離れる）の動きをする。

股関節内転筋群：薄筋、短内転筋、長内転筋、大内転筋、恥骨筋
股関節外転筋群：中臀筋、小臀筋、大腿筋膜張筋、縫工筋

股関節の屈筋群は、先に述べた大臀筋ほど力強くはない。しかしながら、有能な自転車競技者の目標は、スムーズでリズミカルなペダルストロークである。よって自転車競技者は股関節の伸展筋だけではなく、以下の屈筋も鍛えるべきである。

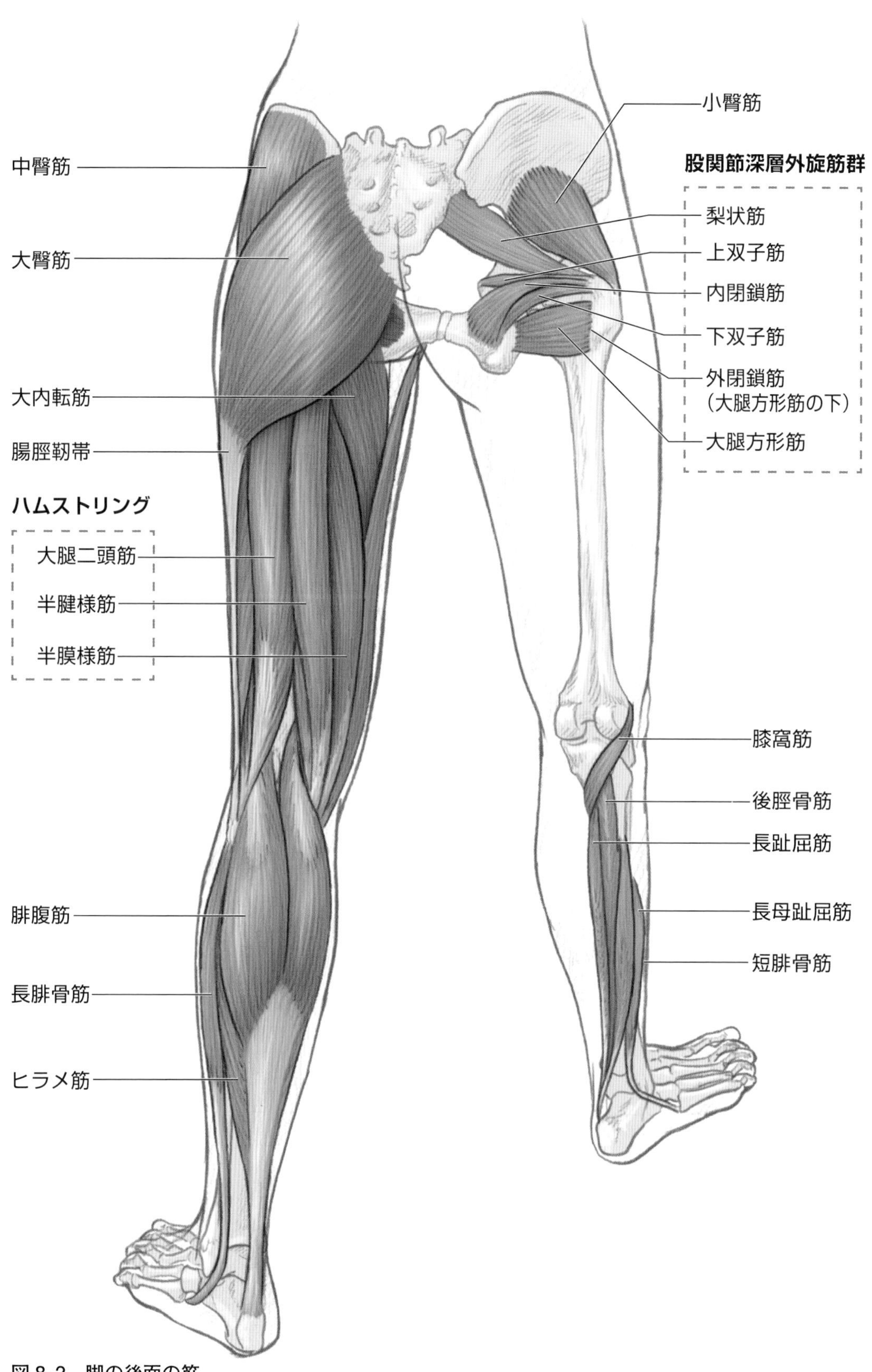
中臀筋
大臀筋
大内転筋
腸脛靭帯
ハムストリング
大腿二頭筋
半腱様筋
半膜様筋
腓腹筋
長腓骨筋
ヒラメ筋
小臀筋
股関節深層外旋筋群
梨状筋
上双子筋
内閉鎖筋
下双子筋
外閉鎖筋
（大腿方形筋の下）
大腿方形筋
膝窩筋
後脛骨筋
長趾屈筋
長母趾屈筋
短腓骨筋

図 8-2　脚の後面の筋

股関節屈筋群：縫工筋、腸腰筋、大腿直筋、大腿筋膜張筋、恥骨筋、短内転筋、長内転筋

ふくらはぎと下腿の筋

下腿の後部にある筋もまた、自転車競技者にとって重要である。腓骨の3つの筋腹（きんぷく）――内側腓腹筋、外側腓腹筋、ヒラメ筋――は、まとめて下腿三頭筋と呼ばれている（**図8-2**参照）。これらの筋は、ペダリングで重要な足の底屈を助ける。腓腹筋は大腿骨の内・外側顆から起きて、アキレス腱を経て踵骨に付着する。膝関節に交わるため、膝が屈曲する時にはハムストリングを助ける。ヒラメ筋は脛骨ならびに腓骨から起きる。ヒラメ筋は、腓腹筋とともにアキレス腱を通って踵骨に付着する。

下腿の前部には多くの筋が収容されており、背屈（足先の上方向への動き）に作用する。前脛骨筋は内側（中間）筋であり、脛骨の外側顆から足の第1中足骨と第1楔状骨へと伸びている。ペダルストロークの際には、足を引き上げる時にこの筋を動員する。下腿の前部にはほかに、長母趾伸筋（母趾の背屈）、長趾伸筋（足趾の背屈）、そして第3腓骨筋（足の背屈と外転）がある。長腓骨筋と短腓骨筋は下腿の外側の区画に収められ、主に足首を外転させる。

この章では、ライディングで使うさまざまな脚の筋を、筋単独で強化するエクササイズを紹介する。ただし、ナロウ・スタンス・スミス・スクワットやルーマニアン・デッドリフトのような、1つの筋だけを単独で使わないエクササイズもいくつかあり、これらのエクササイズで使われる筋群に意識を向けることは重要である。これは正しいフォームに役立つだけでなく、トレーニングから得られる成果をより伸ばすことになる。特定の筋に照準を定めることにより、ライディング・パワーを構築する基礎となる部分を強化することができる。

続く2つの章では、同時に複数の筋を鍛えるエクササイズを紹介する。これらのコンビネーション・エクササイズでは、時として身体が「ズル」をし、強い筋が弱い筋を助けてしまうことがある。だからこそ単筋を強化するアイソレーション・エクササイズが、トレーニングでは極めて重要になってくるのであり、この章がコンビネーション・エクササイズの章よりも先にあるのはそういう理由である。この章で紹介される特定の筋や筋群にフォーカスするエクササイズから始めると、より複雑なエクササイズに移行した時に、その効果の早さに気づくはずだ。ロードに出る時にもその効果をより実感することだろう。

ウォームアップとストレッチング

大きな筋群をもつ脚だからこそ、負荷をかける前に十分にウォームアップすることが不可欠である。ストレッチングの前には10～15分間エアロバイクに乗るか簡単に走っておこう。抵抗をかけたトレーニングを行う前には、大腿四頭筋、ハムストリング、臀筋、ふくらはぎをストレッチする特異的なエクササイズを行うべきだろう。退屈で時間がかかるように思われるだろうが、ケガ防止のためにはとても重要なことである。

レッグ・エクステンション

LEG EXTENSION

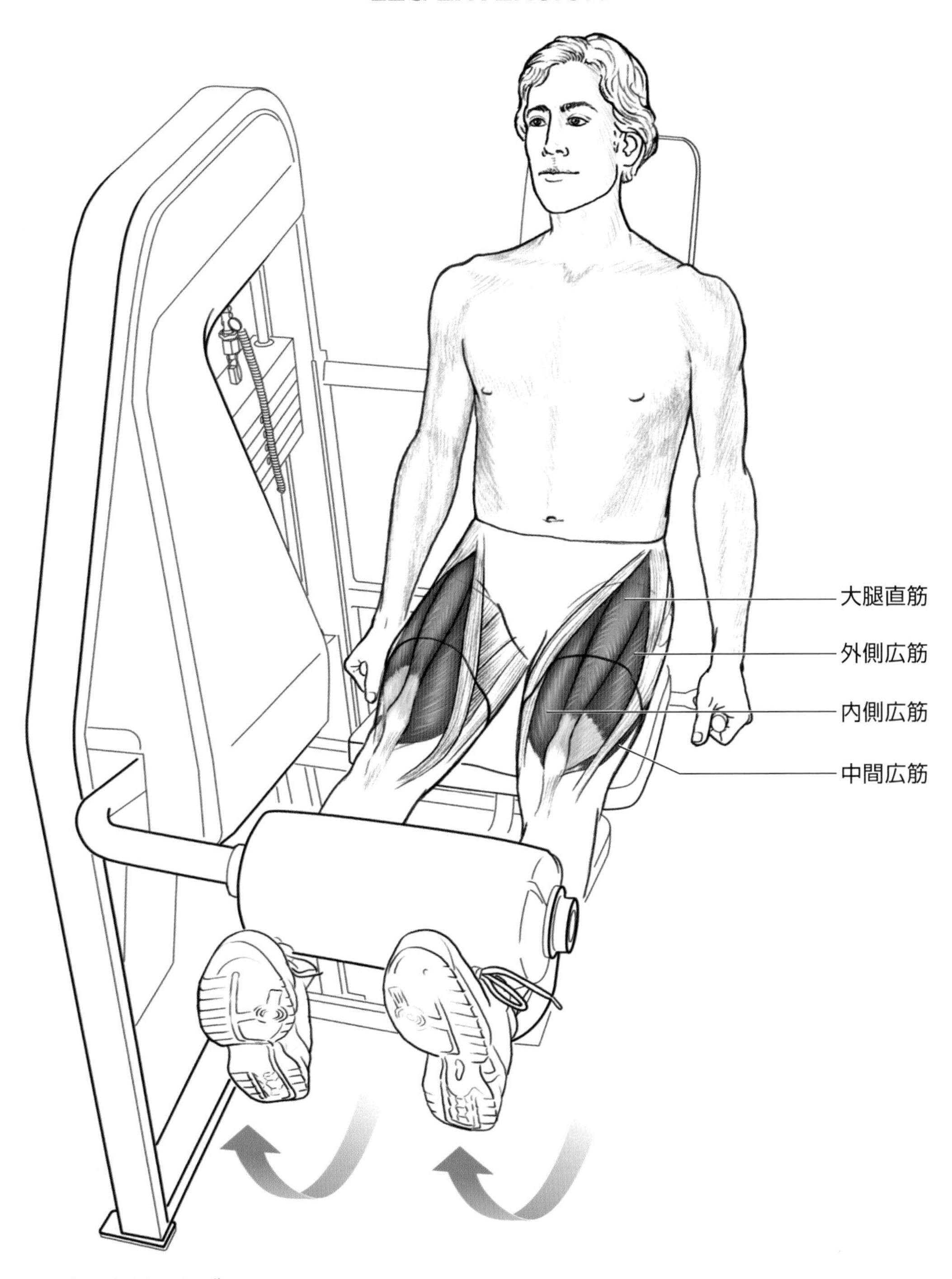

エクササイズ

1. 膝を 90 度に曲げ、膝の中心が回転軸と並ぶようにマシンに腰かける。
2. 膝が真っすぐになるまで脚を持ち上げる。つま先は上向きにする。
3. 一息おいてから、スタートポジションに戻す（膝は 90 度に曲げる）。

安全に行うために

下背部の損傷を避けるために、マシンのパッドに背中を当てて脊柱を真っすぐに保つ。

動員される筋肉

主動筋：大腿四頭筋（大腿直筋、外側広筋、内側広筋、中間広筋）

補助筋：なし

サイクリング・フォーカス

自転車に乗る際には、一定のスピードでペダリングしている時に、脚のさまざまな筋の活動を意識してみよう。またスプリントでの急加速や、登坂走行における筋の活動も意識してみよう。脚がペダルストロークの最高点（上死点）に到達した時に、大腿四頭筋が活発に活動するだろう。この部分のペダリングの動きと、レッグ・エクステンションマシンでの動きとが似ていることに気づくはずである。このエクササイズは、この章のほかのエクササイズと同様に、サイクリングで使う主要な筋群の１つだけにターゲットを絞っている。熱心に自転車に取り組んでいる競技者の大腿四頭筋の発達を見れば、いかにこの筋群がライディングで使われているかがわかる。

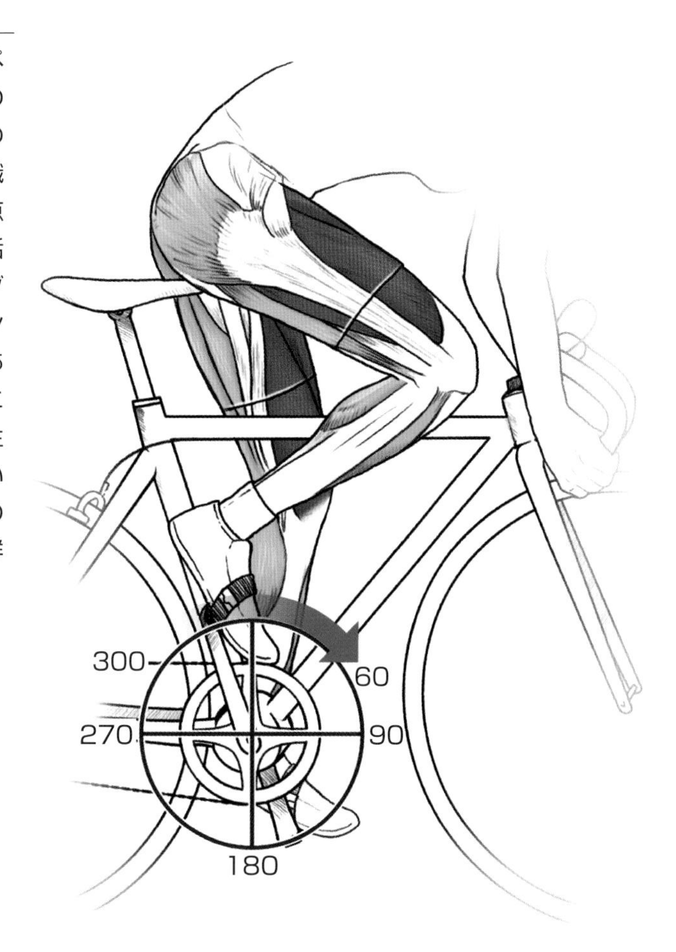

バリエーション

シングル・レッグ・エクステンション
Single-Leg Extension

レッグ・エクステンションマシンは多くの異なるブランドがある。その内の大半では、それぞれの脚を別に鍛えることができる。これは利き脚がそうでない側をかばわないよう、左右対称性を確保するのに役立つ。

ウォール・ボール・スクワット

WALL BALL SQUAT

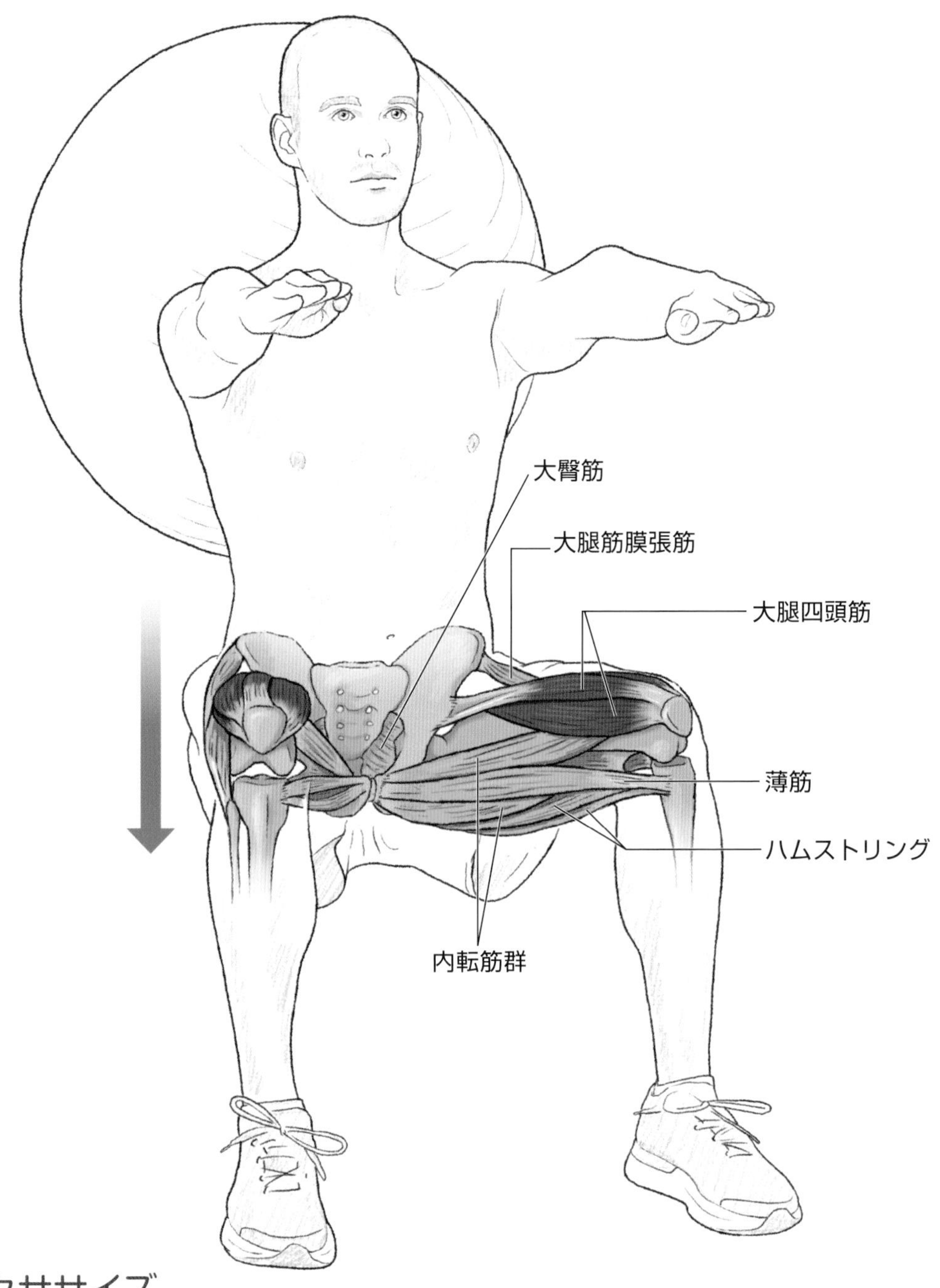

エクササイズ

1. 背中と壁の間に中か大サイズのバランスボールを挟む。バランスボールの位置は肩甲骨の真下、腰椎の高さ。
2. 両腕を前方に伸ばす。足のつま先が手のひらと鉛直にそろうようにする。
3. お尻が膝の高さより下にくる位置までスクワットの動作をする。スクワットポジションをしばしキープし、スタンディングに戻る。

動員される筋肉

主動筋：大腿四頭筋（大腿直筋、外側広筋、内側広筋、中間広筋）

補助筋：大臀筋、ハムストリング（半腱様筋、半膜様筋、大腿二頭筋）、薄筋、股関節内転筋群（短内転筋、長内転筋、大内転筋）、恥骨筋、大腿筋膜張筋

サイクリング・フォーカス

　このエクササイズは大腿四頭筋を重点的に鍛える。レッグ・エクステンションに見られるように、大腿四頭筋はペダルストロークの間、脚を引き上げ回転させる。よく発達した自転車競技者では、４つの異なる筋腹が合わさり大腿筋群前部を形作っている様子が見て取れる。脚の位置を壁から離すことによって、スクワット時の大臀筋とハムストリングの作用が増し、大腿四頭筋への貢献をより強めることになる。「部分的強化エクササイズ」における鍵は、ペダルストロークを作り上げるそれぞれの要素を強化することにある。それらすべてを合わせて初めて360度のパワーが実現する。

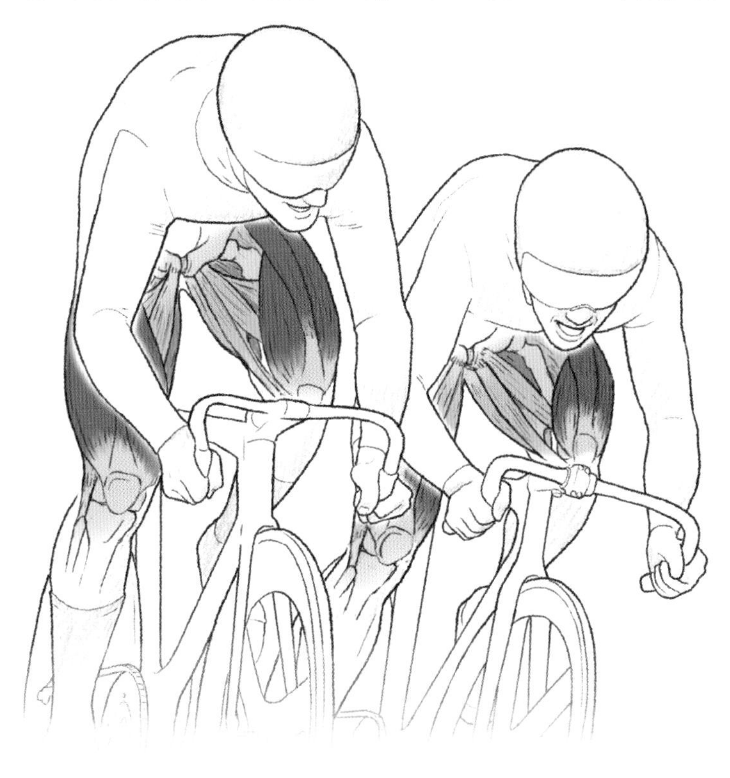

バリエーション

ウエイトを用いたウォール・ボール・スクワット

Weighted Wall Ball Squat

　同じエクササイズをダンベルを持ちながら行うこともできる。さらに脚の間にケトルベルを挟むこともできる。

ナロー・スタンス・スミス・スクワット

NARROW-STANCE SMITH SQUAT

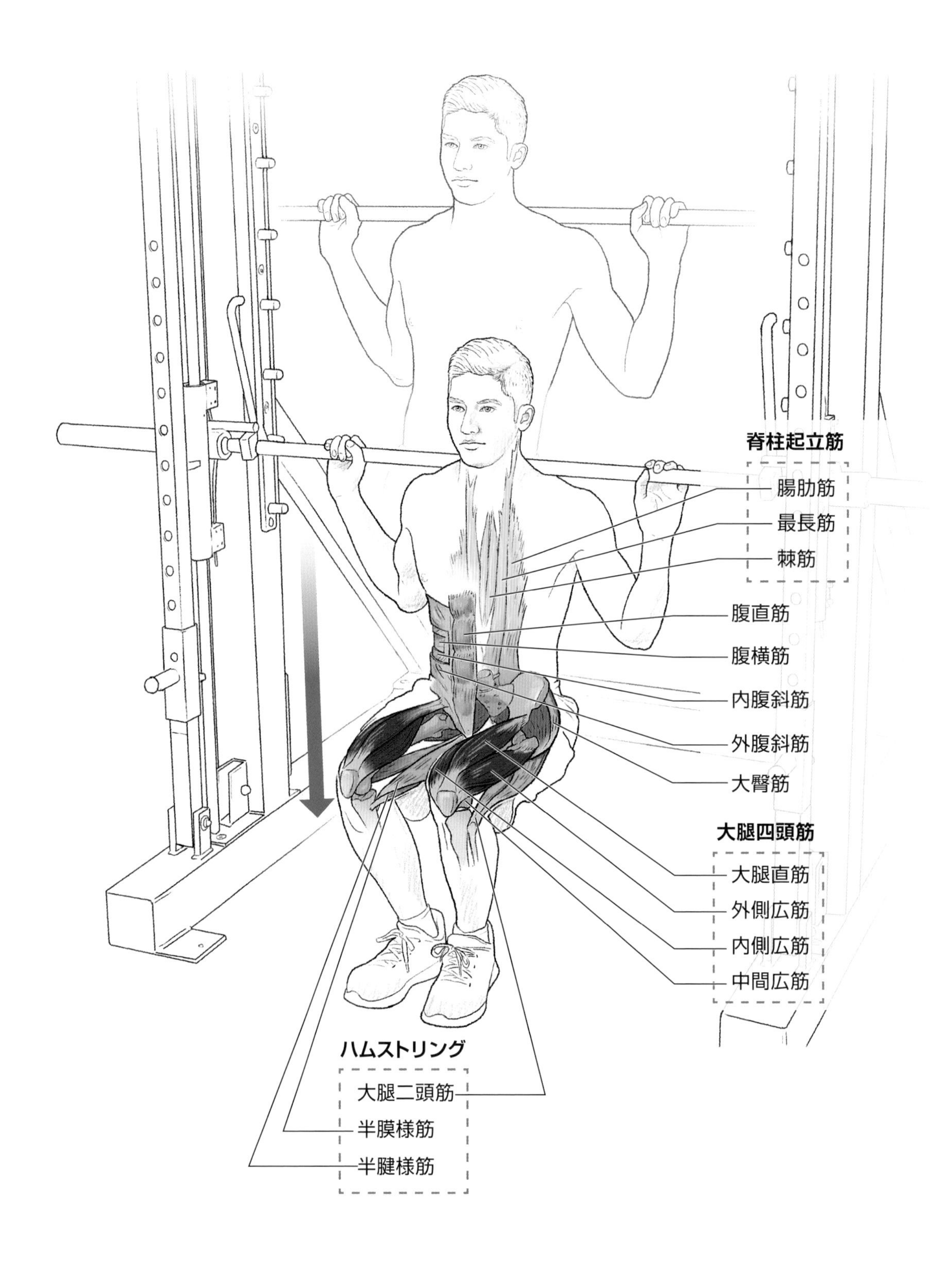

エクササイズ

1. スミスマシンにバーをセットする（スミスマシンはレールにバーベルがセットされており、垂直方向にのみ動くようになっている）。バーの高さは肩よりもわずかに高い位置にする。バーが動くようにキャッチから外す。
2. 足はそろえてわずかに外側に向くようにする。そうすることでバーに対して5～10度ほど寄りかかるようになる。
3. スクワットの動作をする。膝の角度が90度になるまでお尻を下げる。

安全に行うために

ナロー・スタンス・スミス・スクワットはバーに寄りかかるほど膝に圧力がかかる。バーから床へ直線が描けるよう、身体の角度を意識しよう。10度以上の角度はつけたくない。ポジションを確認する他の方法は、スクワットをした時、膝がつま先の上にくることだ。膝はつま先より前にくるべきではない。

動員される筋肉

主動筋：大腿四頭筋（大腿直筋、外側広筋、内側広筋、中間広筋）
補助筋：大臀筋、ハムストリング（半腱様筋、半膜様筋、大腿二頭筋）、腹直筋、腹横筋、外腹斜筋、内腹斜筋、脊柱起立筋（腸肋筋、最長筋、棘筋）

サイクリング・フォーカス

急斜面を上る最初のセクションを想像してみよう。この先は道が狭まり行き詰まりとなるため、ここで前に出ておくことが肝心だ。その余力を捻出するために、1回1回のペダルストロークの上死点で蹴り出す。ここで大腿四頭筋は最大限に動員されることになる。ナロー・スタンス・スミス・スクワットを行う時、絶えず大腿四頭筋を意識しよう。大臀筋やハムストリングも使っているが、意識は脚前部に集中させ、大腿四頭筋を動員させることでウエイトを上げるパワーを作り出す。

シーテッド・レッグ・カール

SEATED LEG CURL

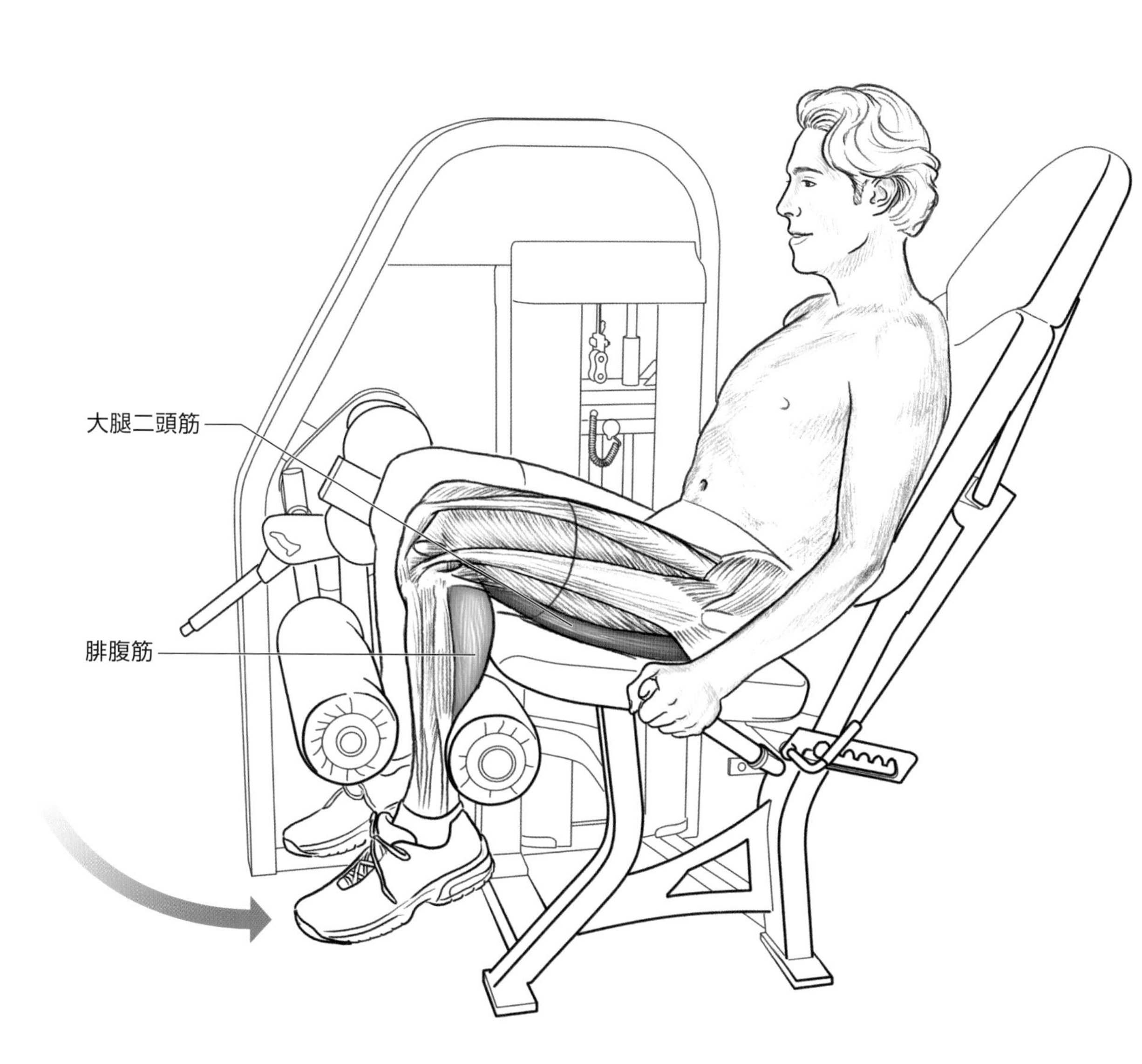

エクササイズ

1. 膝を真っすぐ伸ばし、膝の中心が回転軸と並ぶようにマシンに腰掛ける。
2. 背中を真っすぐにし、90度になるまで膝を曲げる。つま先は上向きにする。
3. 一息おいてから、スタートポジションに戻す（膝は真っすぐに）。

動員される筋肉

主動筋：ハムストリング（半腱様筋、半膜様筋、大腿二頭筋）
補助筋：腓腹筋、薄筋、縫工筋、膝窩筋

サイクリング・フォーカス

効果的なペダルストロークには、左右の脚が一定のリズムで連携しながら回転させることが必要である。片脚がペダルを引き上げる一方で、もう片脚はペダルを押し下げる。レッグ・エクステンションはペダルストロークの上死点から前の部分を再現していたが、レッグ・カールはペダリングの最低点（下死点）から後ろの部分に焦点を絞っている。レッグ・カール・マシンに座った時に、ペダルストロークの底辺のアーチを引く（ペダルを後方に送る）動きを想像してみよう。エクササイズでの動きと、クランクの回転の後半部分で脚がペダルを引き上げる動きとを比べてみよう。エクササイズを行う時には背中を反らせたり、股関節に角度をつけたりして、ごまかしてはいけない。ハムストリングだけを単独で強化し、最適なトレーニングを行うことが目的であることを忘れてはいけない。

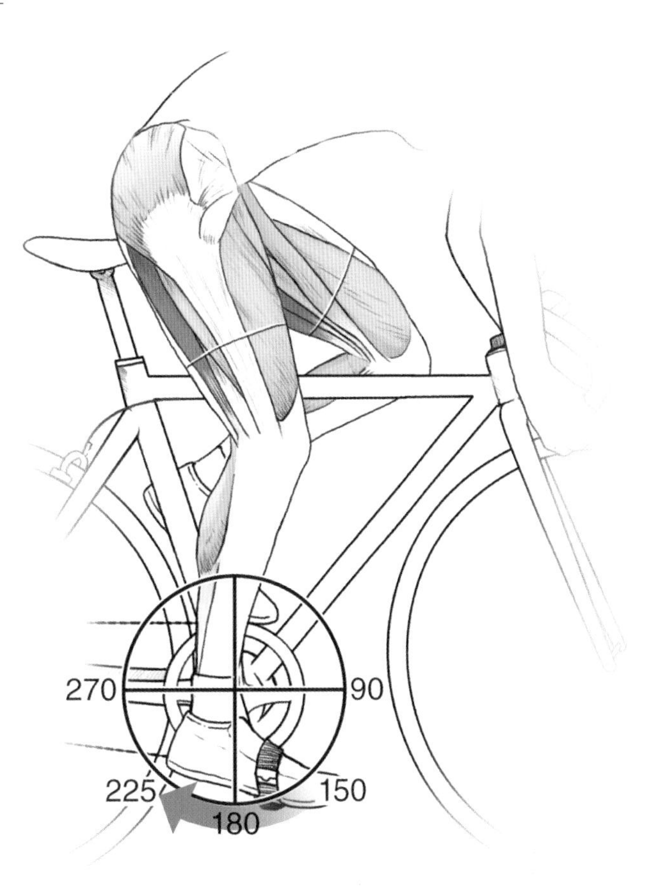

バリエーション

ライイング・レッグ・カール
Lying Leg Curl

ライイング・レッグ・カールはハムストリングが最大収縮する時にわずかに股関節の伸展も促す。

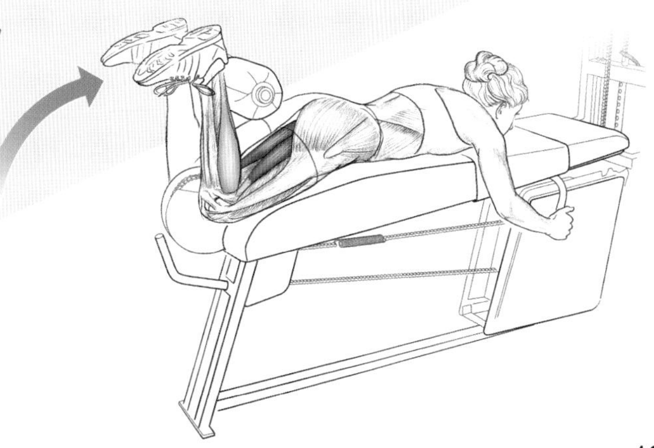

ルーマニアン・デッドリフト

ROMANIAN DEADLIFT

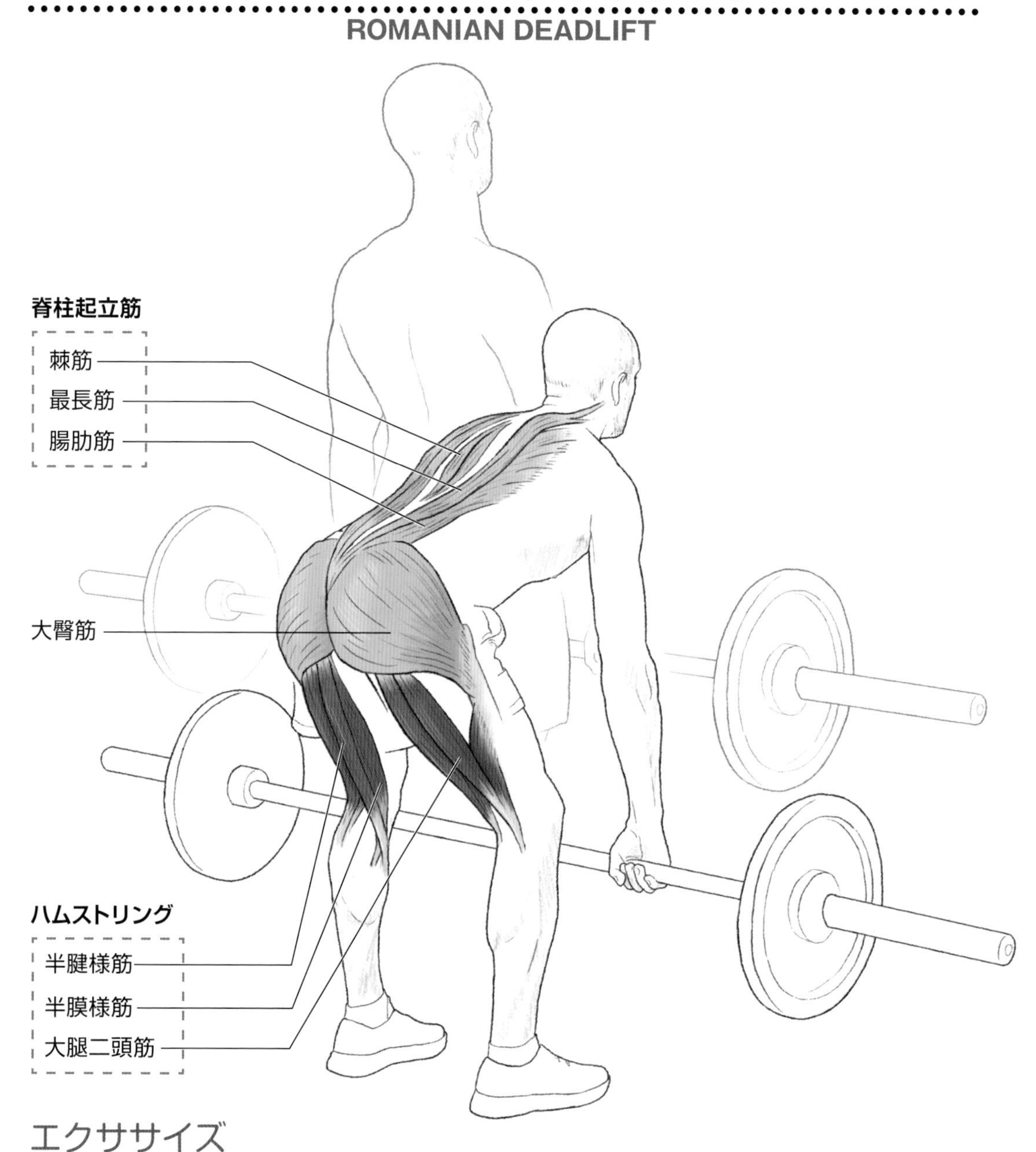

エクササイズ

1. 足を肩幅に広げて立ち、足首はバーに触れさせる。脚のすぐ外側の幅で、手のひらを下に向けて（オーバーハンドグリップ）バーを握る。腕は真っすぐに伸ばす。
2. 背中を真っすぐに保ちながらバーを持ち上げ、股関節を前方に押し出して真っすぐに立つ。バーは大腿前部に触れている状態。
3. 膝はわずかに曲がり、背中が真っすぐな状態で、股関節を後方に引きながらバーを下ろしていく。股関節の動きに集中すること。背中は真っすぐに保ち、胸は前に出す。
4. 脚に添わせながらハムストリングの伸びを感じるところまでバーを下ろす。
5. 股関節が直立した位置で固定できるまで股関節を前方に押し出し、スタートポジション（直立姿勢）に戻る。この動作を繰り返す。

安全に行うために

顔と胸を上げておくように気をつける。そうすれば脊柱が真っすぐに保たれ、下背部の損傷を回避することができる。

動員される筋肉

主動筋：ハムストリング（半腱様筋、半膜様筋、大腿二頭筋）
脊柱起立筋（腸肋筋、最長筋、棘筋）、大臀筋

サイクリング・フォーカス

ルーマニアン・デッドリフトは、競技者の背部全体を鍛える。このエクササイズがドロップバーやエアロバーを握って前傾姿勢をとっている時の、脚の動きを再現していることがわかる。自転車に乗っている時に背部、股関節、大腿を意識しながら、ルーマニアン・デッドリフトの感覚を思い出すと、ジムでこのエクササイズを行うメリットが理解できる。サドルに座っていようと、立っていようと、自転車に乗っている時に繰り出すパワーの大部分は、股関節での脚の伸展から発生する。トレーニングでこの部位を意識すると、パワーとパフォーマンスが必ず向上する。

バリエーション

スティッフレッグ・デッドリフト

Stiff-Leg Deadlift

これはルーマニアン・デッドリフトに非常によく似ている。ルーマニアン・デッドリフトが臀部を突き出し、その後前方に押し出すのに対し、スティッフレッグ・デッドリフトは同じ動作をしている最中、脚を真っすぐに保つ。どちらのエクササイズもハムストリングや後部の筋ネットワークを鍛える。それぞれのテクニックを楽しみながら保つために、2つのエクササイズをトレーニングに組み合わせて取り入れるのもよい。

シングルレッグ・デッドリフト

SINGLE-LEG DEADLIFT

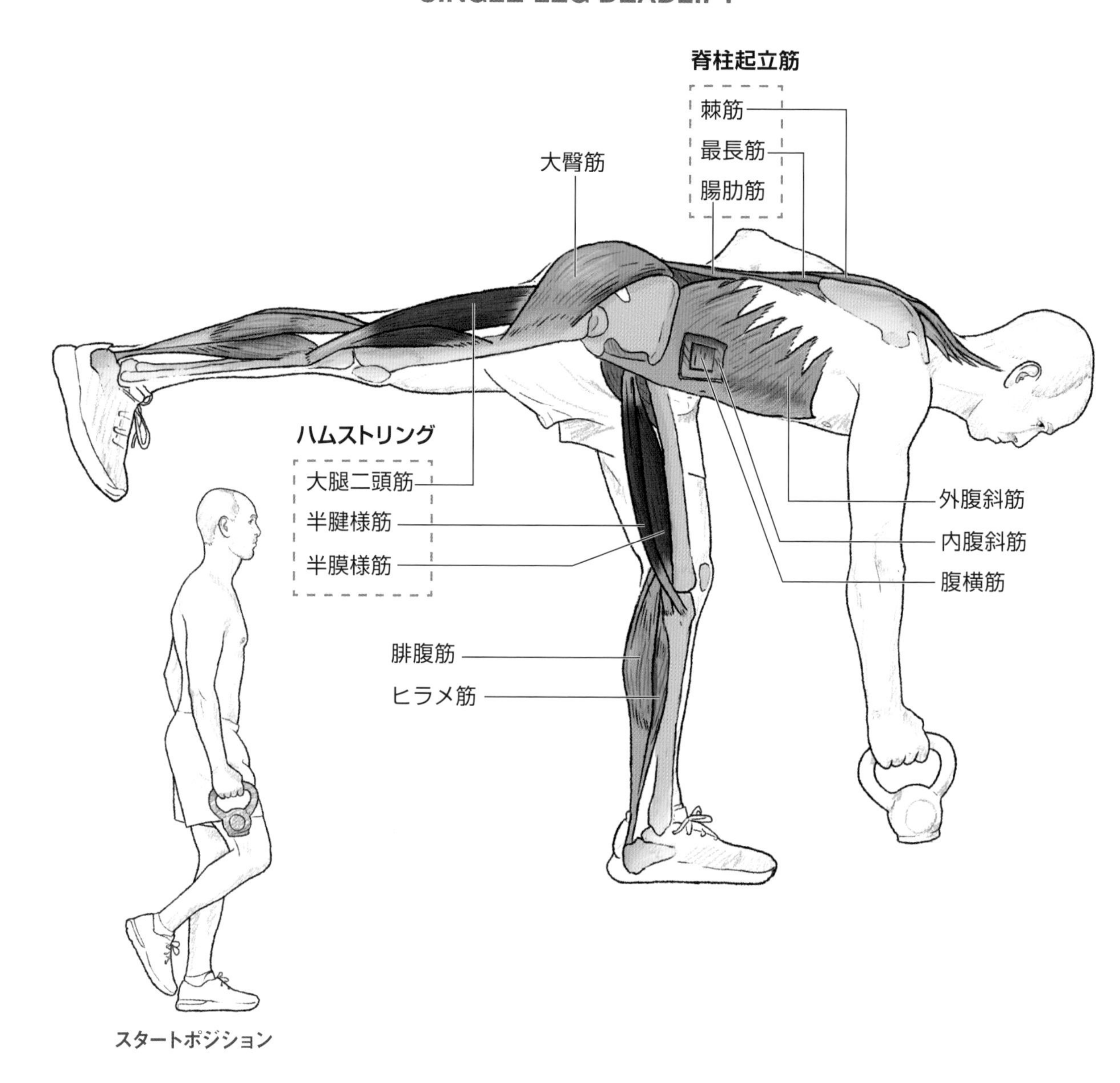

エクササイズ

1. ケトルベルを片方の手で持ち、持った手と反対側の脚で片足立ちする。
2. 背中を真っすぐにし膝を軽く曲げたまま、腰を折って前傾する。スティッフレッグ・デッドリフトの動作をする。
3. 前傾するにつれ、後方の脚はバランスをとりながら真っすぐに伸ばす。胴と床が平行になるまで股関節で屈曲した前傾を続ける。
4. スタートポジションに戻る。同じ動作を繰り返して１セット完了したら反対側で同様のエクササイズを行う。

動員される筋肉

主動筋：ハムストリング（半腱様筋、半膜様筋、大腿二頭筋）
補助筋：脊柱起立筋（腸肋筋、最長筋、棘筋）、大臀筋、、腓腹筋、ヒラメ筋、外腹斜筋、内腹斜筋、腹横筋

サイクリング・フォーカス

このエクササイズはルーマニアン・デッドリフトやスティッフレッグ・デッドリフトと同じ筋群を鍛える。しかし、非対称的であるがゆえに、体幹運動も加わる。自転車上で力強くペダルを漕いでいる時、当然脚からのパワーは必要だが、同時に脚の動きの基盤となる強い体幹も必要だ。非常に多くの筋群を動員するため、私はこのエクササイズが好きだ。ハムストリングの伸びを感じるだけでなく、燃えるような感覚も覚えるはずだ。実際、バランスを保つために役立つすべての安定化筋が燃焼する。

バリエーション

さまざまなウエイトやベースを用いたシングルレッグ・デッドリフト
Single-Leg Deadlift With Varying Weight or Base

このエクササイズはリンジー・ボン（訳者注：アルペンスキーの元世界女王）が膝の手術からの回復中に実践したものだ。このエクササイズには多くの選択肢がある。ダンベルやウエイトプレートを持って行うことも可能だ。またはバーベルを持ちながらこの動作をすることもできる。さらに自分を苦しめたければ、バランス・ボードやディスクを足すとよい。ただし、ディスクを足した場合はケガ防止のためにウエイトを減らすようにしよう。

ヒップ・スラスト

HIP THRUST

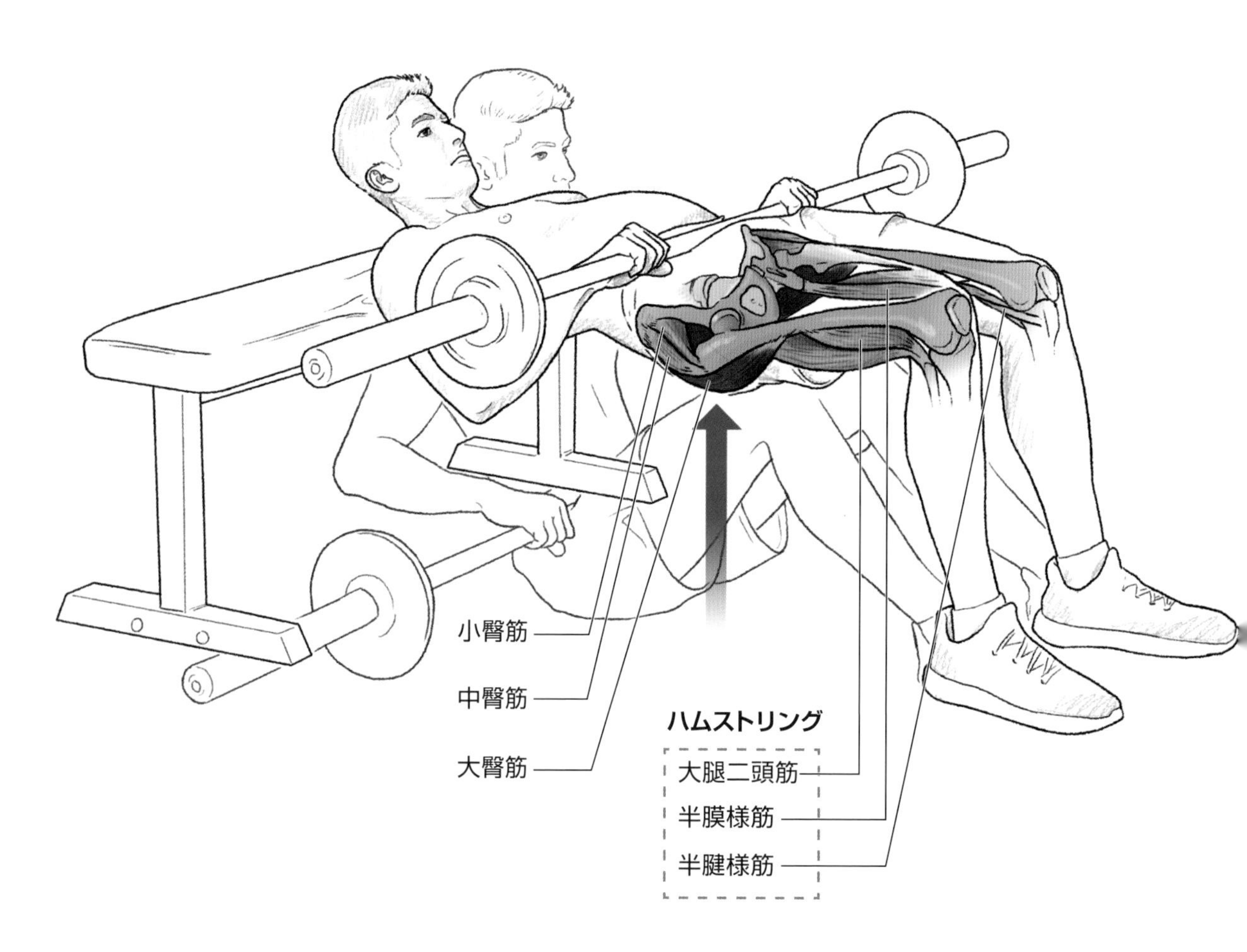

エクササイズ

1. 股関節の上にバーベルをおいてベンチに座る。
2. ベンチから下に身体をずらし、上背部と肩甲骨がベンチに付いている状態になる。両手は股関節の上でバーベルを握る。足をしっかりと床につけ、膝は 90 度に曲げる。
3. 股関節を床方向に下ろすが、床にはつかない。頭を前方向で固定し、股関節も固定させる（これにより脊柱に圧力がかからなくなる)。
4. 臀筋群を絞るように収縮させ、踵で床を押す。股関節を天井に向けて伸展させ、スタートポジションに戻る。

動員される筋肉

主動筋：大臀筋（だいでんきん）

補助筋：ハムストリング（半腱様筋（はんけんようきん）、半膜様筋（はんまくようきん）、大腿二頭筋（だいたいにとうきん））、中臀筋（ちゅうでんきん）、小臀筋（しょうでんきん）

サイクリング・フォーカス

自転車競技者は常に臀部をコンディショニングさせる方法を模索している。ヒップ・スラストは標準的スクワット系エクササイズの代わりとなる。実際、通常のスクワットと同等に臀筋群に作用する。ヒップ・スラストは、ペダリング時の脚の下方向への動きによく似ている。このエクササイズを行う時は、バーを真っすぐ上に持ち上げるよう臀部の動きに集中しよう。

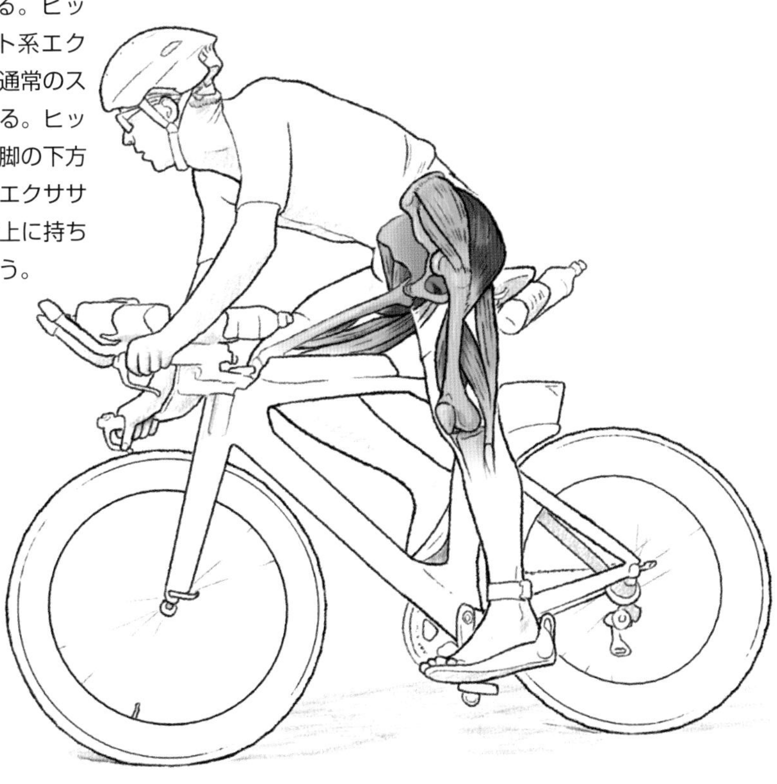

バリエーション

シングルレッグ・ヒップ・スラスト
Single-Leg Hip Thrust

同じエクササイズを片足だけ床につけて行う。必要に応じて負荷をかけるため、股関節の上にプレートもしくはダンベルを置いてもよい。

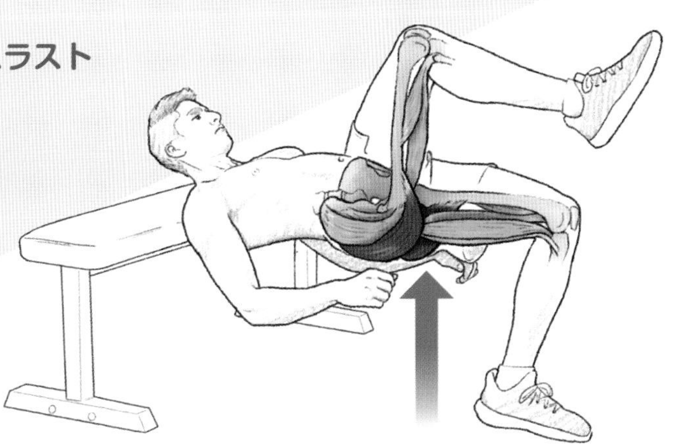

ケーブル・バック・キック

CABLE BACK KICK

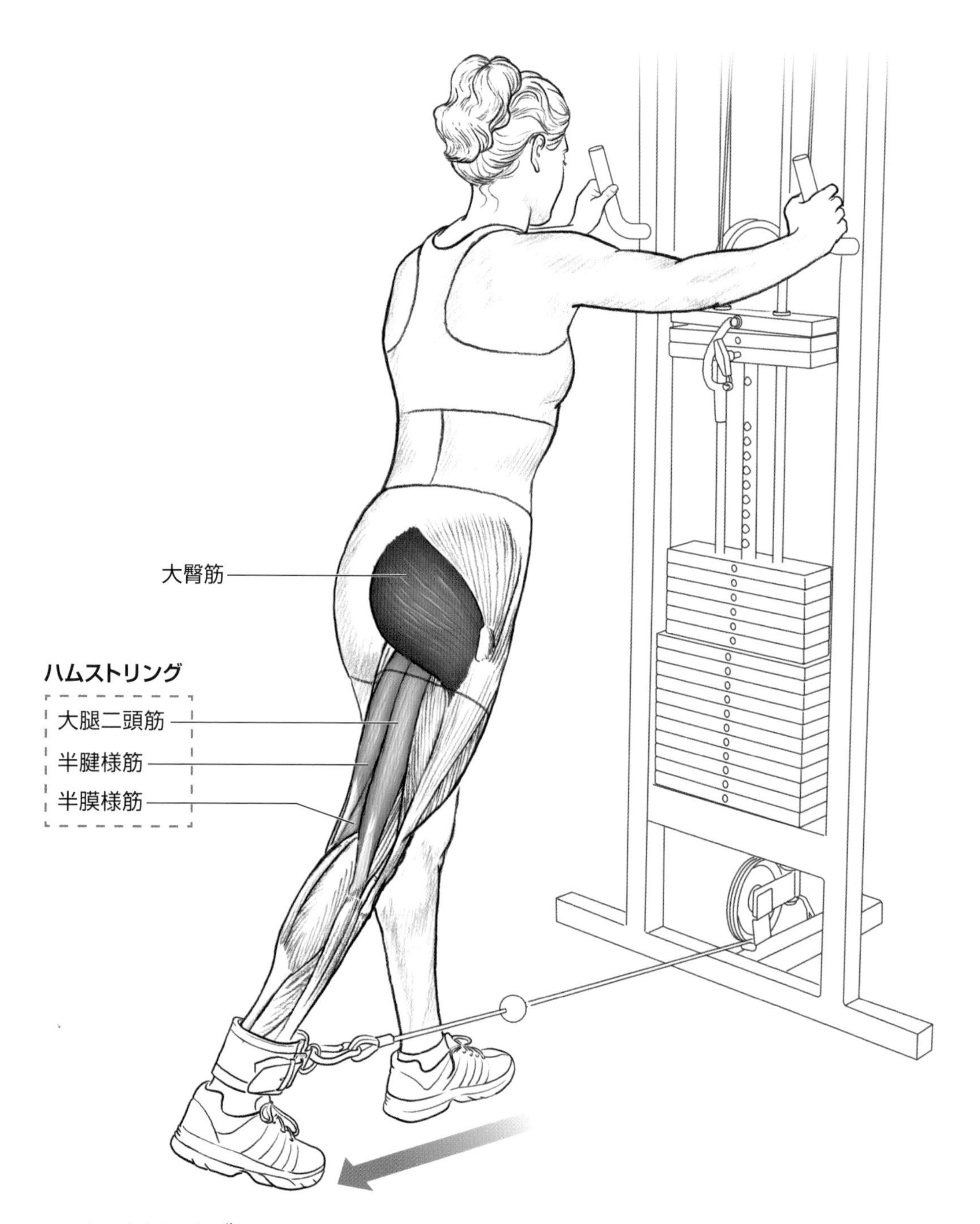

エクササイズ

1. 足首にロー・プーリーをつける。プーリー・システムに正対し、ハンドルを握る。
2. 脚を真っすぐに保ったまま、足を後ろに動かし、股関節を伸展させる。
3. ゆっくりとスタートポジションに戻す。１セット終わったら脚を替えて行う。

動員される筋肉

主動筋：大臀筋

補助筋：ハムストリング（半腱様筋、半膜様筋、大腿二頭筋）

サイクリング・フォーカス

自転車のクランクを回転させている時の大臀筋の役割は大きい。この筋はパワー・ストロークの大半を占めている。ペダリングで脚を上から踏み込む時、大臀筋は股関節を伸展させる。優れた自転車競技者を見れば、大臀筋の発達は顕著である。ケーブル・バック・キックは主要な筋を部分的に強化するのに最適なエクササイズであるため、自転車競技トレーニングには重要である。トレーニングの時間を節約するため、股関節内転（ヒップ・アダクション）、股関節外転（ヒップ・アブダクション）、股関節伸展（ヒップ・エクステンション）、股関節屈曲（ヒップ・フレクション）をすべて片側だけで行い、その後でアタッチメントを付け替えてもう片方の脚で行うとよいだろう。

バリエーション

バランスボール・ヒップ・エクステンション

Stability Ball Hip Extension

これは股関節の伸展には最適なエクササイズである。背中を平らにして床に横になる。片脚を上に向け、反対側の脚の踵をバランスボールの上に乗せる。踵を押し下げ、股関節を天井に向けて持ち上げる。ゆっくりとスタートポジションに戻す。

シングルレッグ・ケーブル・レイズ

SINGLE-LEG CABLE RAISE

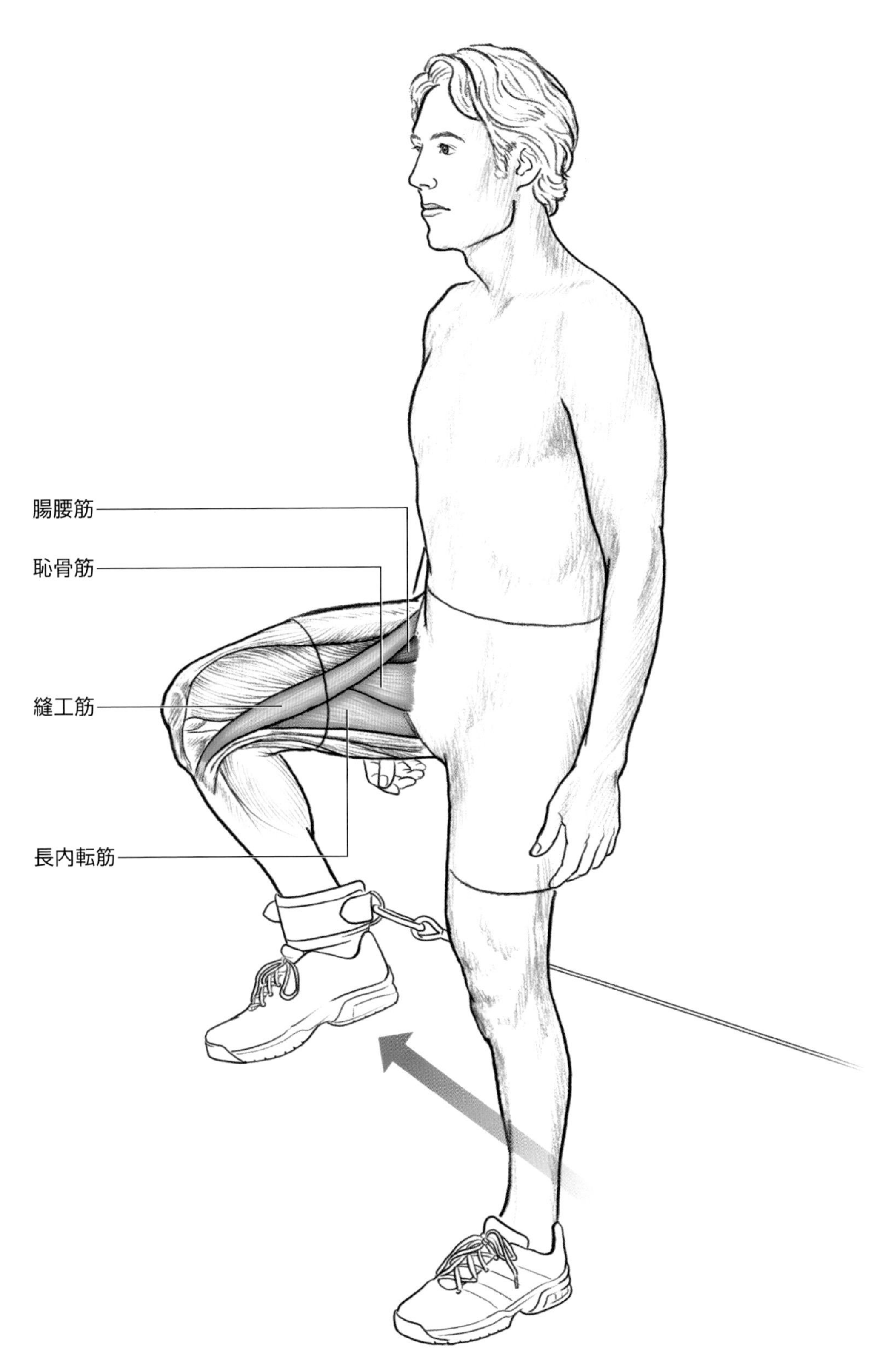

エクササイズ

1. ロー・プーリーに背を向け、片方の足首にアタッチメントを付ける。必要であれば、安定するようにバーを握る。アタッチメントを付けた脚側の股関節はわずかに伸展する。
2. 股関節で脚を曲げ、プーリーの抵抗に対抗して膝を引き上げる。
3. 大腿が床と平行になったら、ゆっくりと脚をスタートポジションに戻す。1セット終わったら脚を替えて行う。

動員される筋肉

主動筋：腸腰筋

補助筋：恥骨筋、縫工筋、長内転筋、短内転筋、大腿直筋

サイクリング・フォーカス

シングルレッグ・ケーブル・レイズは、自転車でクランクを回転させる時の脚の上方向への推進力を再現している。登坂走行での加速、あるいはフィニッシュラインに飛び込む様子を想像してみよう。「円くペダリングする」とよくいわれる。クランクが回転している間はパワーをペダルに注ぐことを常に意識する、という意味である。ペダリングを概念としてとらえるにはよい考え方ではあるが、実際にはライダーはどちらかというと、上、下、底辺といったように三角形を描いたペダリングをする。どちらの概念でも構わないが、ペダリングをする時には、自転車を前にスピーディーに進めるために両脚が継続的に貢献しなければならない。シングルレッグ・ケーブル・レイズは、ペダリング・ストロークの上方向への動きだけにターゲットを絞り、ペダリングで「円」が描けるようにトレーニングする。

ケーブル・ヒップ・アダクション

CABLE HIP ADDUCTION

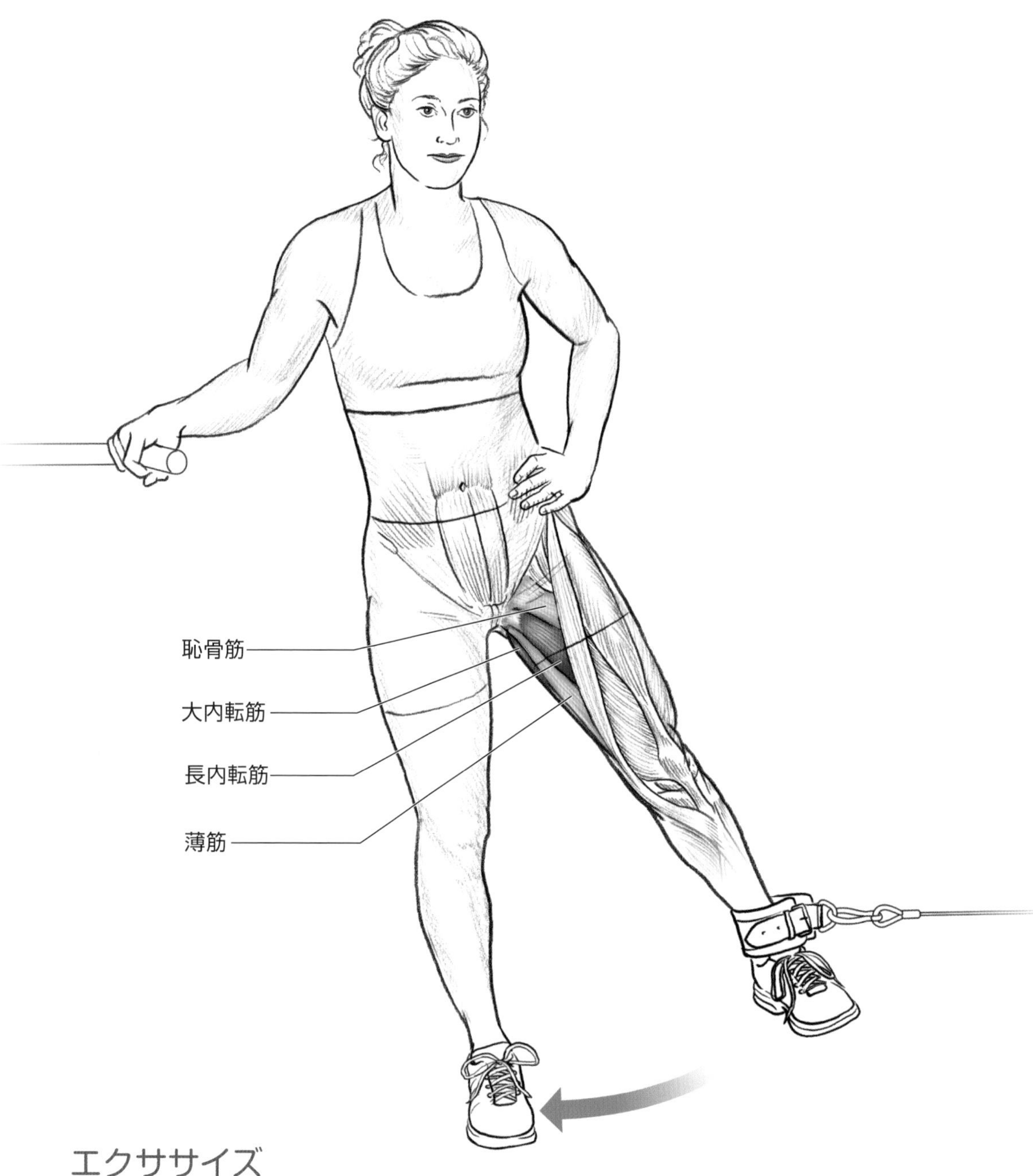

エクササイズ

1. ケーブルプーリー・システムの脇に立ち、ラックに近い方の足首をケーブルにつける。
2. システムから外側に一歩離れ、ウエイトが上がるようにする。身体のサポートと安定のため、ケーブルプーリー・システムに手をつく。片足で立ち、ケーブルでつながれた足首が外側に引っ張られるのを感じる。
3. 上半身を安定させながら、ケーブルにつながれた方の足を反対の足の方向に引き寄せる。しばしその状態を維持し、ゆっくりとスタートポジションに戻す。１セット終わったら脚を替えて行う。

動員される筋肉

主動筋：大内転筋（だいないてんきん）、長内転筋（ちょうないてんきん）、短内転筋（たんないてんきん）
補助筋：薄筋（はっきん）、恥骨筋（ちこつきん）、大臀筋下部（だいでんきんかぶ）

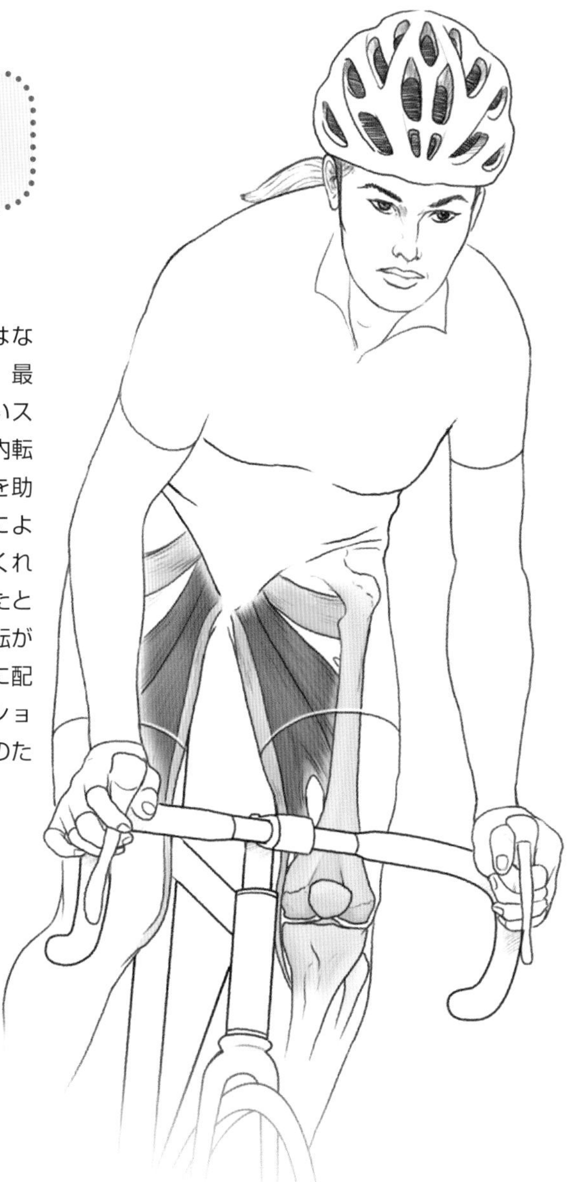

サイクリング・フォーカス

ペダリングでは実際に脚を内転させることはないが、それでも内転筋を強化する必要がある。最大運動（ダッシュ）時には、空気抵抗の少ないスムーズな脚の回転を維持しなければならない。内転筋は主にクランクを回転させている脚の動きを助ける。内転筋をコンディショニングすることにより、疲れてきた時のフォームの崩れを軽減してくれる。プロサイクリストのペダリングを見ると、たとえレースの終盤で疲れていても、いかに脚の回転がスムーズであるかがわかる。これは、脚を適切に配置し続けるのを助ける補助筋をよくコンディショニングしてきた、何年にもわたるトレーニングのたまものである。

バリエーション

マシン・アダクション
Machine Adduction

多くのジムには股関節内転と外転用のマシンがある。これらは素早く簡単に股関節の内転筋群を部分的に強化してくれる。

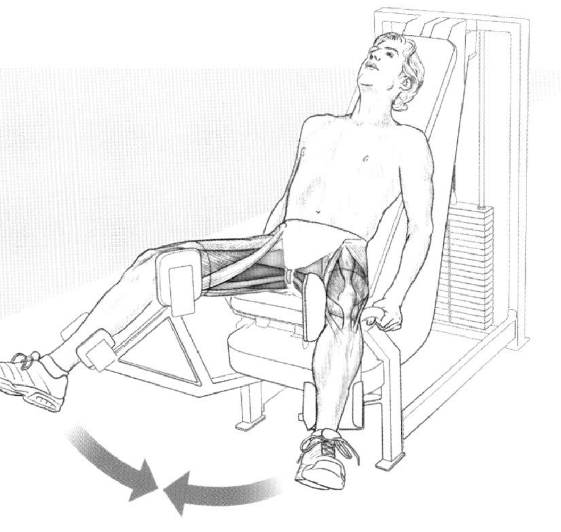

アブダクション・バンド・ウォーク

ABDUCTION BAND WALK

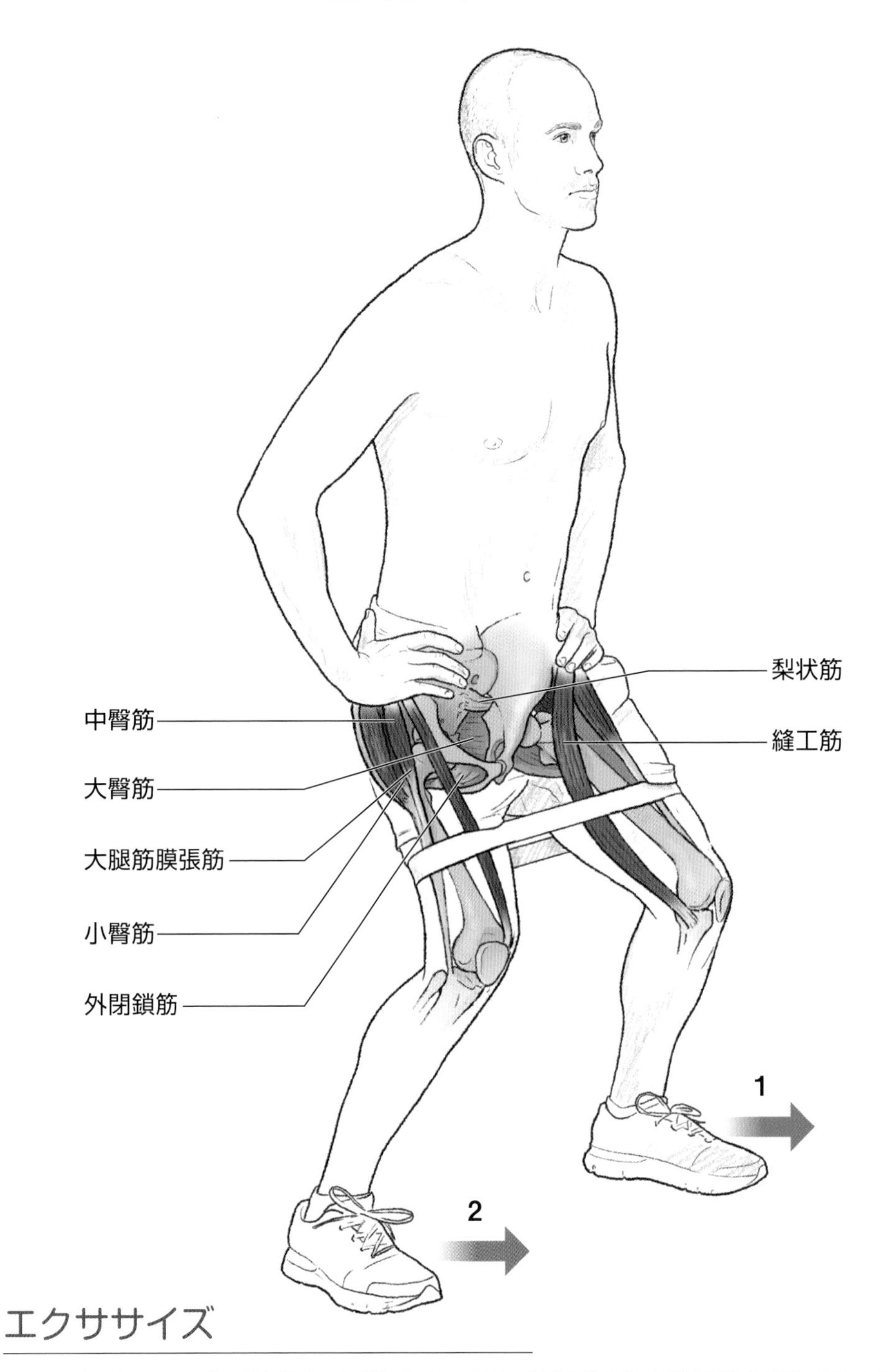

エクササイズ

1. レジスタンス・バンドを膝上の両腿周りにつける（両足首もしくは両足に装着してもよい）。
2. クォーター・スクワット・ポジションまたはアスレチック・スタンスで立つ。膝を曲げ、お尻を後方に突き出し、背中を真っすぐ保つ。足のつま先が真っすぐ前を向くようにする。
3. フォームを維持しながら、左足を左方向に一歩広げる。膝の位置が変わらず、フォームが崩れないことを意識する（内側にも外側にもブレない）。足のつま先も前を向いたまま。

4. 右足も左足にならって左方向に一歩動かし、両足をそろえる。
5. セットが完了したら、反対方向に向かって同じエクササイズを行う。

動員される筋肉

主動筋：中臀筋（ちゅうでんきん）、小臀筋（しょうでんきん）、大腿筋膜張筋（だいたいきんまくちょうきん）、縫工筋（ほうこうきん）
補助筋：大臀筋（だいでんきん）、梨状筋（りじょうきん）、外閉鎖筋（がいへいさきん）

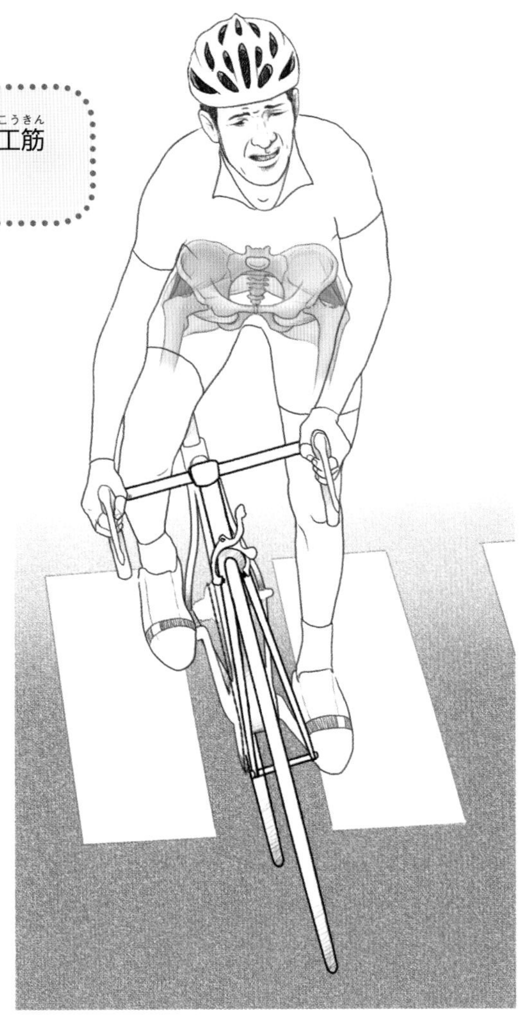

サイクリング・フォーカス

股関節内転筋群同様、股関節外転筋群はペダリングの動きを安定させることが主な役割である。レースの終盤など、疲労が極度に蓄積されてきた時には強いスタビライザーは時に役立つ。股関節外転筋群は疲れてきたり、体力の限界に達したりした時に、筋けいれんやこむら返りを起こしやすい。ジムでこれらの筋を鍛えることにより、筋力を高めるとともに、筋中を通っている血流と血管床の量も増加するだろう。それにより筋けいれんやこむら返りを防ぎ、疲労の蓄積を軽減することに役立つのである。

バリエーション

ファイヤー・ハイドラント
Fire Hydrant

ヒップ・アダクションのエクササイズと同様に、ヒップ・アブダクションについてもマシンやケーブルを使うことは可能である。しかし、私はファイヤー・ハイドラントのエクササイズを好む。特別な器具は必要ないので、旅行中や自宅で行うのにうってつけである。よつんばいの体勢をとる。膝を曲げたまま、片脚をサイドに上げる。股関節の外転筋群の動きを意識して行うと、このようなシンプルなエクササイズが特定の筋を鍛えるトレーニングになることがわかるだろう。

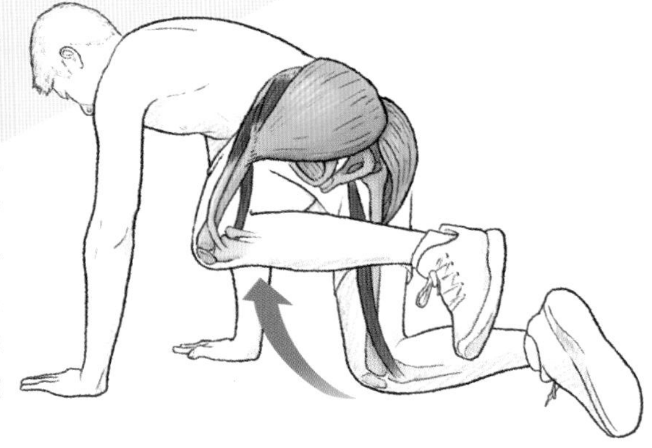

スタンディング・カーフ・レイズ・ウィズ・バーベル

STANDING CALF RAISE WITH BARBELL

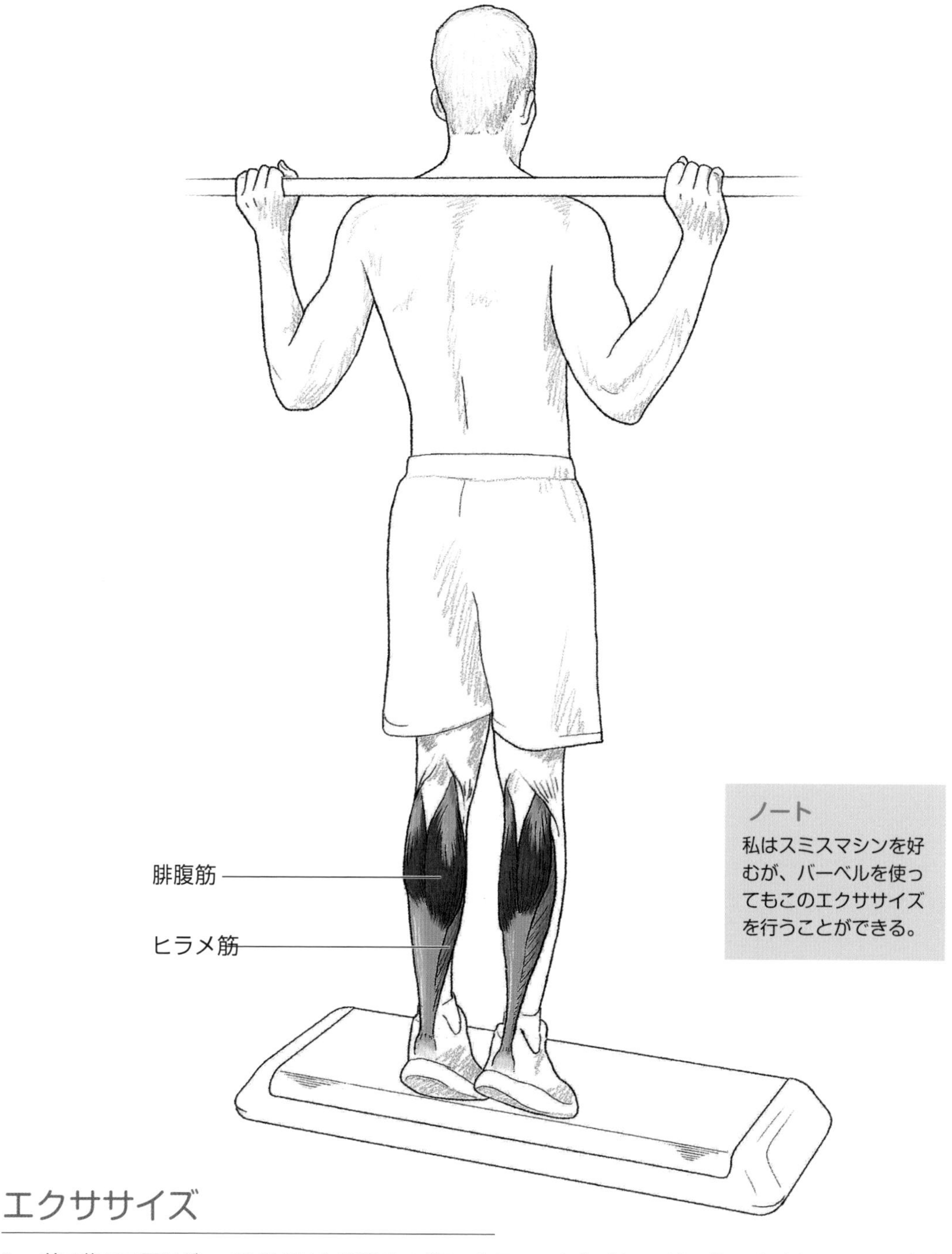

ノート

私はスミスマシンを好むが、バーベルを使ってもこのエクササイズを行うことができる。

エクササイズ

1. 首の後ろで肩にバーベルをおいた状態で、プラットフォーム上（ウエイトプレートまたはステッパー）につま先立ちで立つ。手のひらが前方を向くようにバーを握る。
2. 背部と膝を真っすぐに保ちながら、ふくらはぎがよくストレッチされるまで踵を下ろす。
3. つま先立ちになるまで、ゆっくりと踵を上げながら身体を持ち上げる。
4. スタートポジション（踵をつけた状態）に戻す。

動員される筋肉

主動筋：腓腹筋（ひふくきん）

補助筋：ヒラメ筋

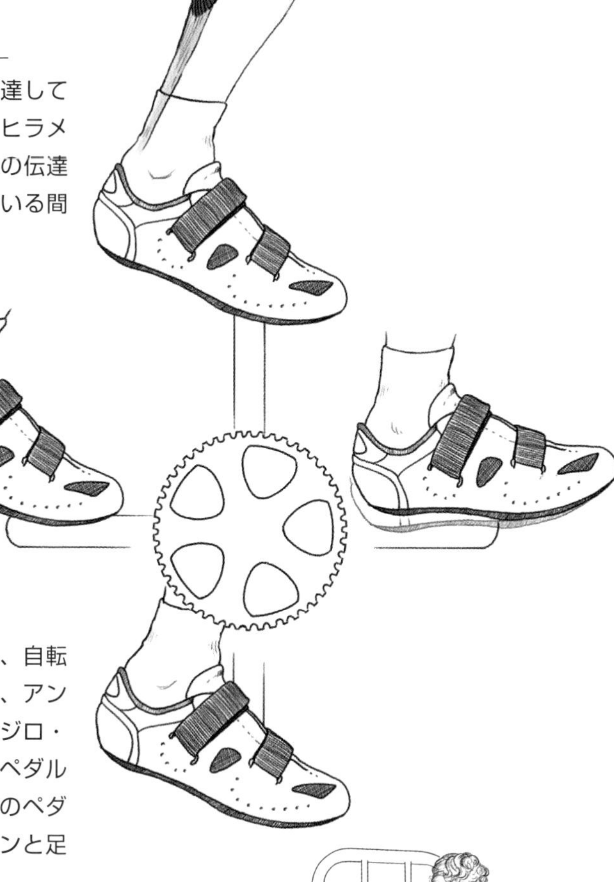

サイクリング・フォーカス

熱心な自転車競技者のふくらはぎはよく発達している。ペダリングで脚を動かす時、腓腹筋とヒラメ筋は１回転ごとにパワーを発揮している。力の伝達効率を維持するためには、ペダルが回転している間は足と地面との角度を大幅に変えるべきではない。クランクは常に回転しているので、足を比較的固定させたポジションに保つために、足首は緩衝装置の役目をする。足首におけるこの動きは、ほとんどが腓腹筋とヒラメ筋の作用による。ペダリング・ストロークで脚を踏み下ろす時、腓腹筋とヒラメ筋は下方への力をペダルに伝える役割を担い、その結果、自転車を前に進める。私がレースをしていた当時、アンドリュー・ハンプステン（訳者注：1988年ジロ・デ・イタリア総合優勝の元自転車競技者）のペダル回転と足のポジションを研究したものだ。彼のペダリングは効率的であり、適切な足のポジションと足首の動きは私にとって完璧な手本だった。

バリエーション

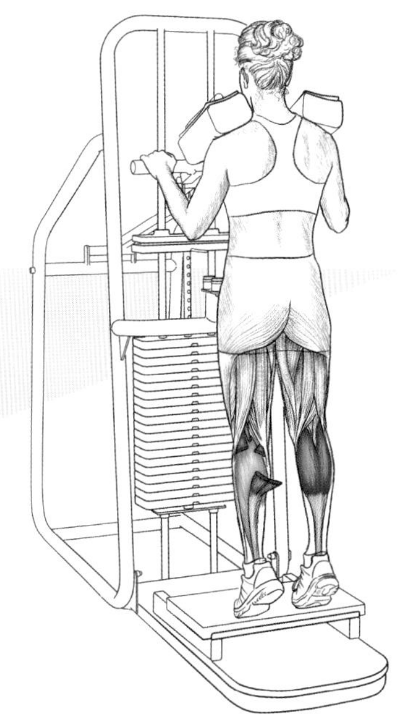

マシンを使ったスタンディング・カーフ・レイズ
Standing Calf Raise With Machine

カーフ・レイズのエクササイズはさまざまなマシンで行うことができる。トレーニングの中でほかの下肢エクササイズも行うことから、私はスミスマシンを使うことを好む。もし可能であれば、ふくらはぎのみに重点をおくことができることから、アイソレーションマシン（単関節種目用）を使うことが望ましい。さらに片脚ずつのカーフ・レイズを行いたければ、それも可能である。

シーテッド・バーベル・カーフ・レイズ

SEATED BARBELL CALF RAISE

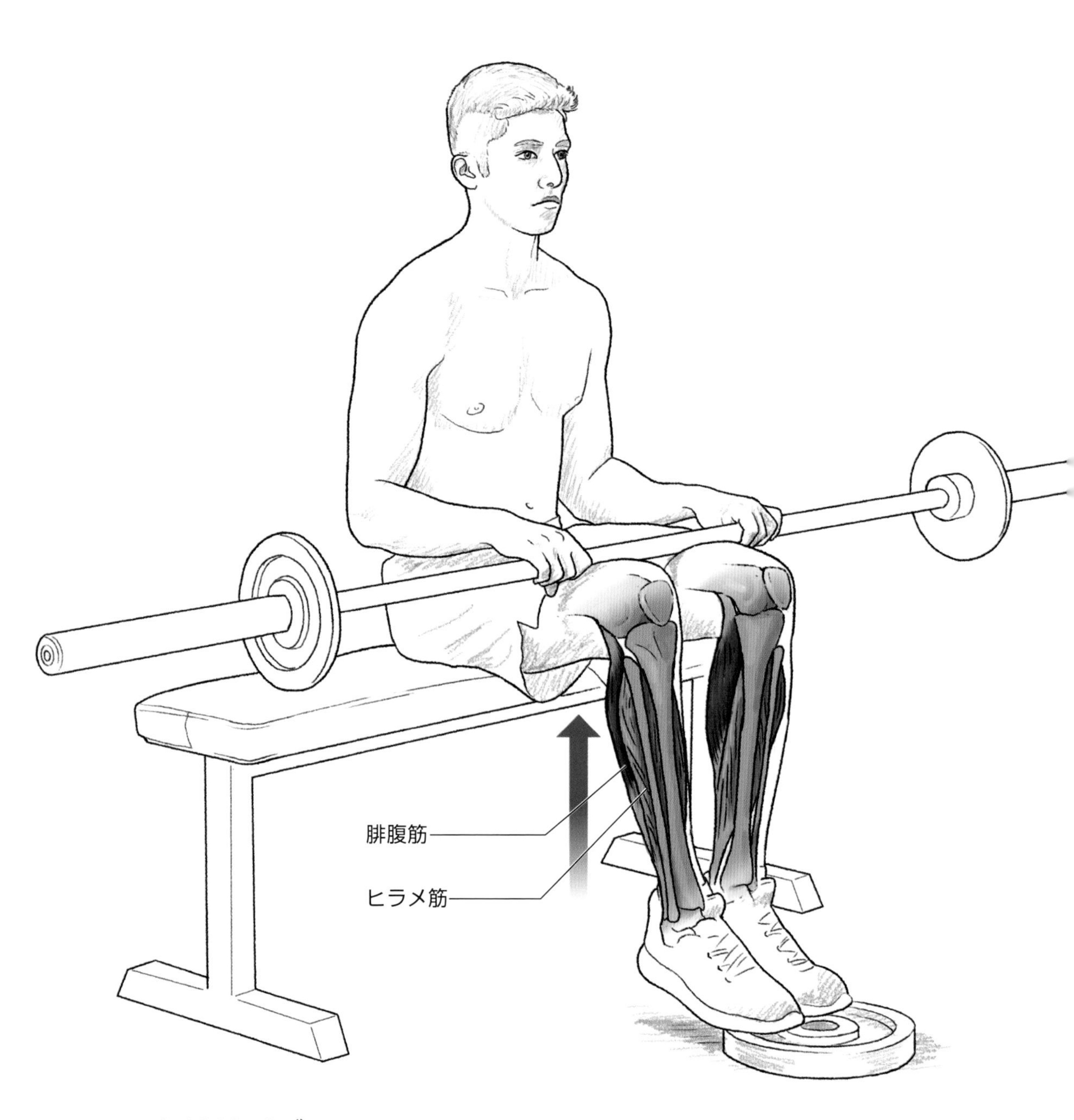

エクササイズ

1. 小さな土台もしくは木の板、ウエイトプレートをベンチの端から 12 ～ 15 インチ（30 ～ 38cm）の位置に置く。ベンチに座り、膝を 90 度に曲げ足の前の部分を土台もしくはプレートにつける。
2. バーベルを大腿の上に（膝から8～ 10㎝離して）乗せる。
3. 踵を上げてカーフ・レイズを行う。足首が完全に伸びることを意識する。完全に伸びたところでしばらく止め、踵を下ろす。

動員される筋肉

主動筋：腓腹筋（ひふくきん）

補助筋：ヒラメ筋

サイクリング・フォーカス

前のエクササイズで述べた通り、ふくらはぎはペダルストロークの際に最大パワーを発揮させる。このエクササイズは脚の下部を単独で鍛えるのに最適である。少しずつ重いウエイトに変えていこう。筋が発達するために十分な時間をかけるだけでなく、腱を強化するための時間をかける必要もある。アキレス腱の断裂やケガは悲惨だ。だからこそ、ジムでの進歩を急いではいけない。ちなみに、サイクリングはアキレス腱のケガの最適なリハビリになる。ペダルストロークの動作はスムーズで強い打撃も受けないことから、自転車走行はケガの後に体力をつけるためには最適な方法である。

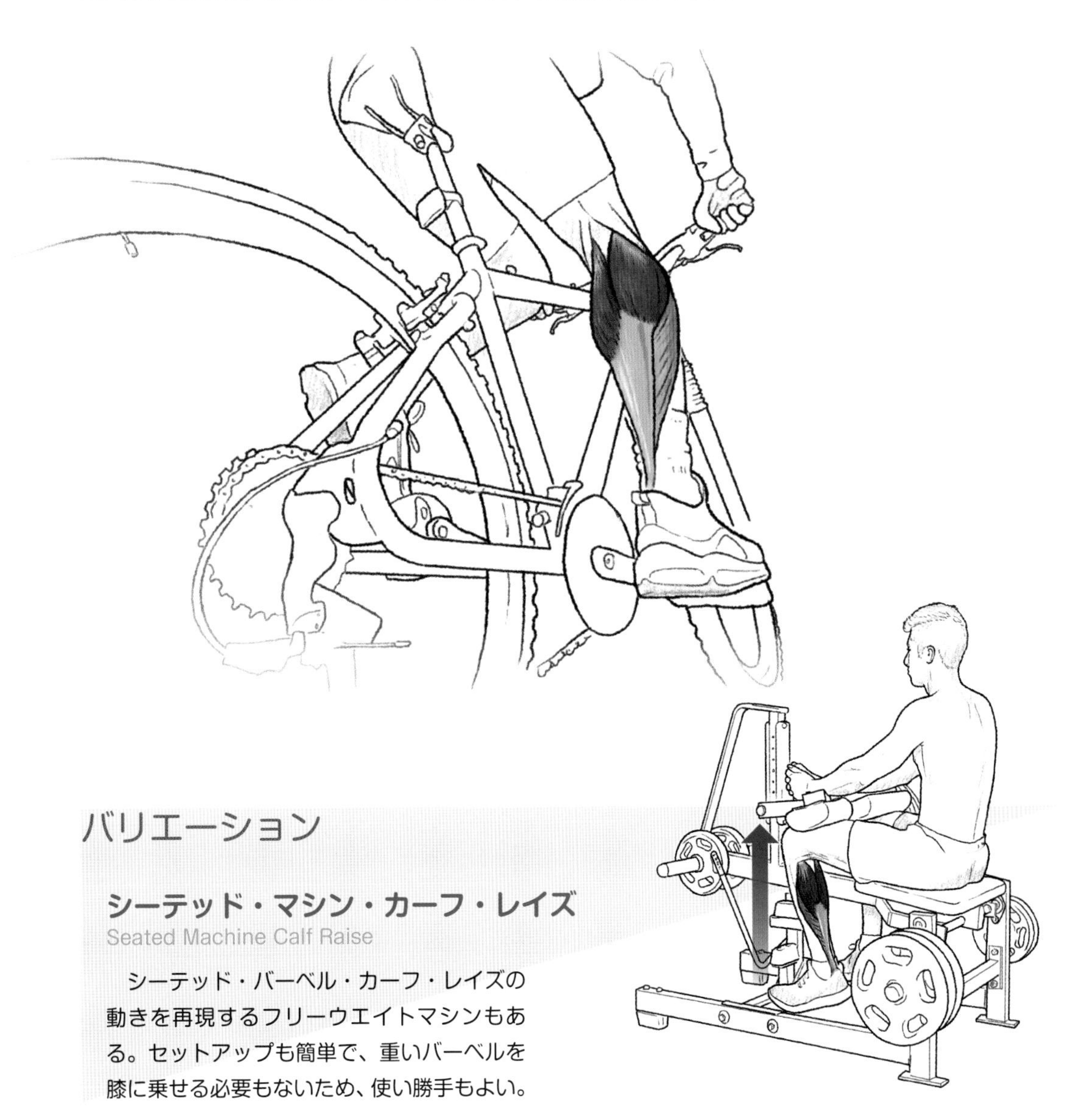

バリエーション

シーテッド・マシン・カーフ・レイズ

Seated Machine Calf Raise

シーテッド・バーベル・カーフ・レイズの動きを再現するフリーウエイトマシンもある。セットアップも簡単で、重いバーベルを膝に乗せる必要もないため、使い勝手もよい。

シーテッド・リバース・カーフ・プレス
SEATED REVERSE CALF PRESS

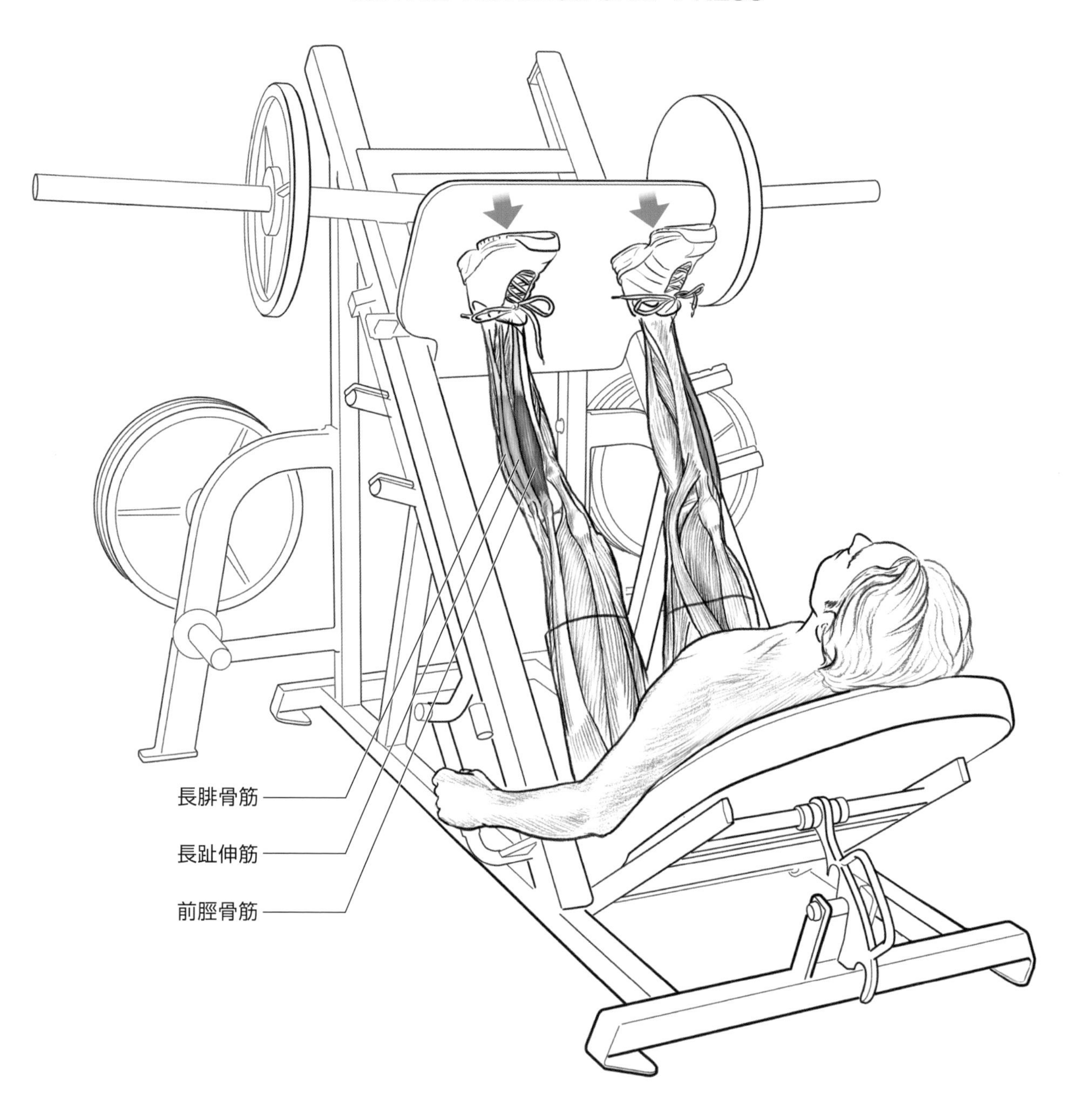

エクササイズ

1. 両足を肩幅に開き腰から前傾する。両膝はわずかに曲げ、腕は下ろす。手を肩幅に離し、バーベルを順手で握る。
2. ベントオーバーポジション（胴体が大腿と直角）のまま、バーベルを胸に向かって引き上げる。この際、曲げた肘が胸と並列するまで上げる。
3. バーベルを最初の位置に戻し、同じ動作を繰り返す。

動員される筋肉

主動筋：前脛骨筋（ぜんけいこつきん）
補助筋：長趾伸筋（ちょうししんきん）、長腓骨筋（ちょうひこつきん）

サイクリング・フォーカス

自転車競技者として成功するためには、効率が鍵となる。競技者の力や動きがすべて自転車を前に速く動かす力として働くことが理想である。残念ながら、自転車競技者の力のほとんどは、空気抵抗、暑さ、機材の問題、あるいはそのほかの要因で失われてしまう。よって、ほんの少しでもパワー出力が大きかったり、効率的な動きができたりすれば、大きな違いになってくる。ペダリング時には足は相対的に動かないようにする必要がある。下腿前部の筋もまた、腓腹筋とヒラメ筋のように足の固定に寄与している。これらの前部の筋は、ペダルストロークの後半部分であるペダルを引き上げる力にもなっている。シーテッド・リバース・カーフ・プレスはこれらの筋を部分強化し、ペダルストローク時にその役目を果たせるように鍛える。

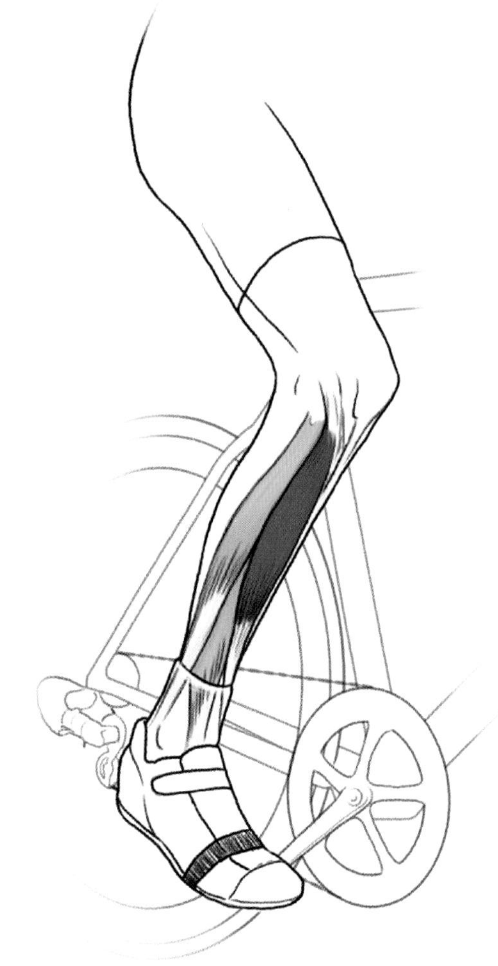

バリエーション

スタンディング・リバース・カーフ・プレス
Standing Reverse Calf Press

さまざまなマシンを使って下腿前部の筋を鍛えることができる。マシンを替えたくなければ、カーフ・レイズで用いた同じマシンを使ってこれらの筋を鍛えることができる。マシンに背を向けて外側を向き、プラットフォームの上で踵立ちする。つま先を上に向け、シーテッド・リバース・カーフ・プレスと同じ動きをする。

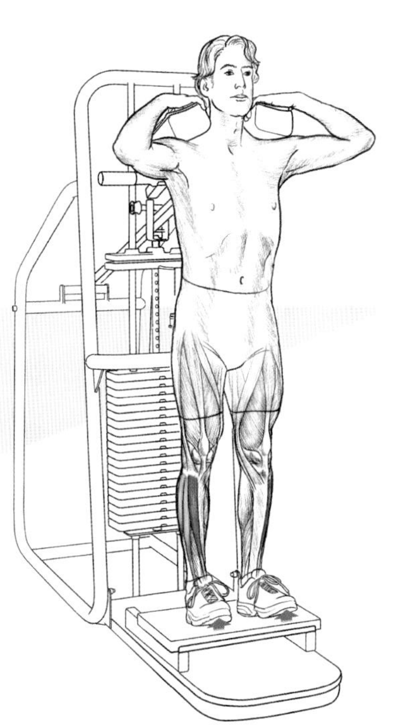

第 9 章

LEG COMPLETE POWER

脚の複合的パワー強化

サイクリングパワーを極めろ！ 脚、股関節、臀部は、すべての自転車競技者にとって駆動力であることは間違いない。ウエイトトレーニング・プログラムでは、これらの部位を重点的に鍛える必要がある。第８章までは、自転車競技者の最大パフォーマンスの鍵となるすべての筋におけるストレングス（筋力）とスタミナ（持久力）の向上に焦点を絞って紹介してきた。第９章、第10章では、完全なる下肢を目指しこの基盤の上に爆発的なサイクリングパワーを構築していくことに照準を合わせていく。

ジムでも自転車に乗っていても、動きの効率性について考えるべきである。理想的なのは、発揮した力のすべてがスピードとパフォーマンスの向上に直結することである。

この本で紹介されているエクササイズはペダル回転のすべての局面におけるコンディショニングに役立つ。ペダリング中は常に力を加えることによって、最も効率よく安定した走りとなる。

ペダルストローク時の脚の動きを思い浮かべてみよう。クランクの各角度に応じて、多くの脚の筋が最適なパワーを供給するために強調して活動する（**図9-1**参照）。この見事に効率的な協調があるからこそ、自転車はかくも素晴らしい移動手段なのである。

この章で紹介するエクササイズを行う時には、瞬発力の向上を意識しよう。「サイクリング・フォーカス」を読み、イメージしながら各々のエクササイズを行ってみよう。エクササイズの多くは、実際に自転車に乗った時にすぐにその効果を実感できるので、ウエイトトレーニング・プログラムの要となるだろう。グレッグ・レモンの言葉を借りるならば、「楽になることなどない、ただ速くなるだけだ」。

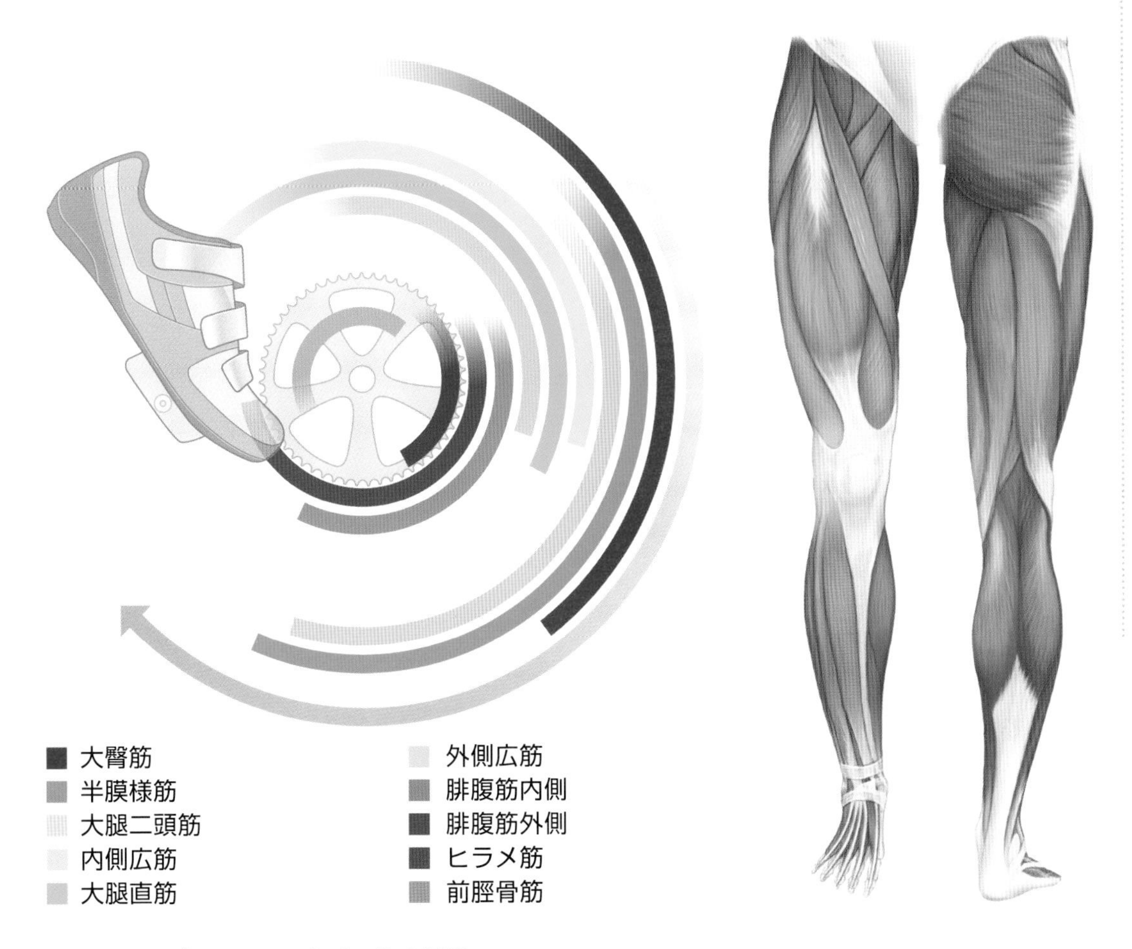

図9-1　ペダルストローク時の筋の活動

ウォームアップとストレッチング

この章で紹介するエクササイズでは、複数の筋群を動員することを目的としているので重いウエイトを用いる。やりすぎて身体を痛めないように気をつけよう。トレーニング間には十分な休息時間を設け、エクササイズ中に関節、背部、筋の痛みや不快感を覚えたらすぐに中止しよう。これらの複合的パワーのエクササイズの前には、ウォームアップは不可欠である。短時間のランニングやエクササイズバイク、ロウイングマシンなどでウォームアップに10～15分かけよう。トレーニング開始前に、ここに紹介されているいくつかのエクササイズの動きを軽めのウエイトかウエイトなしで行うこともおすすめする。

バーベル・スクワット

BARBELL SQUAT

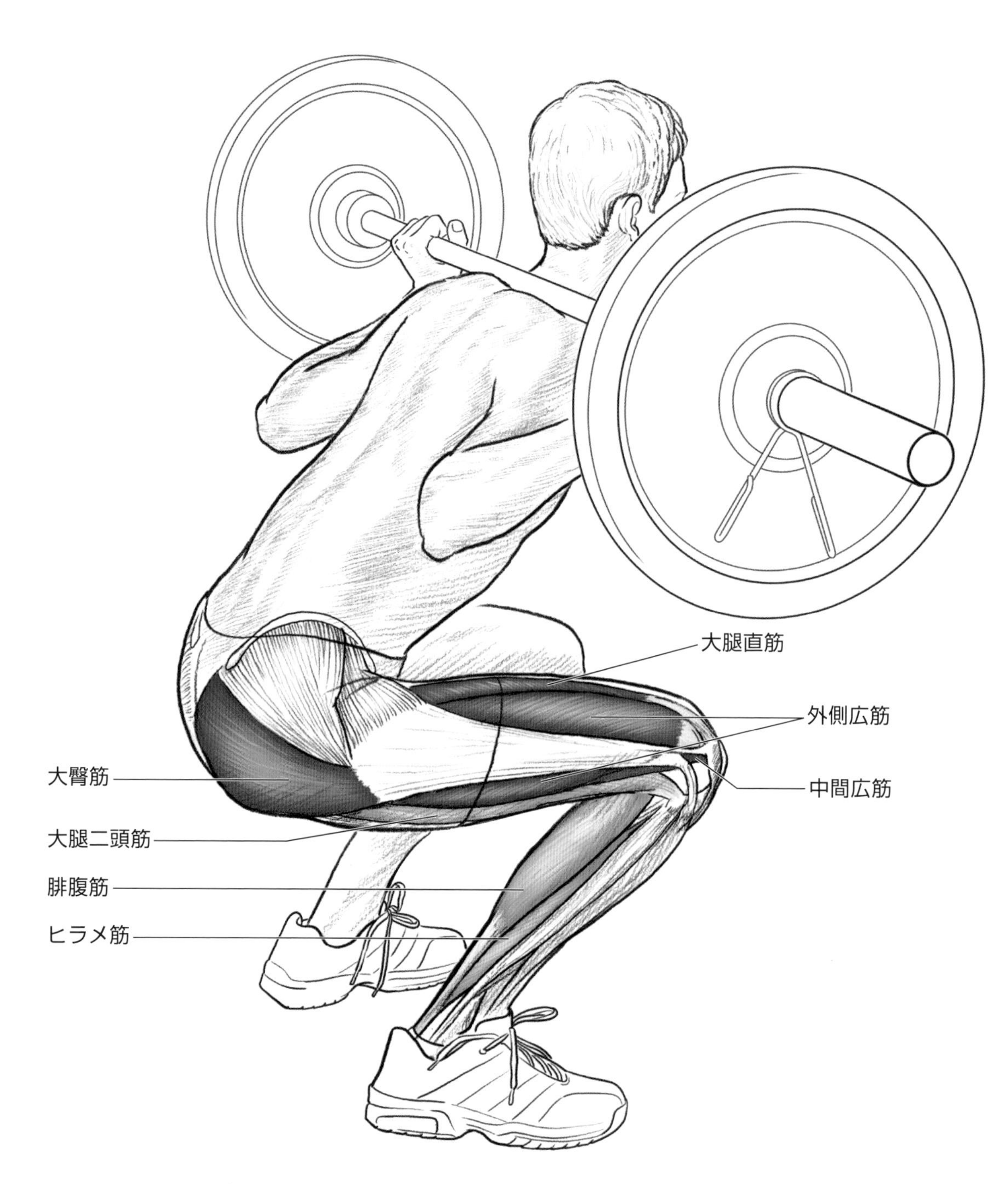

エクササイズ

1. ペダリングをする時よりやや広い足幅で立ち、バーを両肩に担ぐ。
2. 背中を真っすぐに保ちながら、大腿が床と平行になるまで膝を曲げる。
3. ゆっくりと膝を伸ばし、スタートポジションに戻る。

安全に行うために

脚と臀筋は非常にパワフルであるため、バーベル・スクワットでは重いウエイトを挙上することができる。正しいフォームは下背部の損傷を予防する。エクササイズ中は脊柱を真っすぐに保ち、顔を上げる。

動員される筋肉

主動筋：大臀筋、大腿四頭筋（大腿直筋、外側広筋、内側広筋、中間広筋）

補助筋：脊柱起立筋（腸肋筋、最長筋、棘筋）、ハムストリング（半腱様筋、半膜様筋、大腿二頭筋）、腓腹筋、ヒラメ筋、薄筋、股関節内転筋群（短内転筋、長内転筋、大内転筋）、恥骨筋

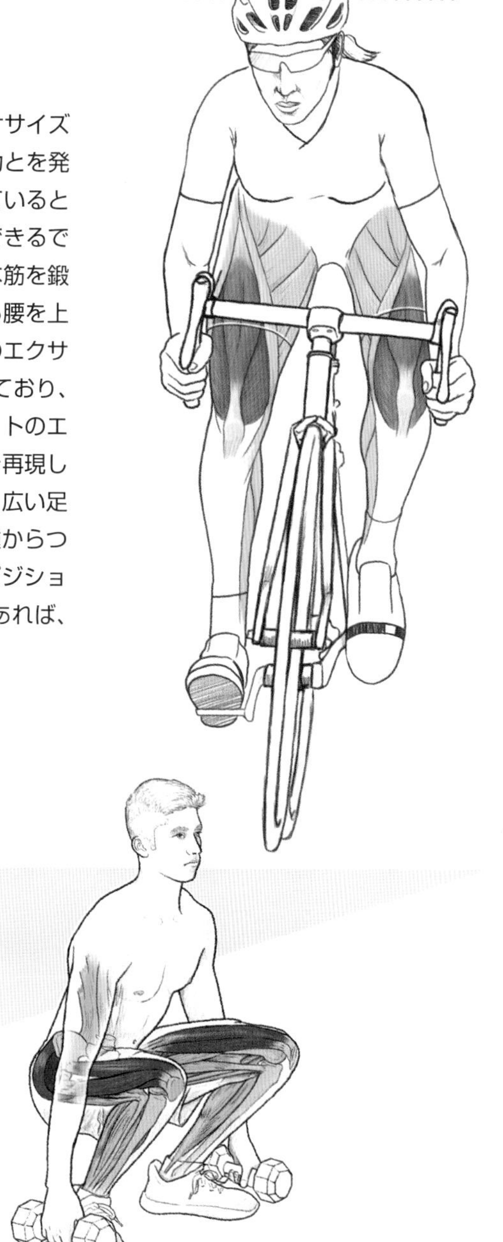

サイクリング・フォーカス

バーベル・スクワットは基礎的な自転車競技用エクササイズである。ペダルストロークの駆動に必要なパワーと筋力とを発達させる。坂を上っているときや、平地でスパートしているときに、このエクササイズから得たパワーと筋力を実感できるであろう。バーベル・スクワットは、下肢と背部の主要な筋を鍛える。バーベルを持ち上げる時に、自転車のサドルから腰を上げて坂を上る自分の姿を想像してみよう。スクワットのエクササイズはペダリングの下方向へのストロークを再現しており、この局面でパワーの大部分を生み出している。スクワットのエクササイズでは、ペダルに足を置いているポジションを再現した足幅で立つ。ペダリングの時よりも、ほんのわずかに広い足幅（Qファクターとして知られている）が望ましい。踵からつま先までのラインもまた、自転車に乗った時の自然なポジションにする。例えば、踏み込み時にやや内股気味なのであれば、エクササイズでも同じような足幅をとる。

バリエーション

ダンベル・スクワット
Dumbbell Squat

通常のバーベル・スクワットと混合させて、ダンベル・スクワットを行うこともできる。ダンベルを使ったエクササイズでは少し違う感覚を覚えるであろう。さらに、握力を強化するという利点も加わる。

フロント・スクワット

FRONT SQUAT

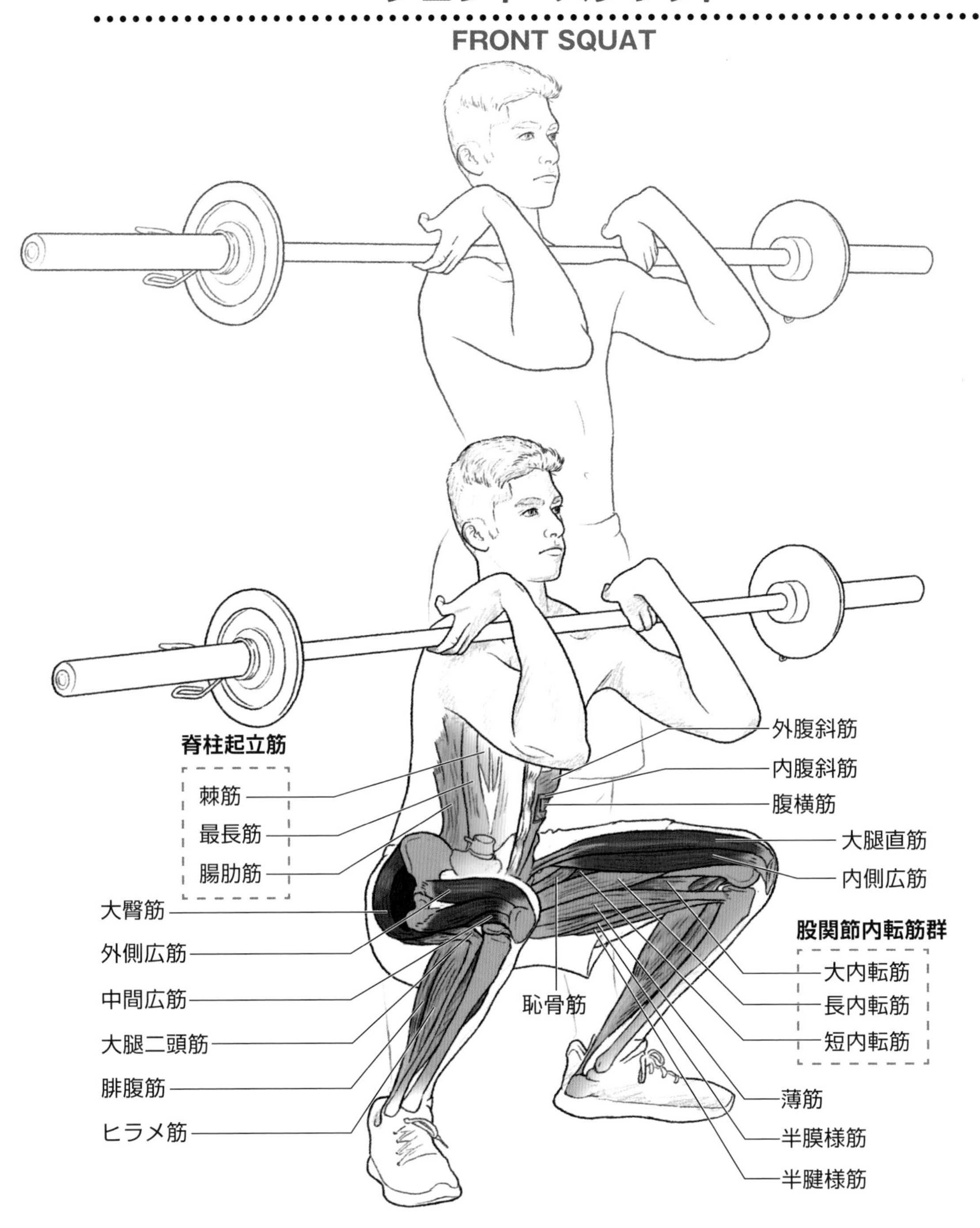

エクササイズ

1. 足を肩幅に広げて立つ。手のひらを上に向けてバーを握り、胸の高い位置にあてる。肘は前に垂直に保つ。
2. 股関節を後ろに突き出し、大腿が床と平行になるまで膝を曲げる。膝を外側に押し出すように意識する。
3. スタートポジションに戻る。

安全に行うために

前方向のスクワットは通常のスクワットの時より軽いウエイトで行うとよい。

動員される筋肉

主動筋：大臀筋、大腿四頭筋（大腿直筋、外側広筋、内側広筋、中間広筋）

補助筋：脊柱起立筋（腸肋筋、最長筋、棘筋）、ハムストリング（半腱様筋、半膜様筋、大腿二頭筋）、腓腹筋、ヒラメ筋、薄筋、股関節内転筋群（短内転筋、長内転筋、大内転筋）、恥骨筋、外腹斜筋、内腹斜筋、腹横筋

サイクリング・フォーカス

このエクササイズは、サイクリングパワーを全般的に向上させながら大腿四頭筋を重点的に鍛える。スプリントや傾斜の急な登坂に必要な爆発的な筋を強化するのに理想的なエクササイズである。体幹を引き締め、固定させることに集中しよう。バーが身体の前にあるからといって前傾してはいけない。防止策として、フロント・スクワットする時に小さいブロックを踵の下に入れるといいかもしれない。

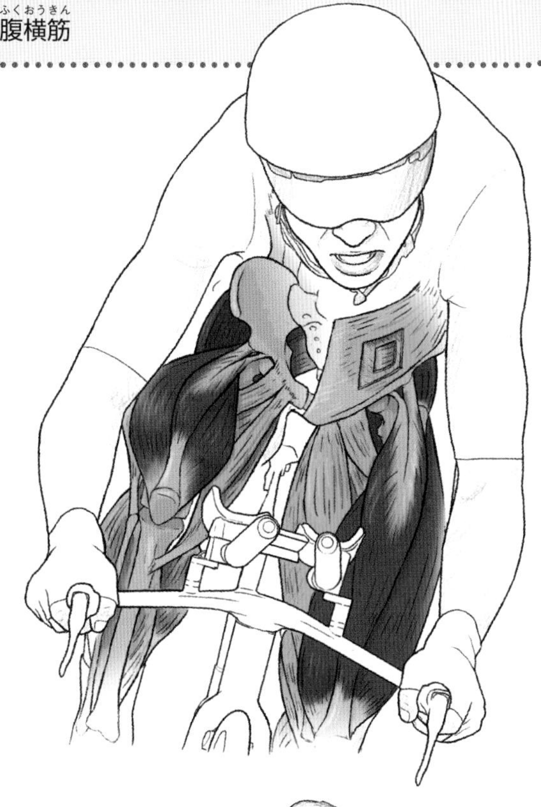

バリエーション

ケトルベル・フロント・スクワット

Kettlebell Front Squat

胸の前でケトルベルを持ち、同じポジションでスタートする。前方向のスクワットは、上記のエクササイズと同じ方法で行う。

ハック・スクワット

HACK SQUAT

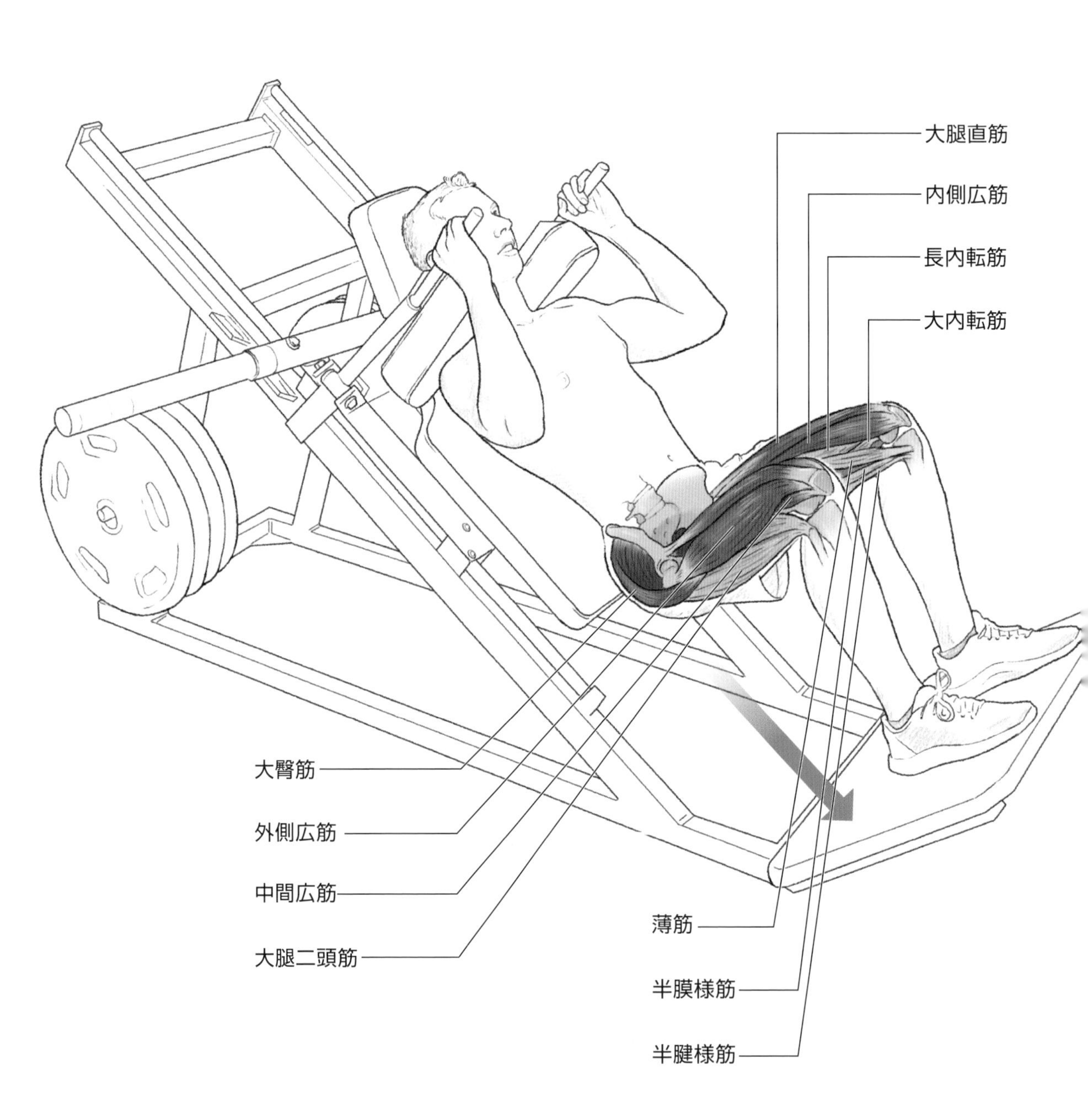

エクササイズ

1. ハックマシンの背もたれに背中を平らになるようにあずけ、パッドの下に肩がくるようにする。
2. 背中を平らにしたまま、スクワットの動きで膝が９０度に曲がるところまでウエイトをゆっくりと下ろしていく。
3. スタートポジションに戻る。

動員される筋肉

主動筋：大腿四頭筋（大腿直筋、外側広筋、内側広筋、中間広筋）、大臀筋
補助筋：ハムストリング（半腱様筋、半膜様筋、大腿二頭筋）、薄筋、股関節内転筋群（短内転筋、長内転筋、大内転筋）、恥骨筋

サイクリング・フォーカス

このエクササイズは、ペダルを回転させる強いピストンを発達させるだけではなく、腹筋、背筋、下肢のスタビライザー（安定化筋）をも鍛える。疲れてくるとフォームが崩れ出し、効率も悪くなる。ハック・スクワットは、重いウエイトを挙げながらも適切なフォームを保つのに役立つ。さらに、大半のハック・スクワット・マシンには下方向の動作に制限をかける「キャッチバー」が付いているため、安全でもある。

ボックス・スクワット（サージ）

BOX SQUAT(SURGE)

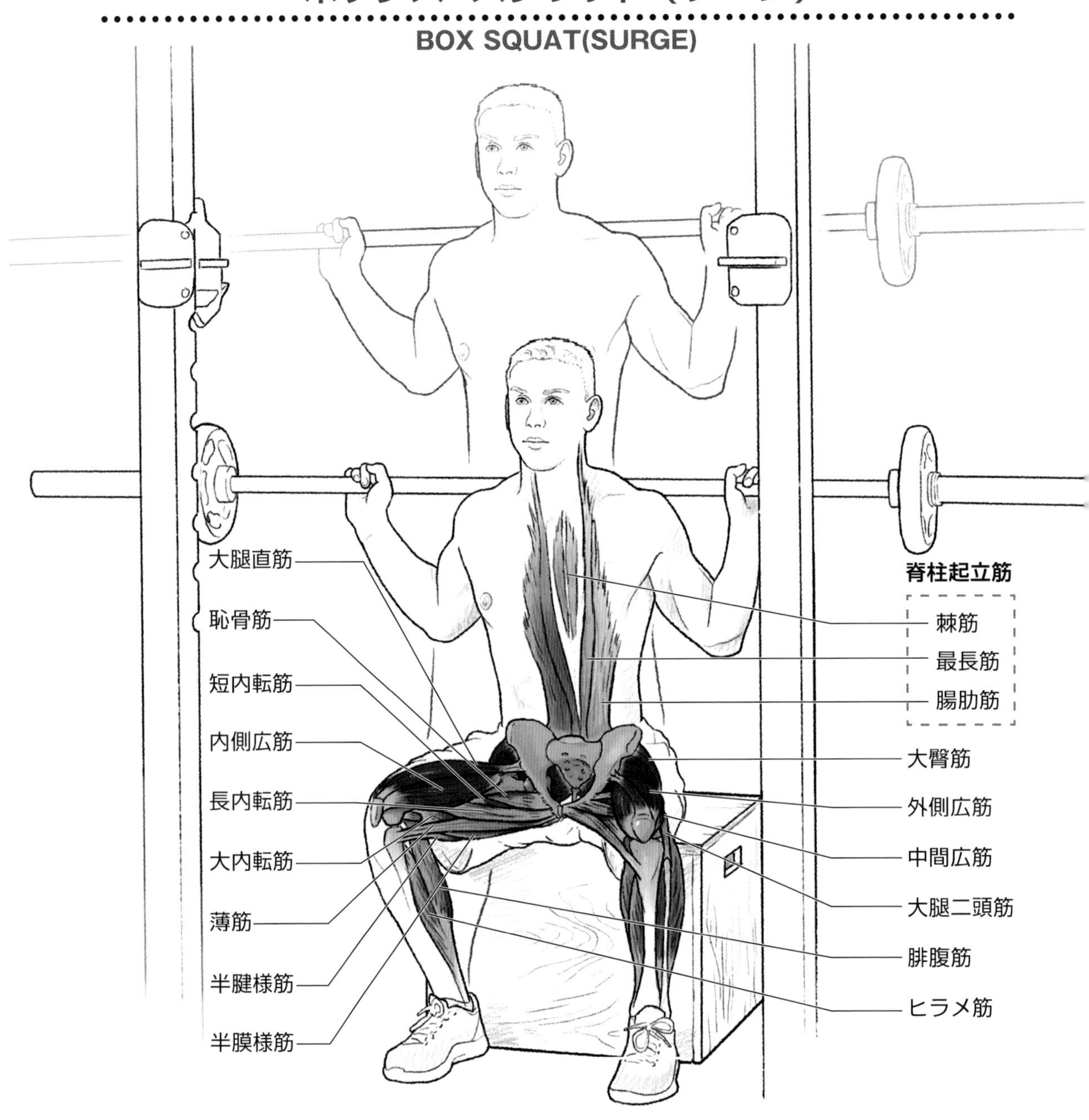

エクササイズ

1. ペダリングをする時よりやや広い足幅で立ち、両肩にバーベルを担ぐ。ボックスあるいはベンチの前に立つ。
2. ボックスに座るまで膝を曲げる(座った状態で膝は90度あるいはややそれ以上に曲がっていること)。脚の筋をリラックスさせる。
3. 「デッドスタート」（静止状態）から、ゆっくりと膝を伸ばし、スタートポジションに戻る。

安全に行うために

ボックスに座ったら、スムーズな動きで立ち上がる。ガクガクしたり、突然動いたりすると背部や膝を損傷しかねない。

動員される筋肉

主動筋：大臀筋、大腿四頭筋（大腿直筋、外側広筋、内側広筋、中間広筋）

補助筋：脊柱起立筋（腸肋筋、最長筋、棘筋）、ハムストリング（半腱様筋、半膜様筋、大腿二頭筋）、腓腹筋、ヒラメ筋、薄筋、股関節内転筋群（短内転筋、長内転筋、大内転筋）、恥骨筋

サイクリング・フォーカス

このエクササイズは瞬発力そのものを発達させ、ペダリングのダウンストローク時（下方向へ）の強い踏み込みを可能にする。この種のパワーは坂でアタックをかけたり、ほかの選手の突然の素早いスパートに反応したりする時に適している。ゴール直前に自分ともう１人の選手しかいないと想像してみよう。タイミングよく、最も力強い加速をした選手の方が、フィニッシュラインで高々と腕を上げて勝利を宣言できるであろう。このエクササイズでは、ボックスに座った時に筋が解放される。しっかりと座り、脚の筋をリラックスさせなければならない。完全にリラックスさせた状態からウエイトを持ち上げることが望ましい。こうすることにより、従来のスクワットで起こりがちな「反発」や「反動」などの「有利な要因」を排除し、最も弱い（リラックスした）部分から最大パワーを発達させることができる。

ブルガリアン・スプリットレッグ・スクワット

BULGARIAN SPLIT-LEG SQUAT

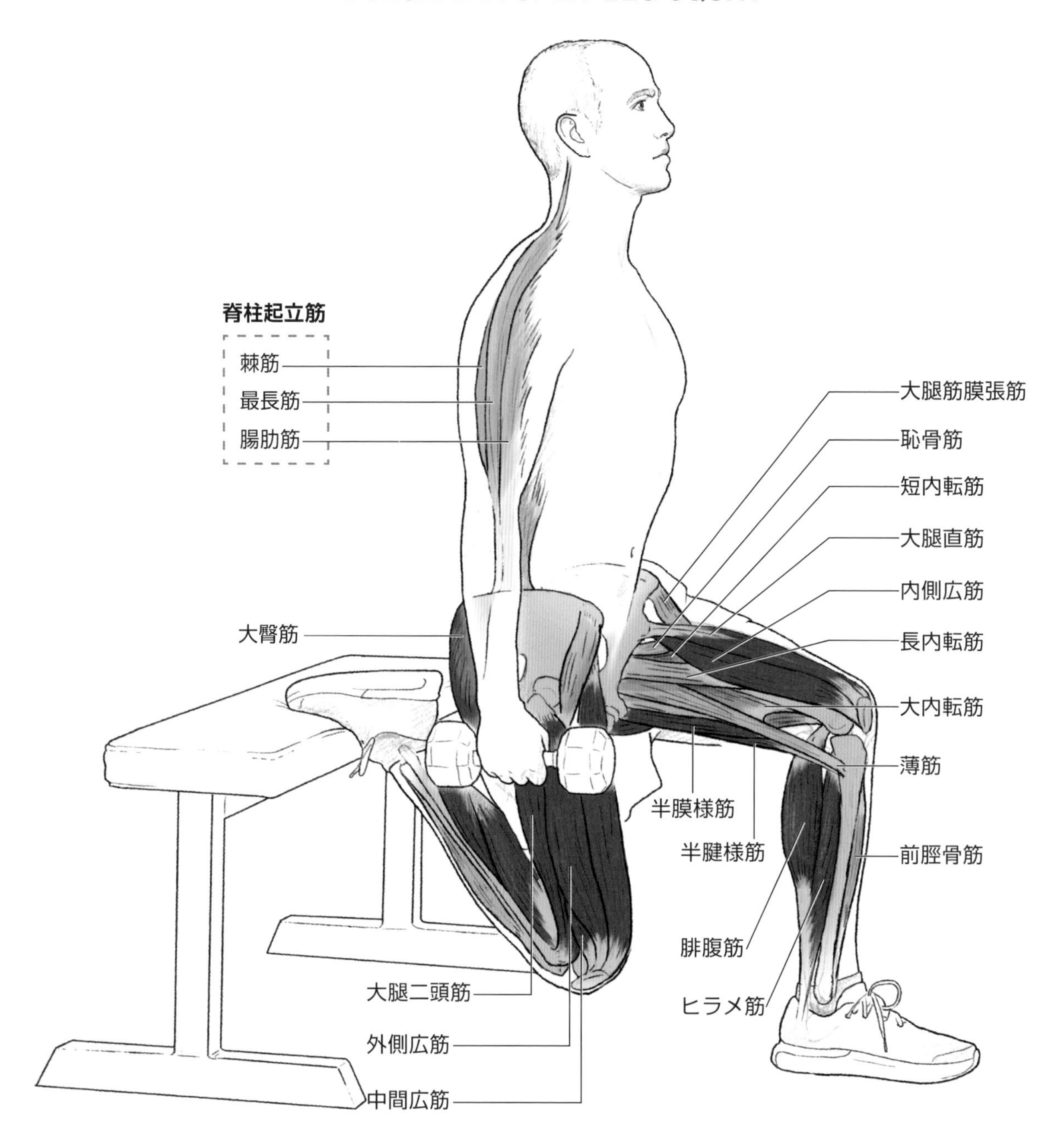

エクササイズ

1. ダンベルをそれぞれの手に持って立ち、片方の膝を曲げ、曲げた足の先をベンチに乗せる。肩幅に足を広げ、前の足先が前方を向くようにする。
2. 後ろ足の膝を床に向かってゆっくりと曲げる（床につけない）。一番深く曲げたところで前に出している脚の膝の角度が 90 度になるのが良い。
3. スタートポジションに戻る。1 セット終わったら脚を替えて行う。

安全に行うために

脚と臀筋は非常にパワフルであるため、バーベル・スクワットでは重いウエイトを挙上することができる。正しいフォームは下背部の損傷を予防する。エクササイズ中は脊柱を真っすぐに保ち、顔を上げる。

動員される筋肉

主動筋：大臀筋、大腿四頭筋（大腿直筋、外側広筋、内側広筋、中間広筋）、ハムストリング（半腱様筋、半膜様筋、大腿二頭筋）、腓腹筋、ヒラメ筋

補助筋：脊柱起立筋（腸肋筋、最長筋、棘筋）、前脛骨筋、大腿筋膜張筋、薄筋、股関節内転筋群（短内転筋、長内転筋、大内転筋）、恥骨筋

サイクリング・フォーカス

急斜面を上っている時に、ほかの選手のアタックに反応して加速することを想像してみよう。その挑戦に立ち向かうには、全ペダルストロークを最大限に活用しなければならない。ブルガリアン・スプリットレッグ・スクワットは、パワフルな大腿四頭筋を発達させ、ペダルストロークの上からの強烈なキックを可能にする。これは左右の脚を別々に鍛えることができるので、自転車競技者にとって重要なエクササイズである。気づかないうちに片方の脚がもう一方の脚よりも過度に強くなっている場合がある。両脚を同時に鍛えるエクササイズではその差はわからない。スプリットレッグ・スクワットをすると、左右の脚の力の不均衡に気づくことができ、トレーニングを通して調整することができる。

バリエーション

バランスボールを使ったブルガリアン・スプリットレッグ・スクワット

Bulgarian Split-Leg Squat With Stability Ball

より不安定にさせるために、ベンチの代わりにバランスボールを使うと良い。こうすることによって補助筋や体幹を使わなくてはいけなくなる。安定性を失う分、ウエイトを軽くしてもよい。

バーベルを使ったブルガリアン・スプリットレッグ・スクワット

Bulgarian Split-Leg Squat With Barbell

ダンベルの代わりにバーベルを用いてもよい。ケトルベルでも代用できる。

レッグ・プレス

LEG PRESS

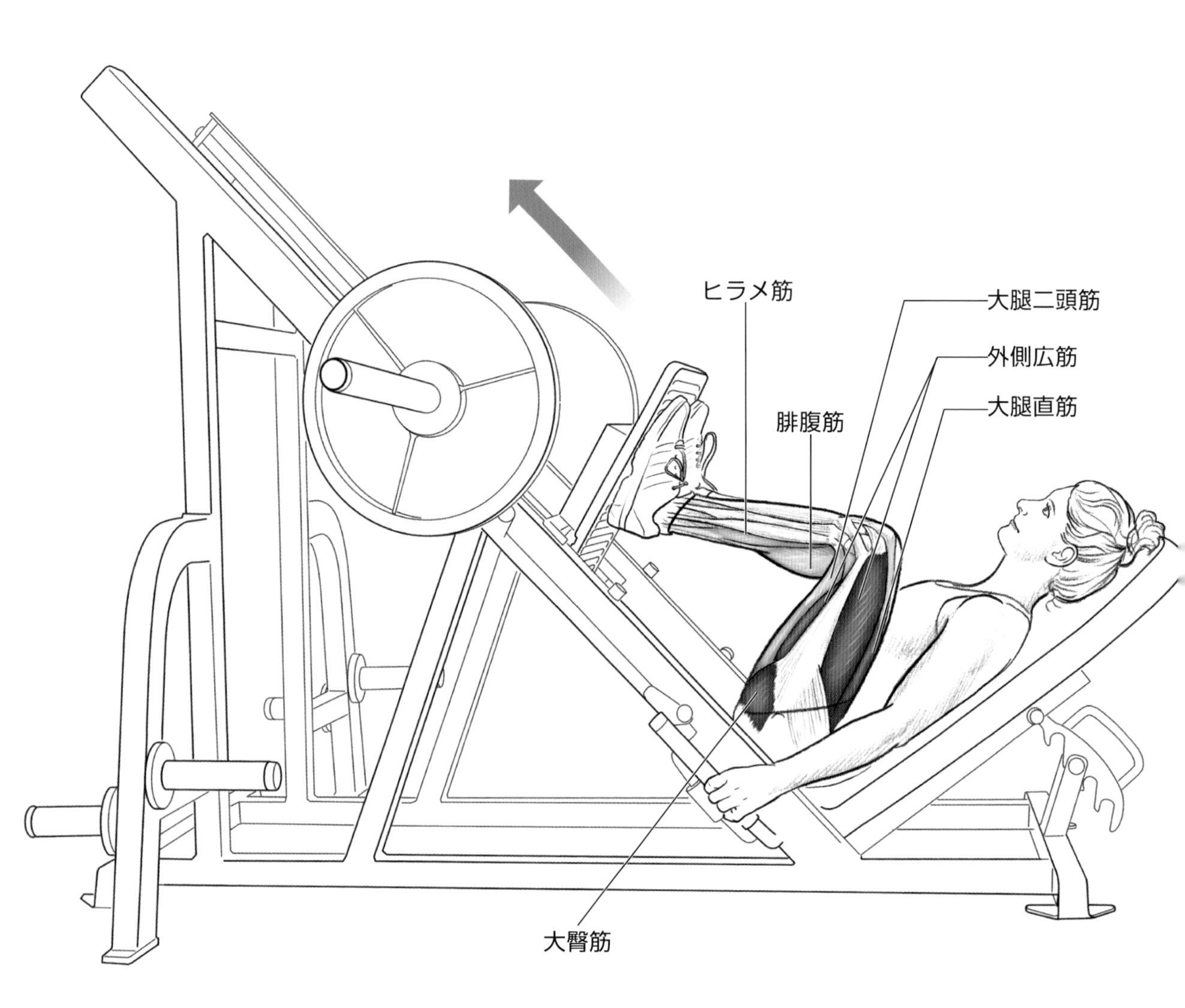

エクササイズ

1. シートに座り、足は肩幅に広げ、背中はパッドに平らに乗せる。
2. 膝が 90 度に曲がるまでゆっくりとウエイトを下ろす。
3. 脚を伸ばし、ウエイトをスタートポジションまで戻す。膝をロックしてはいけない。

動員される筋肉

主動筋：大臀筋、大腿四頭筋（大腿直筋、外側広筋、内側広筋、中間広筋）

補助筋：脊柱起立筋（腸肋筋、最長筋、棘筋）、
ハムストリング（半腱様筋、半膜様筋、大腿二頭筋）、腓腹筋、ヒラメ筋、薄筋、
股関節内転筋群（短内転筋、長内転筋、大内転筋）、恥骨筋

サイクリング・フォーカス

これは自転車競技者にとって基本となるエクササイズである。レッグ・プレス・マシンは上方向への突き上げに効果があり、爆発的なサイクリングパワーを発達させることができる。マシンで背部がしっかりとサポートされているため、スクワットポジションからの加速によってケガをすることはない。足のポジションを変えることにより、下肢の異なる筋を鍛えることができる。足をフットプレートの高い位置に置くことにより、大臀筋とハムストリングを鍛えることができる。足を低い位置に置けば、大腿四頭筋を鍛えることになる。両足の幅を変えることにより、さまざまな筋を鍛えることができる。足幅が広ければ、特に内側広筋（大腿四頭筋の内側）、縫工筋、股関節内転筋群を鍛えることができる。足幅が狭ければ、外側広筋（大腿四頭筋の外側）と股関節外転筋群への作用が高まる。

ステップアップ

STEP-UP

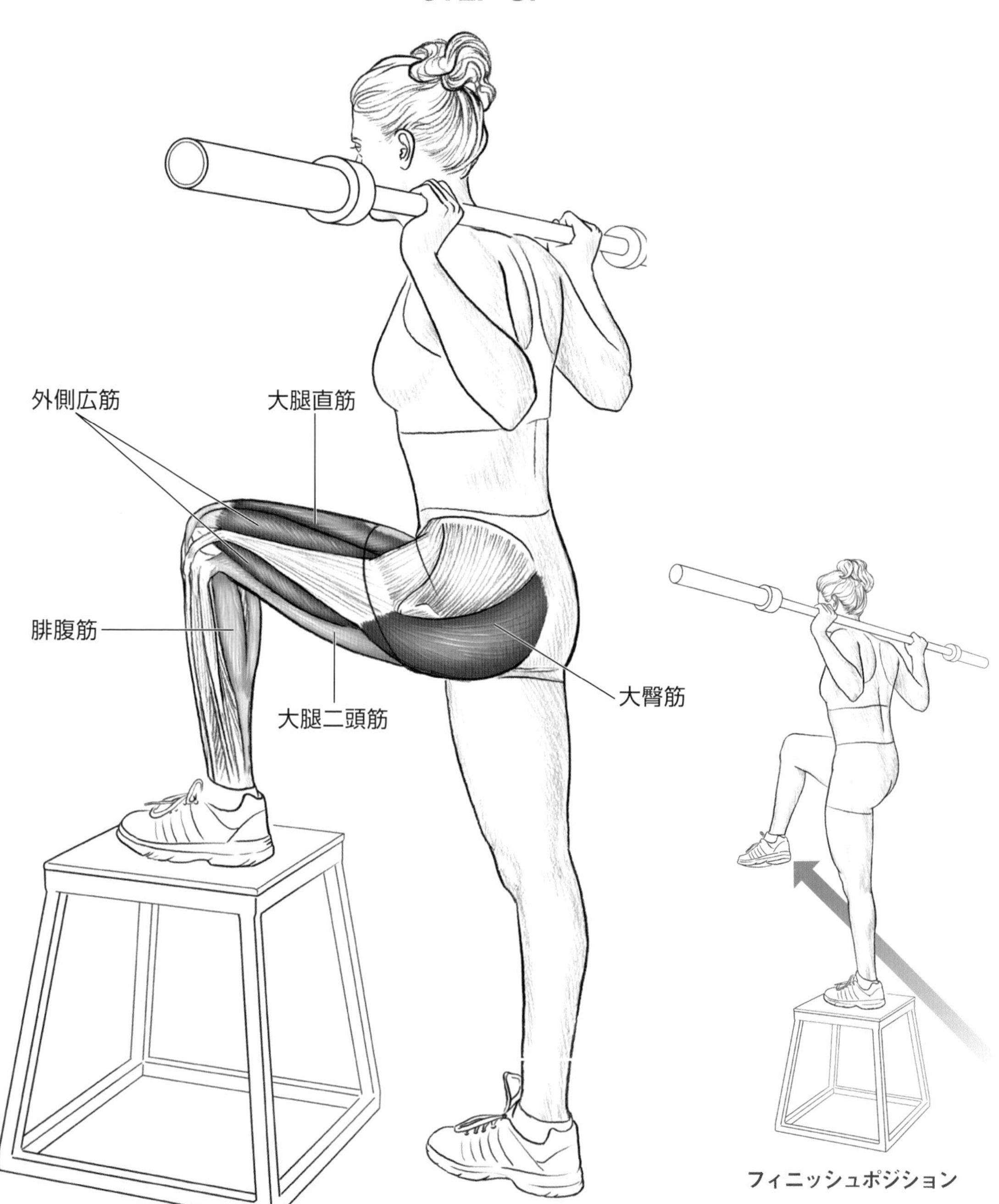

エクササイズ

1. 16～18インチ（41～46cm）のボックスの前に立ち、肩にバーベルを担ぐ。
2. 左脚でボックスの上にステップアップする。左脚が真っすぐに、右脚が床と平行になるまで、右脚を引き上げる（右脚はボックスには触らない）。
3. 右脚からボックスをステップダウンし、左脚をそろえる。1セット終了したら、脚を替えて繰り返す。

動員される筋肉

主動筋：大臀筋、大腿四頭筋（大腿直筋、外側広筋、内側広筋、中間広筋）
補助筋：脊柱起立筋(腸肋筋、最長筋、棘筋)、
ハムストリング（半腱様筋、半膜様筋、大腿二頭筋）、腓腹筋、ヒラメ筋、薄筋、
股関節内転筋群（短内転筋、長内転筋、大内転筋）、恥骨筋

サイクリング・フォーカス

クライミングの能力はすべての自転車競技者にとっての基本である。ジムでこのエクササイズを行う時、長い上り坂でメイン集団にアタックをかけている場面を想像してみよう。エクササイズ中の力強いステップアップは、力強いペダリングのダウンストローク（踏み込み動作）を再現している。ステップアップする時に身体をコントロールすることは、主要な筋力を強化し、背筋、腹筋、脚の補助筋群をコンディショニングすることにもなる。登坂で、サドルから立ち上がっていても座っていても、大臀筋と大腿四頭筋の伸展は自転車にパワーを伝達する大きな役割を担っている。ステップアップのエクササイズをすることにより、クライミング能力が大きく向上するであろう。

バリエーション

サイド・ステップアップ
Side Step-Up

同じエクササイズを横方向で行うことができる（少し低めのボックスが必要になることもある）。ボックスの左側に立ち、背中を真っすぐにしたまま右脚でステップアップする。左腿が床と平行になるまで左脚を持ち上げる。左脚を床に戻す。

ランジ
LUNGE

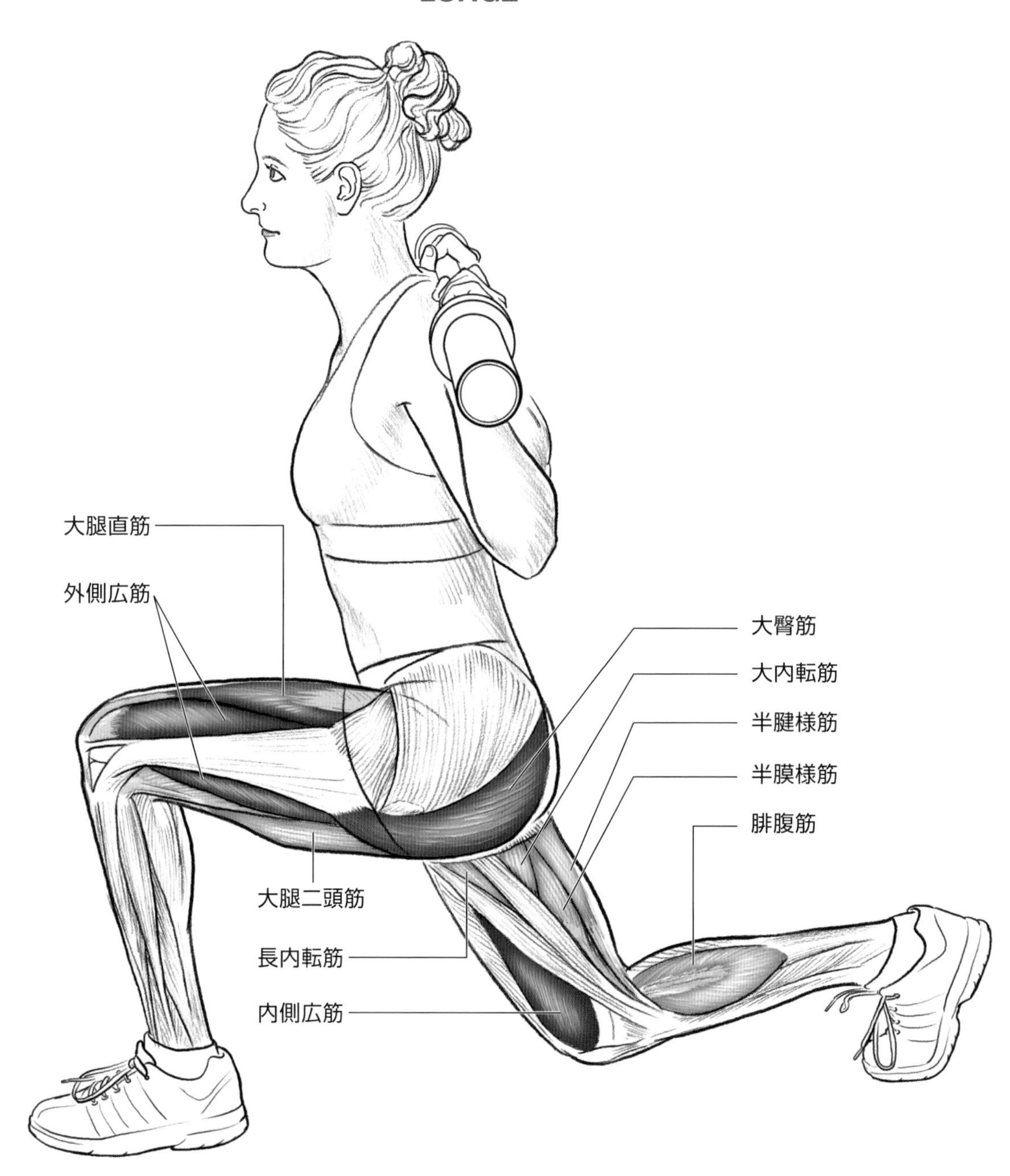

エクササイズ

1. 足を肩幅に広げて立ち、肩にバーベルを担ぐ。
2. 背中を真っすぐにし、顔を上げ、片足を1歩前に出す。前に出した脚の膝は 90 度に曲げ、大腿は床と平行にする。ケガ防止のため、膝はつま先より前に出してはいけない。後ろの脚の膝は床からやや浮かせる。
3. 前に出した足を1歩引き、スタートポジションに戻る。脚を替えてこのエクササイズを繰り返す。

安全に行うために

顔を上げるように注意する。そうすれば脊柱は真っすぐに保たれ、背部損傷を避けることができる。

動員される筋肉

主動筋：大臀筋、大腿四頭筋（大腿直筋、外側広筋、内側広筋、中間広筋）

補助筋：脊柱起立筋（腸肋筋、最長筋、棘筋）、
ハムストリング（半腱様筋、半膜様筋、大腿二頭筋）、腓腹筋、ヒラメ筋、薄筋、
股関節内転筋群（短内転筋、長内転筋、大内転筋）、恥骨筋

サイクリング・フォーカス

プロサイクリストが身体を縮めたエアロポジションで疾走していくのを見ると、ケーデンスを叩き出す脚の脚筋そのもののパワーに気づくであろう。その同じパワーをランジで得ることができる。このエクササイズはダウンストローク（踏み込み）時だけでなく、アップストローク（引き上げ）時のパワーを向上させ、スムーズなペダリングを可能にする。プロサイクリストのほとんどは、このエクササイズの重要性を認識しており、トレーニングプログラムに組み込んでいる。このトレーニングのつけは翌日に出現するので、ジムでのやりすぎに注意が必要である。疲労とともに前傾姿勢になりがちなので、エクササイズ中は常に背中を真っすぐに維持することを意識する。

バリエーション

サイド・ランジ

Side Lunge

サイド・ランジは脚の動き全体を強化する。この横方向の動きを鍛えることにより、膝関節を安定させ、ケガを防ぐ。

ノート

ランジ、サイド・ランジの両方で、バーベルをダンベルに置き替えることもできる。

プラットフォーム・ジャンプ

PLATFORM JUMP

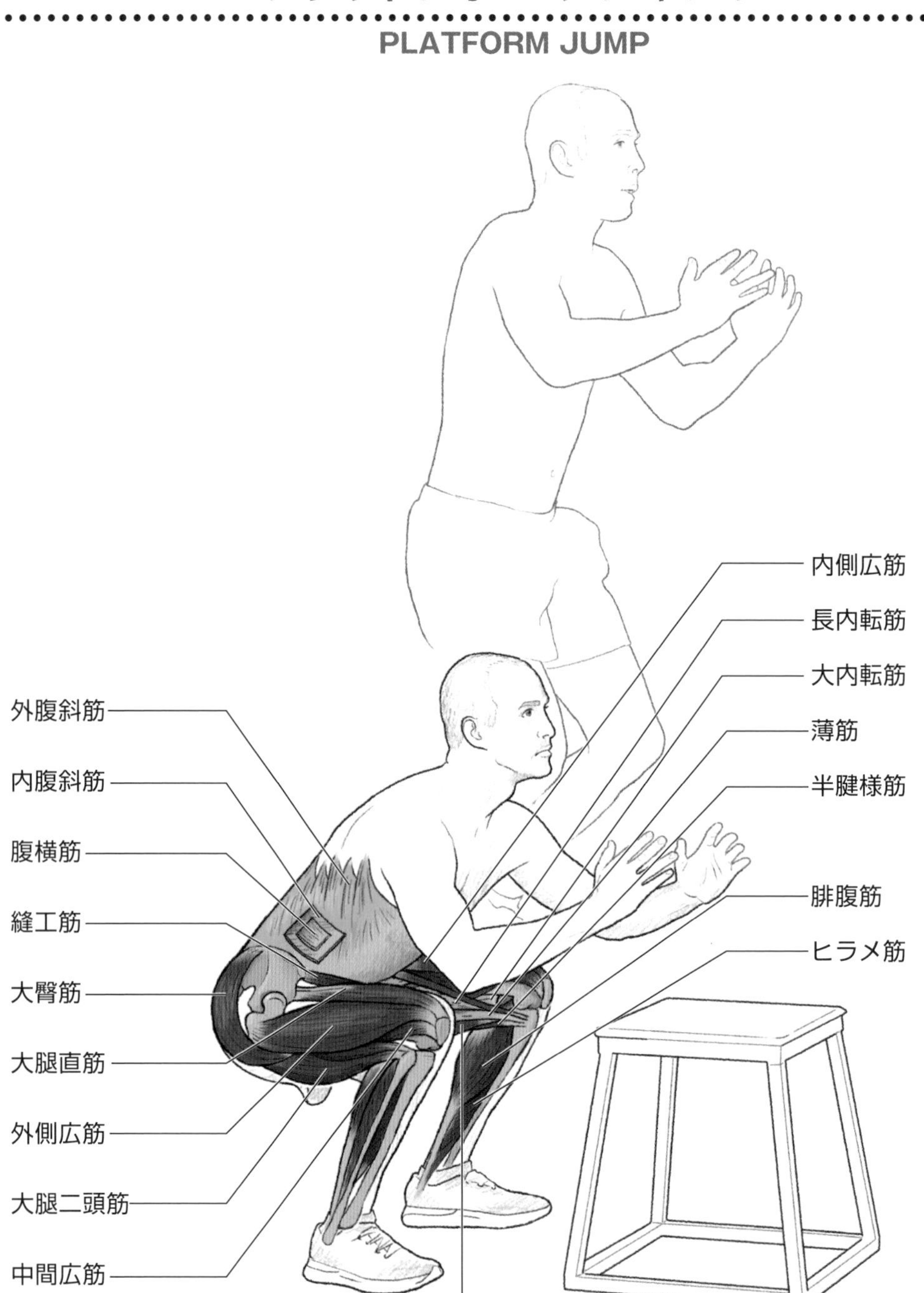

エクササイズ

1. プラットフォーム（台）を1つ選び、身体の前に置く。膝の高さのプラットフォームで始めるとよい。爆発的パワーが向上してきたら徐々に高さを上げていく。
2. 足を肩幅よりもわずかに広いスタンスで深いスクワットをする。

3. 腕を上方向に大きく振ってパワフルにジャンプし、プラットフォームの上に上がる。
4. 動作を終えたらプラットフォームの上に立つ。
5. 後方にジャンプしてプラットフォームから下り、スタートポジションに戻る。繰り返す。

動員される筋肉

主動筋：大臀筋、大腿四頭筋（大腿直筋、外側広筋、内側広筋、中間広筋）、ハムストリング（半腱様筋、半膜様筋、大腿二頭筋）、縫工筋、腸腰筋、腓腹筋、ヒラメ筋

補助筋：外腹斜筋、内腹斜筋、腹横筋、薄筋、股関節内転筋群（短内転筋、長内転筋、大内転筋）、恥骨筋

サイクリング・フォーカス

このエクササイズは、爆発的なサイクリングパワーを養うものである。多くのプロサイクリストはこの簡単なエクササイズにより瞬発的で大きなパワーを発達させる。プラットフォーム・ジャンプはフィニッシュラインへのスプリント、あるいは登坂時に集団を抜け出す際に使う筋力を発達させる。自分が渦巻き状のスプリングになったと仮定し、瞬発力を使ってこのエクササイズを行ってみよう。筋が温まっていないときにこのエクササイズをやってはいけない（肉離れの原因になる）。思い切りジャンプしたあとは、できるだけ柔らかく着地する。そうすることにより、すべての筋を再度動員し、トレーニングから最大の効果を得ることができる。

バリエーション

シングルレッグ・プラットフォーム・ジャンプ

Single-Leg Platform Jump

ダブルレッグと同様にジャンプをするが、片脚は常に床から上げておく。低めのプラットフォームが必要になる。このジャンプは難しいが、瞬発力をより発達させることができる。

ランジ・ジャンプ

LUNGE JUMP

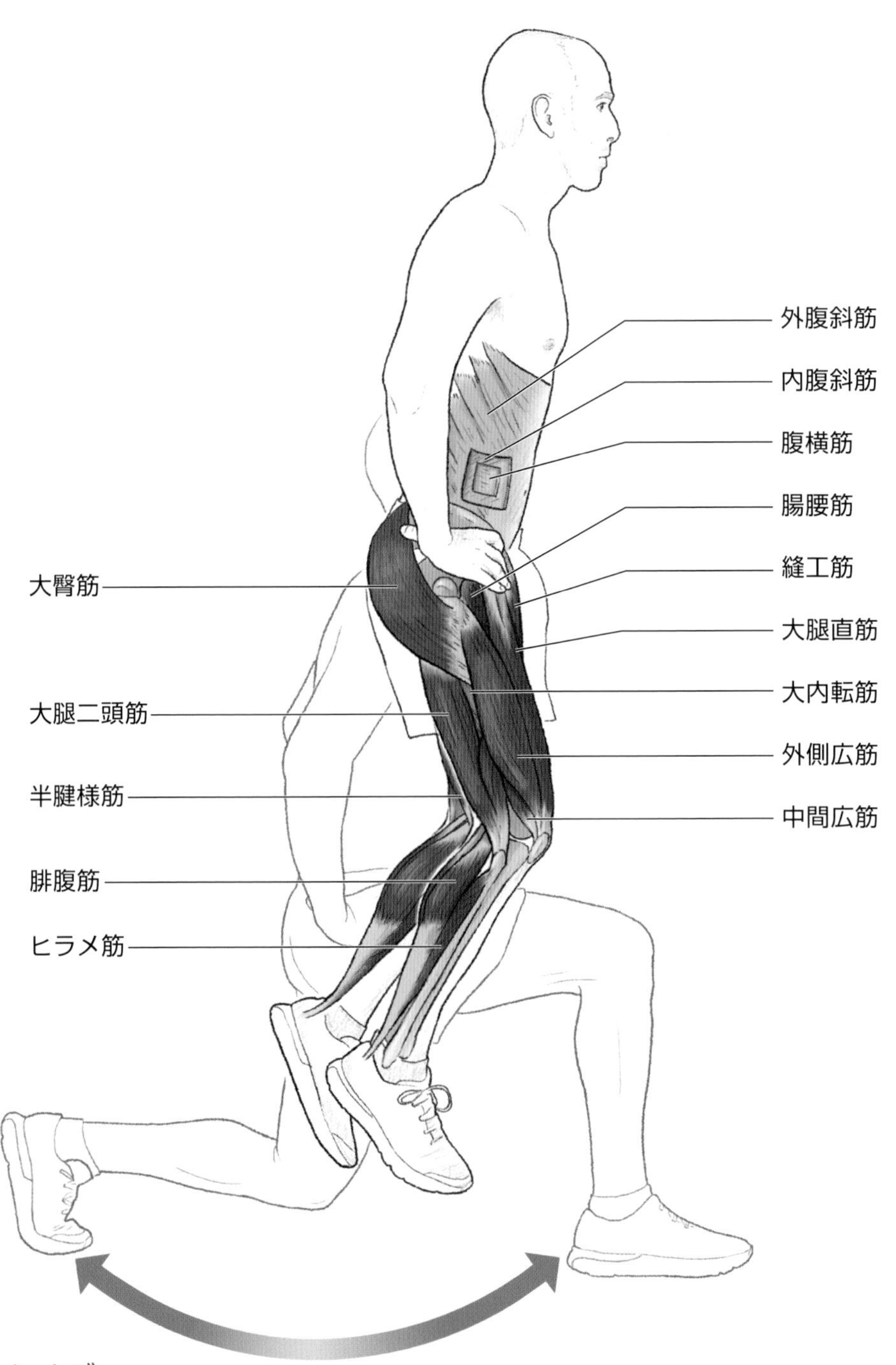

エクササイズ

1. ランジポジションから始める。片足を１歩前に出し、大腿は床と平行にする。手を腰にあて、足のつま先は前を向く。
2. パワフルにジャンプしながら、脚を入れ替える。スタンスを変える合間に脚を伸展させるようにする。
3. 逆の足が前になるランジポジションで着地する。スタンスの交替を繰り返す。

動員される筋肉

主動筋：大臀筋、大腿四頭筋（大腿直筋、外側広筋、内側広筋、中間広筋）、
ハムストリング（半腱様筋、半膜様筋、大腿二頭筋）、
縫工筋、腸腰筋、腓腹筋、ヒラメ筋

補助筋：外腹斜筋、内腹斜筋、腹横筋、薄筋、
股関節内転筋群（短内転筋、長内転筋、大内転筋）、恥骨筋

サイクリング・フォーカス

プラットフォーム・ジャンプと同様に、この動作は瞬発力を鍛えるためのものだ。ジムでこのエクササイズを継続的に行えば、自転車に乗った時にその変化を感じるであろう。これは走行中の突発的な瞬発力を向上させるのにより良いエクササイズだと私は考える。このようなタイプのコンディショニングを見て、あなたの友人やレース相手は次の登坂で差をつけるべきかためらうだろう。この差は難なくすぐに埋められる！　他の利点は、このエクササイズは器具などがいらず、どこでも行えることだ。旅先では最適なエクササイズとなる。

バリエーション

ウエイトを用いたランジ・ジャンプ

Weighted Lunge Jump

同じ動作をダンベルを手に行ってみよう。これは瞬発力と心肺機能の両方を鍛える素晴らしいエクササイズである。これで限界を試すことができる！

ピストル・スクワット

PISTOL SQUAT

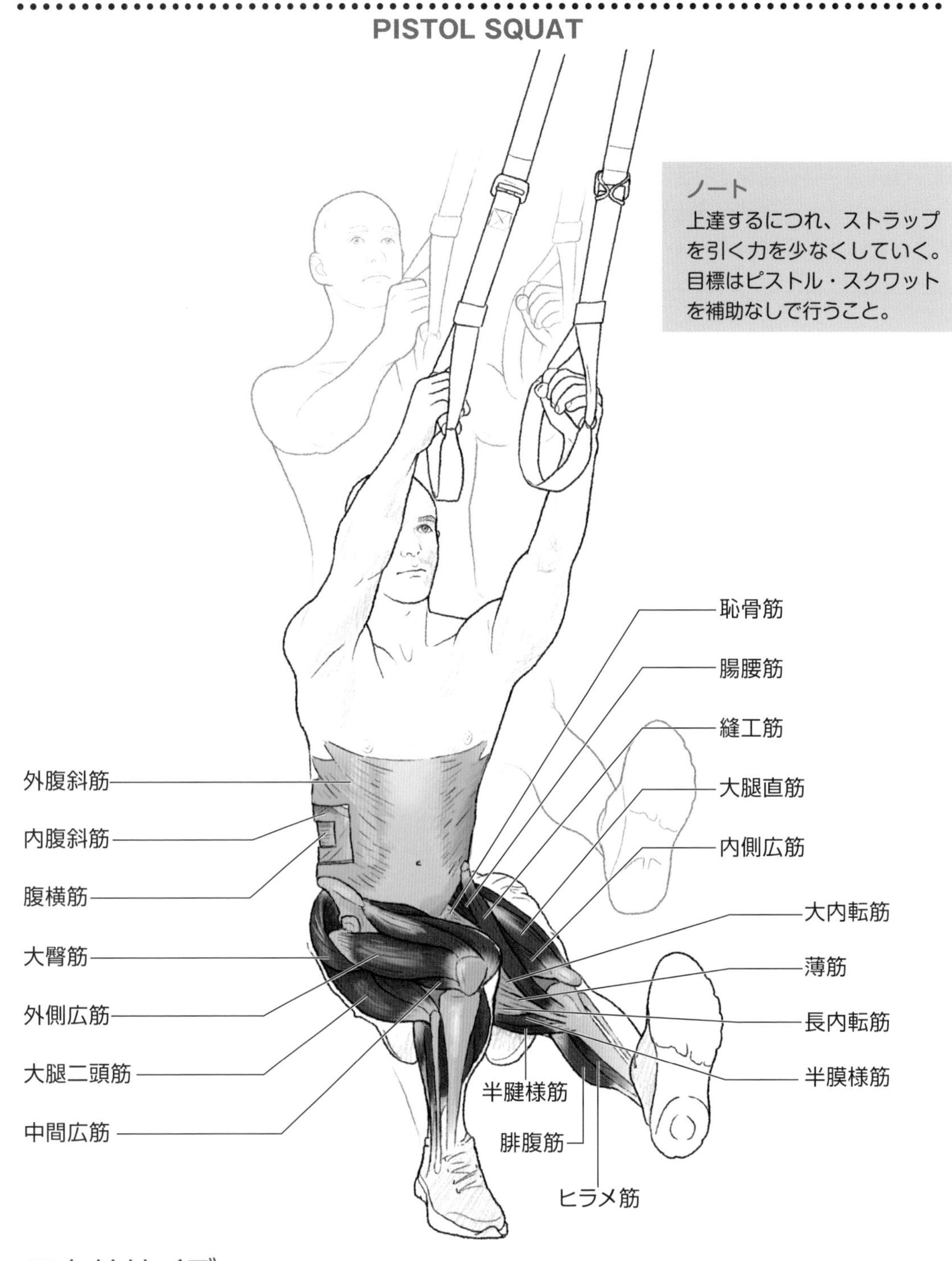

ノート
上達するにつれ、ストラップを引く力を少なくしていく。目標はピストル・スクワットを補助なしで行うこと。

エクササイズ

1. 胸の高さでサスペンションストラップを手で握る。
2. 片足で立ち、もう片方の脚は真っすぐ前方に伸ばす。
3. 低いスクワットポジションになるように姿勢を下げていく。必要に応じてストラップを使う。
4. ゆっくりと立ち上がる。ここでも必要ならストラップを使う。１セット完了したら脚を替えて行う。

動員される筋肉

主動筋：大臀筋、大腿四頭筋（大腿直筋、外側広筋、内側広筋、中間広筋）、ハムストリング（半腱様筋、半膜様筋、大腿二頭筋）、縫工筋、腸腰筋、腓腹筋、ヒラメ筋

補助筋：外腹斜筋、内腹斜筋、腹横筋、薄筋、股関節内転筋群（短内転筋、長内転筋、大内転筋）、恥骨筋

サイクリング・フォーカス

競技会までにピストル・スクワットを補助なしで行えるようになったなら、周りの人間はそれに気づくはずだ。このエクササイズではほぼすべての脚の筋が作用する。さらなる利点はこのエクササイズには特別な器具がいらないということだ（イスやドア枠など、堅い構造の物なら何でも必要に応じて補助として使うことができる）。スクワットする時には、筋の感覚に注意を向けよう。自転車に乗った時、同じ筋が燃焼しているのを感じることができるだろうか。

バリエーション

ウエイトを用いたピストル・スクワット

Weighted Pistol Squat

これは同じエクササイズでもかなりレベルアップする。ぜひここまでたどり着けるように続けてほしい。まずはサスペンションストラップや他の補助器具を使って強化する。フリーハンドでのピストル・スクワットをマスターしたら、ケトルベルなどのウエイトを加えていく。

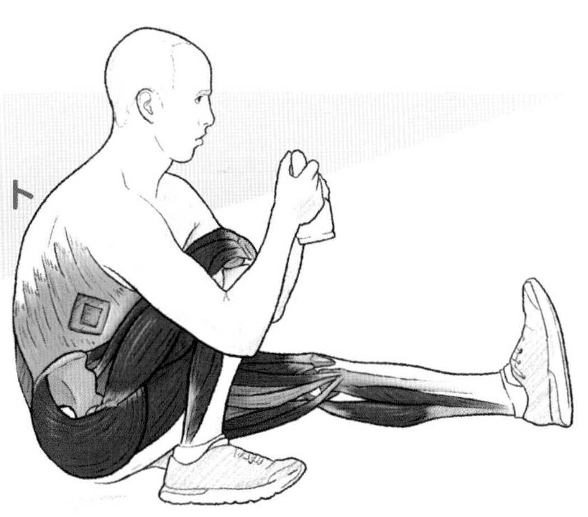

シングルレッグ・スタビリティ・アーク

SINGLE-LEG STABILITY ARC

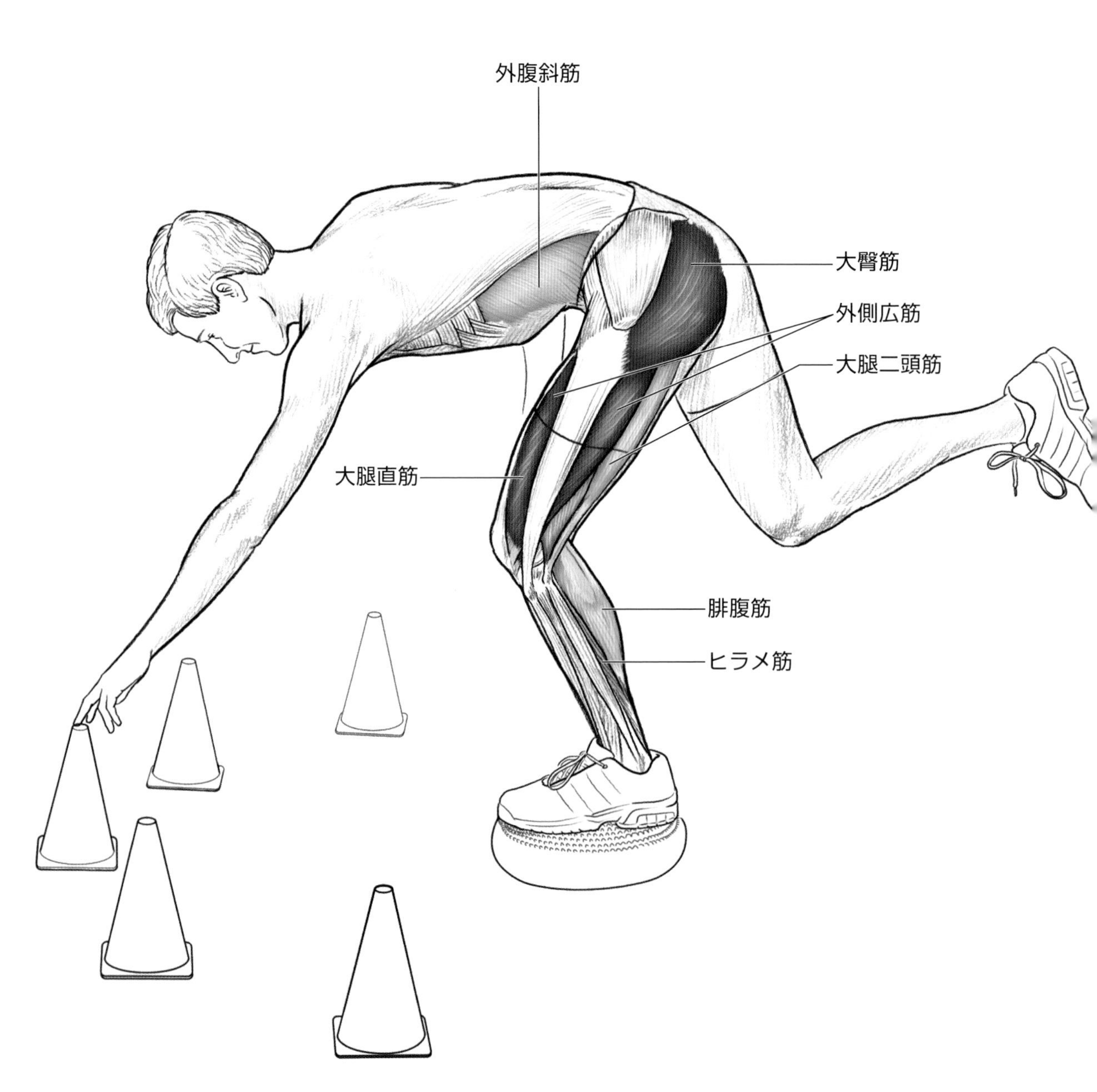

エクササイズ

1. ５つのパイロンをアーチ状に前に並べ、バランスディスクの上に片足で立つ。
2. 脚を曲げ、前傾し、同じ側の手を伸ばしてパイロンに触る。
3. スタートポジションに戻り、同じ動きをすべてのパイロンに対して行う。

動員される筋肉

主動筋：大臀筋、大腿四頭筋（大腿直筋、外側広筋、内側広筋、中間広筋）

補助筋：脊柱起立筋（腸肋筋、最長筋、棘筋）、ハムストリング（半腱様筋、半膜様筋、大腿二頭筋）、腓腹筋、ヒラメ筋、腹直筋、外腹斜筋、内腹斜筋、腹横筋

サイクリング・フォーカス

シングルレッグ・スタビリティ・アークは、自転車競技で使われるすべての主要な筋ならびに補助筋群に多くの負荷をかける。一見簡単そうに見えるが、正しく行うと非常にきついエクササイズである。プロサイクリストの多くは、シーズンの最初にこのエクササイズを行い、その後の長距離のライディングに備えるのである。シーズン半ばあるいは後半で障害を負うアスリートたちを再三見てきたが、シーズンを通しての負荷に耐えられるだけの基礎づくりをしてこなかった選手だといえる。このエクササイズは基礎の構築になる。また、基本的な動作であり、同時にスタビライザー（安定化筋）を総動員するため、筋だけでなく、関節、腱、靭帯もコンディショニングする。きつい走行で疲労がピークに達すると、ペダリングのフォームが崩れ始める。このエクササイズは、主要な筋（大腿四頭筋、ハムストリング、臀筋）が消耗した時でも適切な動作を維持する助けになる。

バリエーション

ダンベル・スタビリティ・アーク
Dumbbell Stability Arc

ダンベルを持ちながらこのエクササイズを行うと、難易度が上がり、補助筋群にさらなる負荷がかかる。

フロア・スタビリティ・アーク
Floor Stability Arc

バランスディスクの上でバランスをとることが難しい場合には、最初は床の上から始め、徐々にディスクの上へと移行する。

第10章

WHOLE-BODY TRAINING FOR CYCLING

自転車競技のための全身トレーニング

この章で紹介するエクササイズは、この本のなかで最も魅力的である。全身のフィットネス、柔軟性、筋力を重点的に見ていく。これまでの章では、腕、背部、脚などの部位ごとに焦点を絞ってエクササイズを紹介してきた。第9章では脚の複数の筋を一緒に鍛えるエクササイズを紹介したが、常に下肢に重点が置かれていた。この章では上肢と下肢の動きを協調させる複数の筋群のトレーニング・エクササイズを紹介している。同時に多くの筋を動員するため、筋力やパワーを高めるだけでなく、優れた心肺機能の向上にもなる。

第2章で述べた通り、効率のよい効果的なトレーニングを活用する、というのが私のトレーニングに対する基本的な考え方である。「RACE（休息、責任、一貫性、効率性）」を忘れずに覚えておこう。この章に出てくるエクササイズを用いれば、ジムで過ごす時間を効率よく使うことができる。1つのエクササイズにさまざまな動きを取り入れることで、サイクリングにとって重要な筋の多くを同時に鍛えることができる。酸素と血流が多く求められるが、それらが欠乏した時でもうまく使えるようになるだろう。エネルギー配分と筋の副産物除去のため、身体のシステムにはより高い効率性が求められる。

これらの複合エクササイズは多角的であるだけでなく、実際にやってみると興味深く楽しいものである。もちろん私にとってもこの章はお気に入りであり、ここで紹介しているエクササイズのいくつかを自分のトレーニングに常に組み込んでいる。リフレッシュし、モチベーションを高めてエクササイズに臨むことが、徐々にシーズン中のやりがいとなっていくだろう。ジムでのトレーニングがただの日課と感じるのではなく、これらのエクササイズが常に刺激となることが望ましい。ルーティンに飽きてきたら、変化が必要であることを忘れないようにしよう。単に動きを繰り返すだけでは、トレーニングで得られるべきものが限られてしまう。

コーディネーション・トレーニング：複数の筋を動員する

各々の筋を分離して単筋でトレーニングすることも重要ではあるが、複数の筋群を一緒にトレーニングすることは大切である。自転車に乗っている時、身体はダイナミック（動的）な状態である。1つの筋、あるいは1グループの筋群だけを使うことは決してない。1つのコーディネーションシステムとして身体は機能しているのである。この章で紹介する全身エクササイズは、このような協調された筋力発揮を目的とし、ロードにおけるストレス要因に対処する。トレーニングでこれらのエクササイズを集中して行えば、自転車でのパフォーマンスが明らかに向上するであろう。

エクササイズでスムーズな動きをするためには、腕や脚をよく動かしながらも、しっかりとした基礎と体幹に頼らなければならない。伸展、捻転（ひねり）、屈曲の動きすべてにおいて、負荷に対抗する筋だけでなく、動的スタビライザー（安定化筋）と拮抗筋も鍛えることになる。自転車に乗っていて疲れてきた時、限界に達した時こそ、これらの筋が極めて重要になってくる。目標は、ジムをあとにする時に疲労困憊していることである。

自転車上での効率性が鍵となる。無駄な動きはパフォーマンスの低下につながる。最も優秀な自転車競技者たちですら25%の効率しかないのだから、動きのほんのわずかな改善でさえも自転車に伝達するパワーの増加につながる。ペダルストロークを最大に活用したければ、クランクが回転している間は常にペダルに力を与え続ける必要がある。ジムでこれらのエクササイズを行う際には、スムーズで継続的な力を出す動きを意識する。反射や反動をつけてごまかしたり、強い筋群を使いすぎたりしないようにしよう。ムラのない一貫した動きを維持する。

自転車を前に進ませるためには、身体の両側が協調しなければならない。片側がペダルを引き上げれば、もう片側はペダルを踏み下ろす。この強調した動きはチェーンとリアホイールに力強いテンションをかけ続ける。ペダルに伝わるパワーはクランクの回転ごとに異なるが、パワーをできるだけ一定に保つことが目的である。**図10-1**は、不規則なペダルストロークによるパワー入力とスムーズなパワー供給とを比較したものである。1つ目のグラフはピーク間に深い谷が見られる。最高パワー入力と最低パワー入力とには大きな差が表れている。2つ目の図は理想的な状態を表している。左右の脚ごとに供給される最高パワーと最低パワーとの差がごく小さい。この本で紹介しているエクササイズを行う時は常に、スムーズで協調性のよい動きを意識すべきである。急激な動きやぎこちない動きは極力避けて、全範囲で一定のパワー入力を心がける。

ほかのすべてのトレーニング同様、エクササイズを行う前にはきちんと食事をとること。トレーニングの前に食事を抜くことはせず、水分補給を十分に行っておく。トレーニング終了後30分以内に食物を口にすること。代謝の活発化で効果的なカロリー摂取ができるため、タイミングは重要である。体内に取り入れたタンパク質は、重量物を挙げることによってダメージを受けた筋を再生するために使われ、口にした炭水化物は枯渇したエネルギーを補給する。

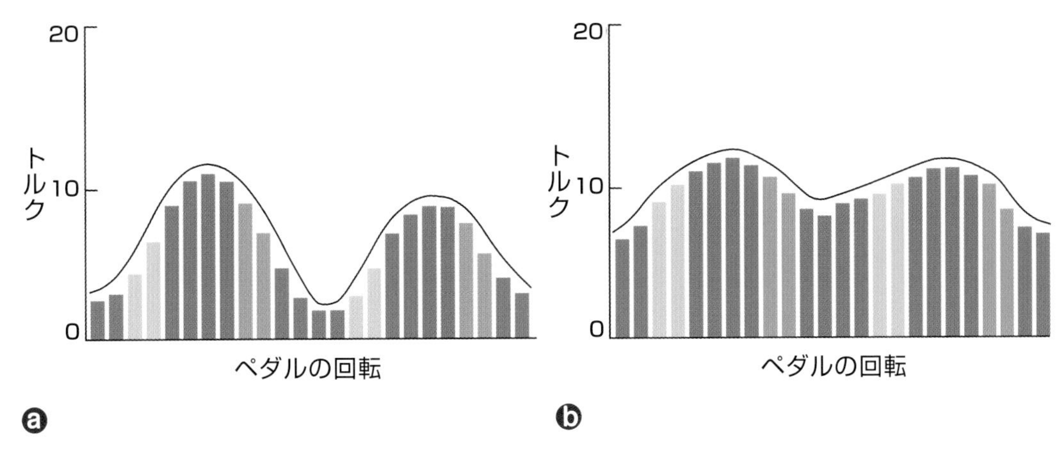

図 10-1　(a) 脚の不均衡な力発揮による起伏のあるペダルストロークと、
(b) 均等なパワー配分によるスムーズなストロークのサイン（弓形）曲線による比較

コンピュトレーナー・スピンスキャン（SpinScan）ーペダルストロークアナライザーによる棒グラフから参照ならびに許可を得て掲載。SpinScan は RacerMate,Inc. の登録商標である。

ウォームアップとストレッチング

これらのエクササイズにとりかかる前には、適切なウォームアップを行う必要がある。全身を使うエクササイズなので、ロウイングや縄跳びなど、全身を動かすウォームアップが必要になる。有酸素運動のウォームアップをし、筋をストレッチしたあと、まずはゆっくりとウエイトなしでエクササイズの動きを行う。ウォームアップ中、適切なフォームで行うよう努めよう。複数回のセットを行うのであれば、軽いウエイトから始め、セットを重ねるごとにウエイトを重くしていこう。そうすれば筋は十分な時間をかけてウォームアップができ、きついトレーニングへの準備ができる。これらのエクササイズは非常に大きな負荷がかかるので、ウォームアップをきちんと行わないとケガのもとになる。今まで培ったものの上に構築するのがウエイトトレーニングであることを忘れてはならない。ゆっくりと着実であることが最終的には勝因となるのである（急がば回れ）。ジムでのケガは士気をくじくものである。適切なウォームアップと段階を追ったエクササイズさえすればそのリスクは軽減できるのだから、やらない手はない！

ダンベル・パワー・スナッチ

HANGING LEG RAISEDUMBBELL POWER SNATCH

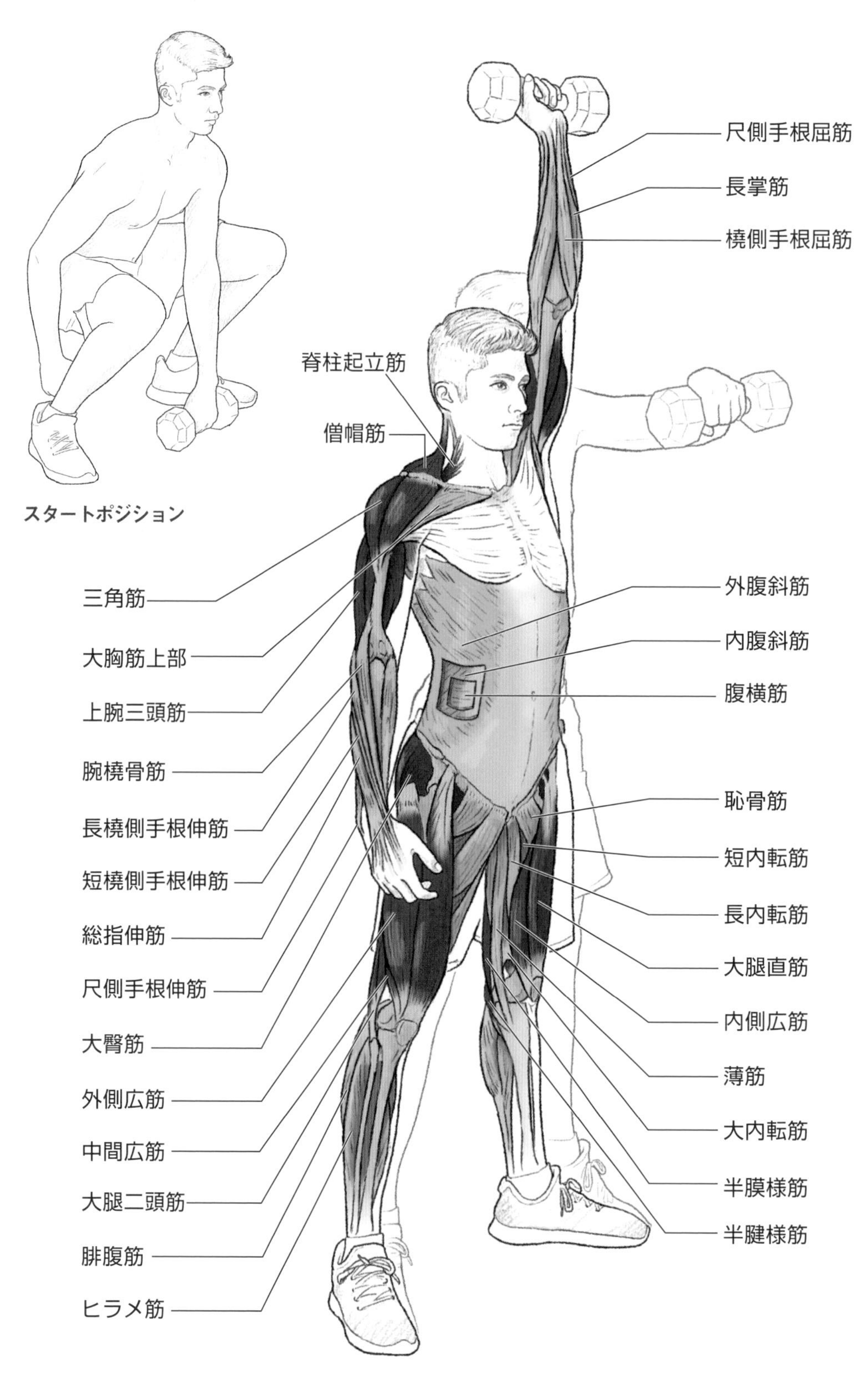

エクササイズ

1. 肩幅よりやや広く足を開き、その足の間にダンベルを置く。
2. 背中を真っすぐに保った状態でしゃがみ、オーバーハンドグリップでダンベルをつかむ。
3. 爆発的な動きで脚と股関節を使ってパワーを生み出し、ダンベルを身体のラインに沿わせながら天井に向かって引き上げる。
4. 脚とつま先は伸展させ、ウエイトが胸の上を通過する時、肘が高い位置にあるようにする。
5. 腕が完全に伸びきった時、素早くウエイトの下で肘を旋回させる。ウエイトが一番高い位置では、重さを受け止めるように膝をわずかに曲げる。
6. ウエイトを下ろしてスタートポジションに戻る。1セット完了したら反対側も行う。

動員される筋肉

主動筋：大臀筋、ハムストリング（半腱様筋、半膜様筋、大腿二頭筋）、大腿四頭筋（大腿直筋、外側広筋、内側広筋、中間広筋）、脊柱起立筋（腸肋筋、最長筋、棘筋）、僧帽筋、三角筋、上腕三頭筋

補助筋：大胸筋上部、ローテーター・カフ（棘下筋、棘上筋、肩甲下筋、小円筋）、長掌筋、橈側手根屈筋、尺側手根屈筋、尺側手根伸筋、総指伸筋、短橈側手根伸筋、長橈側手根伸筋、腕橈骨筋、薄筋、股関節内転筋群（短内転筋、長内転筋、大内転筋）、恥骨筋、腓腹筋、ヒラメ筋、外腹斜筋、内腹斜筋、腹横筋

サイクリング・フォーカス

自転車競技とはアタック（急加速）である。タイミングのよいアタックは相手との距離をあけ、レースに勝つチャンスを作る。対戦相手と一緒に坂を上っている場面を想像してみよう。ここぞ、と思う時に瞬発的な急加速をする。加速したら、その加速スピードを2分間維持する。ゆっくりとスピードを落とし、元のペースに戻る。相手と同じスピードで上っていたとしても、これで相手との距離が開く。その差をゴールまで維持するのである。ダンベル・パワー・スナッチは、このようなレースに有利な動きをするための爆発的な加速力を発達させる。この動作をする時の瞬発的な力を意識して行ってみよう。

バリエーション

ケトルベル・パワー・スナッチ

Kettlebell Power Snatch

ダンベルをケトルベルで代用することもできる。このエクササイズの鍵は、ウエイトによる非対称性だ。ウエイトを片手だけで挙げるので、動作を安定させるために体幹を使うことになる。

デッドリフト、スプロール、プッシュアップ

DEADLIFT, SPRAWL, AND PUSH-UP

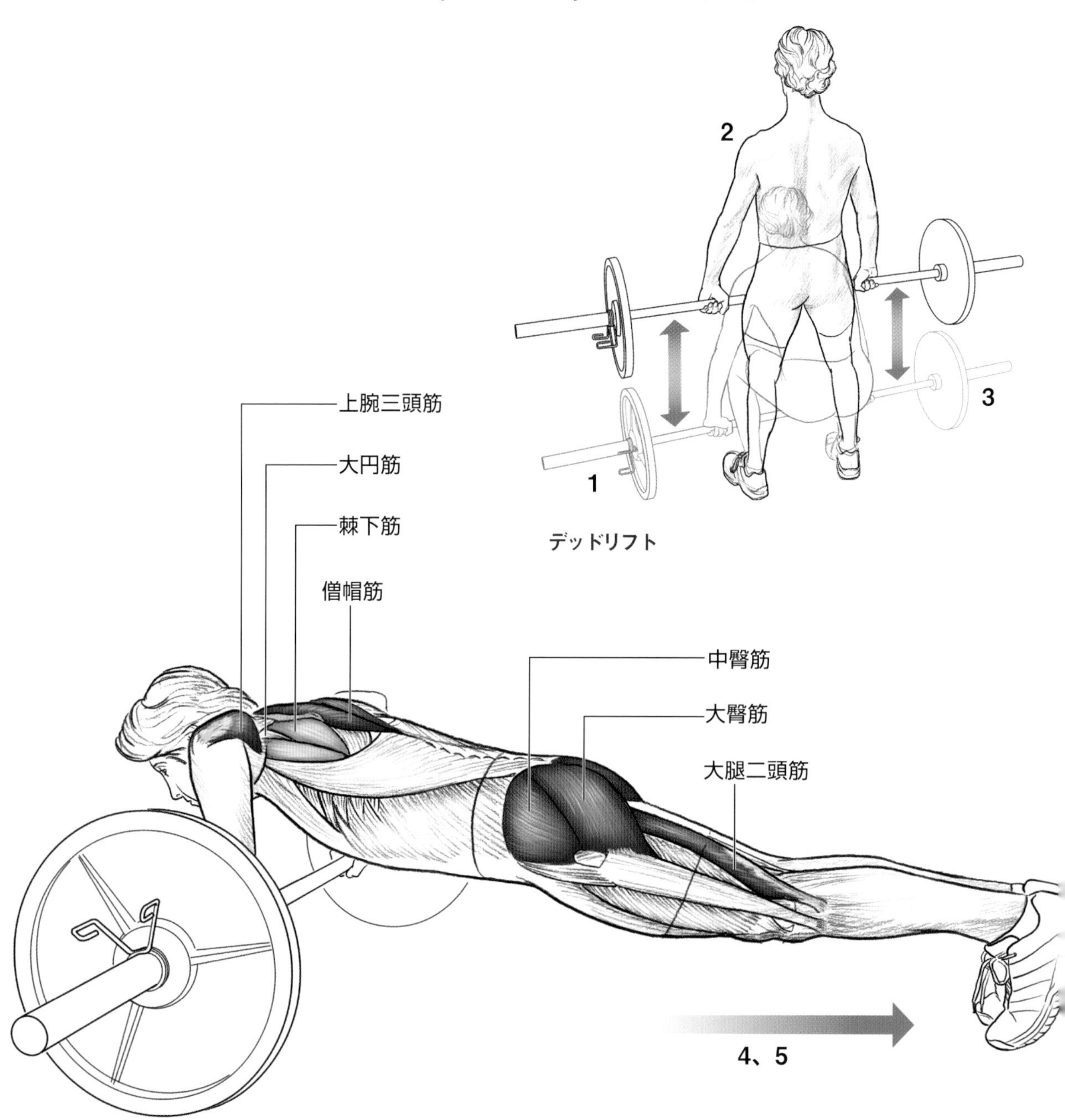

スプロール、プッシュアップ

エクササイズ

1. バーベルを床に置き、スクワット・ダウンし、手のひらを下に向けてバーを握る。すねはバーに触れている。
2. 真っすぐに直立姿勢をとる。バーベルはすねから大腿に沿って上にスライドさせる。
3. バーベルを下ろし、スタートポジションに戻る。
4. 両足をそろえて後ろにジャンプし、レスラーズスプロールを行う。腕立て伏せのポジションをとる。
5. 腕立て伏せをし、ジャンプしてスタートポジションに戻り、一連の動きを繰り返す。始終バーから手を離さない。

動員される筋肉

主動筋：ハムストリング（半腱様筋、半膜様筋、大腿二頭筋）、
大臀筋、中臀筋、小臀筋、僧帽筋、上腕三頭筋、大胸筋

補助筋：脊柱起立筋（腸肋筋、最長筋、棘筋）、
三角筋、棘上筋、棘下筋、小円筋、腹直筋

サイクリング・フォーカス

これは、サイクリングトレーニングの負荷に備えて身体づくりをするエクササイズである。自転車の基本姿勢である前傾姿勢は、身体の後部全体（頸部からふくらはぎまで）に大きな負担をかける。きついトレーニングやレースはこのストレスを増加させてしまう。長い上り坂の最後には、首、背部、ハムストリングへのストレスを感じるであろう。これらすべての筋は、この複合的なエクササイズで鍛えることができる。デッドリフト、スプロール、プッシュアップは、腕を強化し、ライディングポジションで体重を支えることが可能になる。重すぎるウエイトを使わないよう気をつけよう。最初の数回は楽に思えるエクササイズではあるが、セットの終盤になると急激にそのきつさが増してくる。トレーニングの翌日にはこのエクササイズのつけが回ってくるため、やりすぎには注意しよう。

メディシンボール・スクワット・スロー

MEDICINE BALL SQUAT THROW

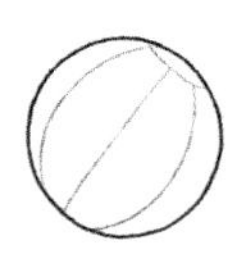

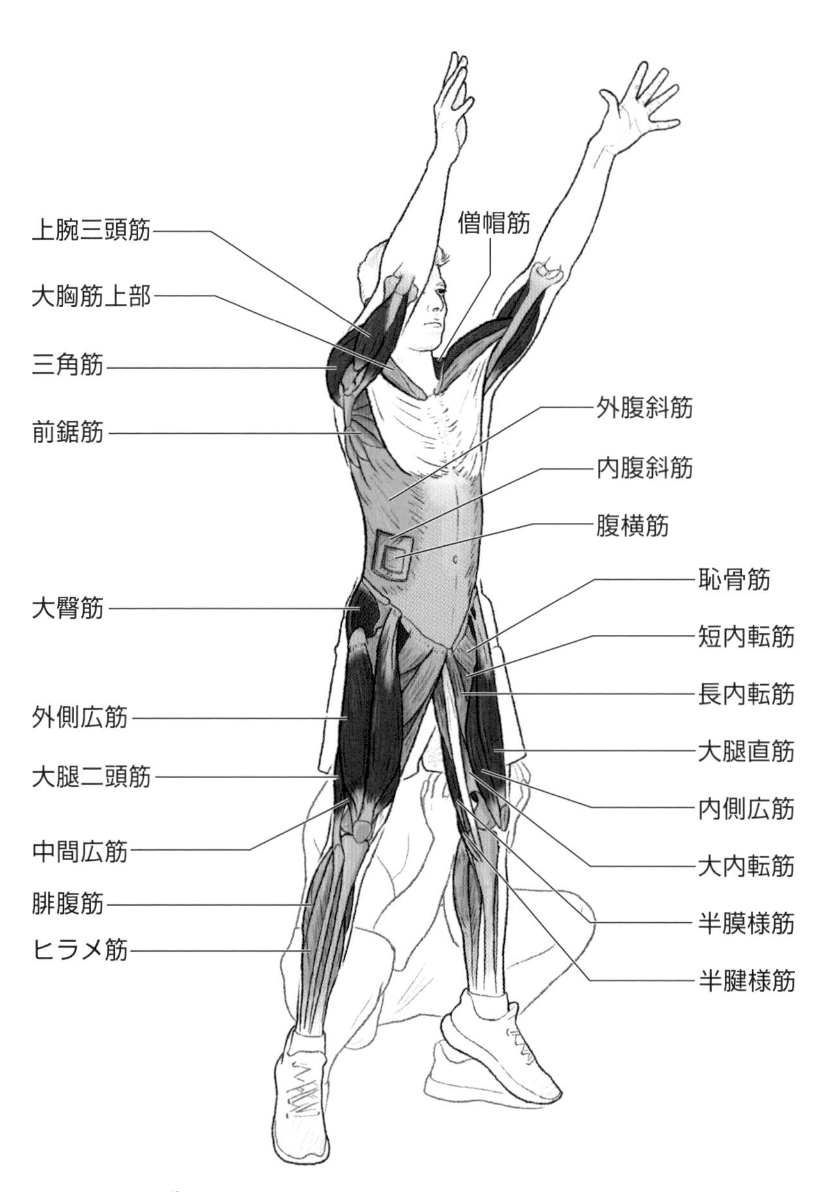

エクササイズ

1. 壁の前に立ち、メディシンボールを胸の前で持った状態で深くスクワットする。
2. 力強い動きで股関節、脚、そして腕を伸ばす。フォームが崩れないようにコントロールしながらボールを壁のできるだけ高い位置に向かって投げる。ボールを離した時、身体は完全に伸びきってつま先立ちになるようにする。
3. はね返ってきたボールをキャッチし、スタートのスクワットポジションに戻る。

動員される筋肉

主動筋：大臀筋、ハムストリング（半腱様筋、半膜様筋、大腿二頭筋）、
大腿四頭筋（大腿直筋、外側広筋、内側広筋、中間広筋）、
脊柱起立筋（腸肋筋、最長筋、棘筋）、僧帽筋、三角筋、上腕三頭筋

補助筋：大胸筋上部、長内転筋、大内転筋、恥骨筋、腓腹筋、ヒラメ筋、
外腹斜筋、内腹斜筋、腹横筋、前鋸筋

サイクリング・フォーカス

このエクササイズは簡単ではない。もし簡単と感じるようなら、それはやり方が間違っている。ただ頭上にボールを投げるだけではだめだ。一投一投、どれだけ高くボールを投げられるか力を尽くさなくてはならない。これはレース終盤の急勾配の登坂のようなものである。頂上に向かって自転車を進めるために、ペダルストローク１回１回に最大の力を注ぎ込む。一瞬でも力を緩めれば、対戦相手はその機会をさらっていくであろう。不屈の精神はジムから始まるのだ！「きつい時こそ、向上するチャンスだ」――エディ・メルクス（訳者注：グランツールで総合優勝10回を誇る元自転車プロロードレース選手）

バリエーション

メディシンボール・シットアップ・スロー
Medicine Ball Sit-Up Throw

このバリエーションは脚を使わないため鍛える筋が異なるが、体幹を鍛えるのによいエクササイズとなる。動作は類似しているので、ここで紹介する。メディシンボールを胸の前に持って仰向けで横たわる。シットアップを行い、同時に天井に向かって両腕を伸ばす。完全伸展の時にボールを投げ上げ、落ちてきたボールをキャッチする。身体を下げてスタートポジションに戻る。

キングコング

KING KONG

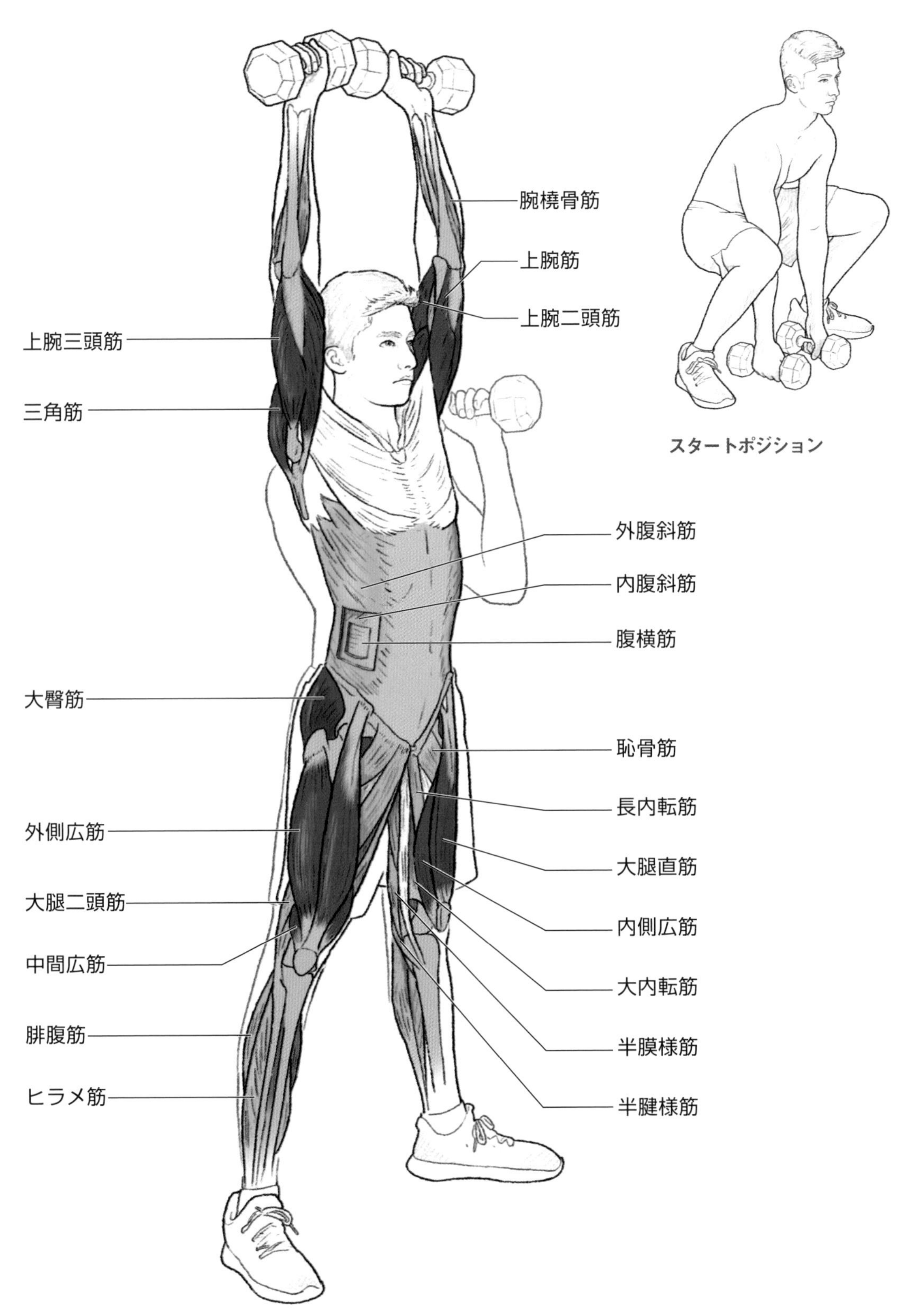

エクササイズ

1. 足を肩幅よりやや広めに開き、両手にダンベルを持ってスクワットする。親指が前になるよう、ハンマーグリップでダンベルを握る。
2. ダンベルを持ち上げて勢いよく伸び上がる。カールのような動作で肘を曲げ、ダンベルを胸の前にあてる。
3. プッシュ・プレスを行う。膝をわずかに曲げてから、脚を完全に伸展させパワーを上方向に向ける。同時に腕を頭上に伸ばす。
4. ダンベルを床に戻してスタートポジションに戻る。

動員される筋肉

主動筋：大臀筋、大腿四頭筋（大腿直筋、外側広筋、内側広筋、中間広筋）、脊柱起立筋（腸肋筋、最長筋、棘筋）、三角筋、上腕二頭筋、上腕三頭筋

補助筋：ハムストリング（半腱様筋、半膜様筋、大腿二頭筋）、長内転筋、大内転筋、恥骨筋、上腕筋、腕橈骨筋、腓腹筋、ヒラメ筋、外腹斜筋、内腹斜筋、腹横筋

サイクリング・フォーカス

キングコングになれ！　これは全身を使ったパワフルな動作である。力強く動作を完了させられるよう鍛錬するとともに、マインドも集中させよう。まさにキングコングのように、果敢に容赦なく（強くたゆみない気持ちで取り組むのである）。これは自転車競技のトレーニングやレースに対する姿勢と同じだ。100%の努力で立ち向かうという気持ちを事前に作っておくことで、その後のライディングがどんなにつらくなろうとも言い訳の余地を作らない。最高に鍛え上がった自転車競技者がメンタルで負けてレースを脱落するところを何度も見てきた。そうなってはほしくない。必要とあらば、凶暴化するのだ！

バリエーション

1つのケトルベルやダンベルを用いたキングコング

King Kong With Kettlebell or Single Dumbbellt

それぞれの手にダンベルを持つかわりに、1つのダンベルやケトルベルを握って行うこともできる。

ランジ・ウィズ・バイセプス・カール

LUNGE WITH BICEPS CURL

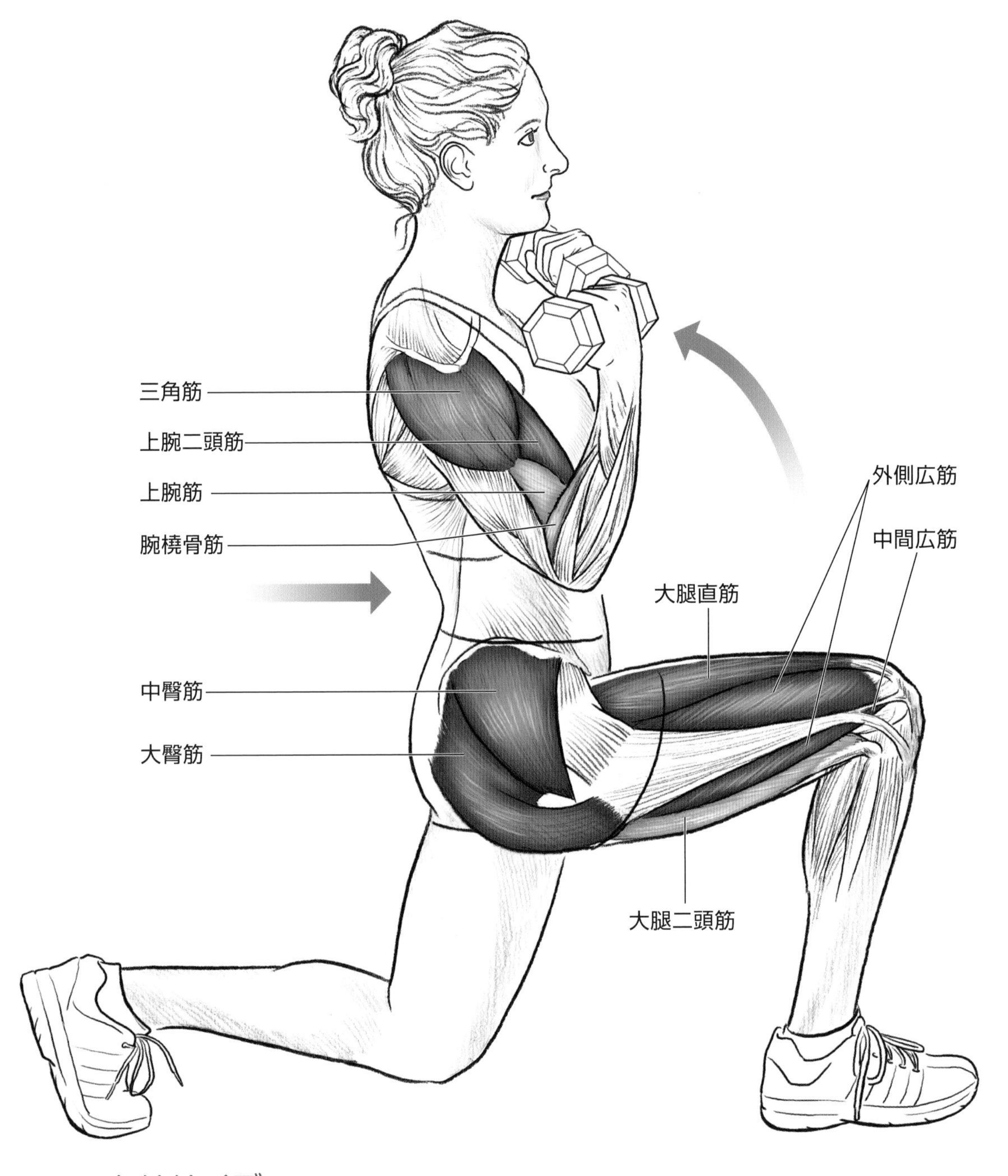

エクササイズ

1. 両手にそれぞれダンベルを持ち、真っすぐに立つ。
2. 片脚を前に出してランジをする。
3. ランジポジションで両腕を同時にカールする。
4. スタートポジションに戻り、反対側の脚で繰り返す。

動員される筋肉

主動筋：大腿四頭筋（大腿直筋、外側広筋、内側広筋、中間広筋）、
大臀筋、中臀筋、小臀筋、三角筋、上腕二頭筋

補助筋：ハムストリング（半腱様筋、半膜様筋、大腿二頭筋）、
上腕筋、腕橈骨筋、長掌筋、橈側手根屈筋、尺側手根伸筋、腓腹筋、ヒラメ筋、
外腹斜筋、内腹斜筋、腹横筋

サイクリング・フォーカス

次のライディングでアタックをしかける時、ペダルストロークの下方向の力に注意してみよう。また、脚で最大パワーを供給するためにサドルから立ち上がった時の、ハンドルを引く上腕二頭筋にも注意を向けてみよう。加速中は、脚の回転をサポートする胸部から骨盤までの強固な基盤が必要になってくる。ランジ・ウィズ・バイセプス・カールは、サイクリング・トレーニングで主に使われるエクササイズであるランジと、体幹と腕を強化するエクササイズとを統合したものである。このコンビネーションエクササイズは限られた時間の中で多くの運動の価値を得ることができる。

バリエーション

サイド・ランジ・ウィズ・シュラッグ

Side Lunge With Shrug

それぞれの手にダンベルを持つ。片脚を横に1歩出すランジをする。低い姿勢の時に、ダンベルを持ったままシュラッグ（肩をすくめる）をする。スタートポジションに戻り、反対側の脚で同じ動きを繰り返す。

ウッドチョッパー

WOODCHOPPER

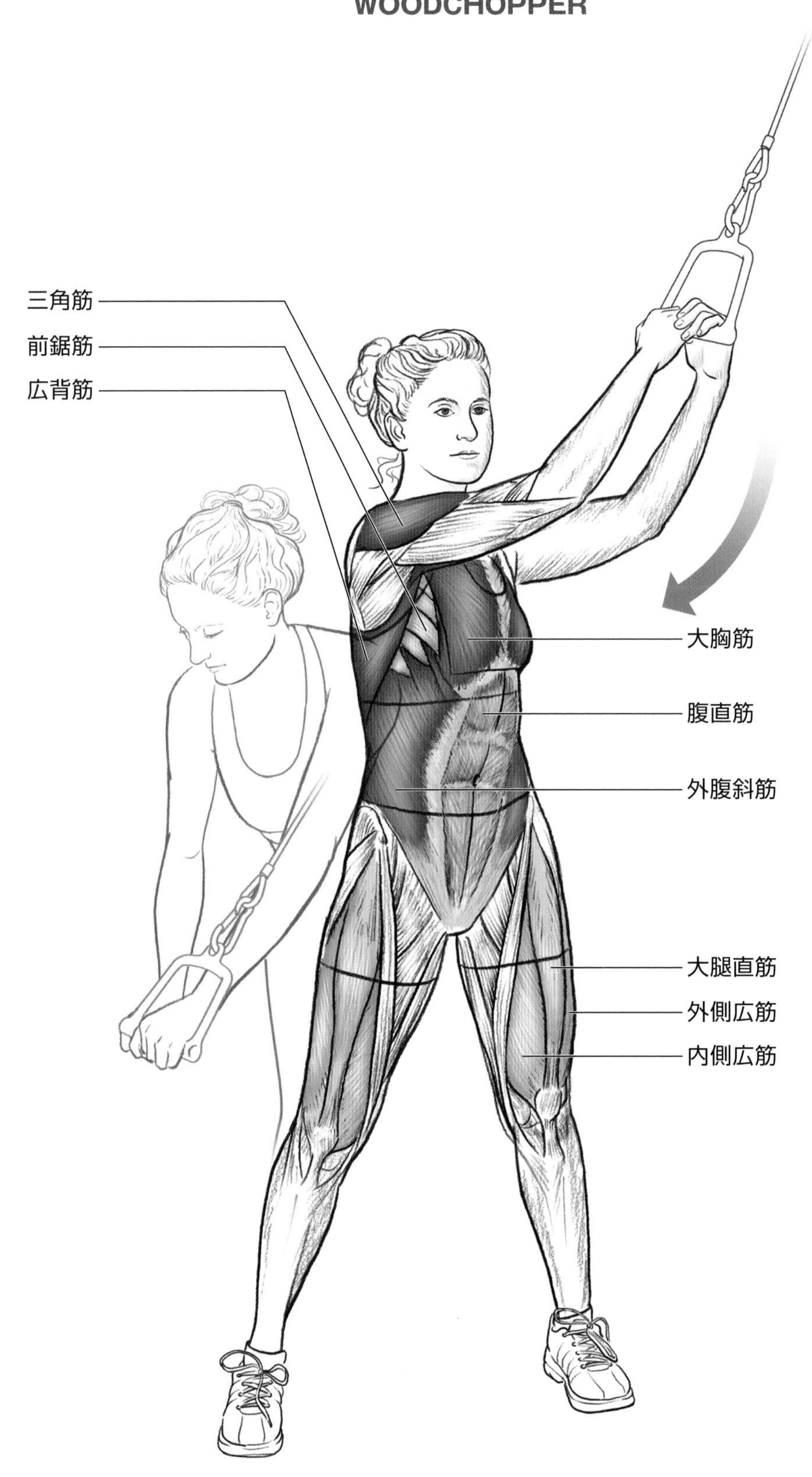

エクササイズ

1. ハイ・プーリーと並んで立ち、両手でハンドルを握る。腕はプーリー側へ頭の斜め上に伸ばす。
2. 腕を下方向へ引き始める。手が肩を過ぎたら、腹部をひねり、前かがみになる。そのまま下方向に引き続け、膝をスクワットポジションになるまで曲げる。
3. 膝を曲げ、胴体をひねり、腹筋をクランチ（身体を曲げる）させ、腕はスタートポジションとは反対側の下斜めへ伸ばして動きを終わらせる。
4. 動きをコントロールしながら、スタートポジションに戻す。

動員される筋肉

主動筋：腹直筋（ふくちょくきん）、外腹斜筋（がいふくしゃきん）、内腹斜筋（ないふくしゃきん）、広背筋（こうはいきん）、三角筋（さんかくきん）、大臀筋（だいでんきん）

補助筋：大腿四頭筋（だいたいしとうきん）（大腿直筋（だいたいちょっきん）、外側広筋（がいそくこうきん）、内側広筋（ないそくこうきん）、中間広筋（ちゅうかんこうきん））、大臀筋（だいでんきん）、中臀筋（ちゅうでんきん）、小臀筋（しょうでんきん）、大円筋（だいえんきん）、前鋸筋（ぜんきょきん）

サイクリング・フォーカス

第７章でも述べた通り、自転車競技者は十分な体幹の強化が必要である。自転車に乗っている時は長時間前傾姿勢をとるため、背部の筋力は腹筋を大きく上回る。それは膝、股関節、背部の痛みにつながることもある。ウッドチョッパーのエクササイズは、身体の前部の筋ほとんどに作用するため、非常に効果的である。私はケーブルとプーリー・システムを愛用している。１つのエクササイズから次のエクササイズへすぐに変更でき、エクササイズを行っている間は最低限の安定性を提供するからである。不安定な動きによって身体に負荷をかけ、すべてのスタビライザー（安定化筋）が鍛えられることを覚えておこう。

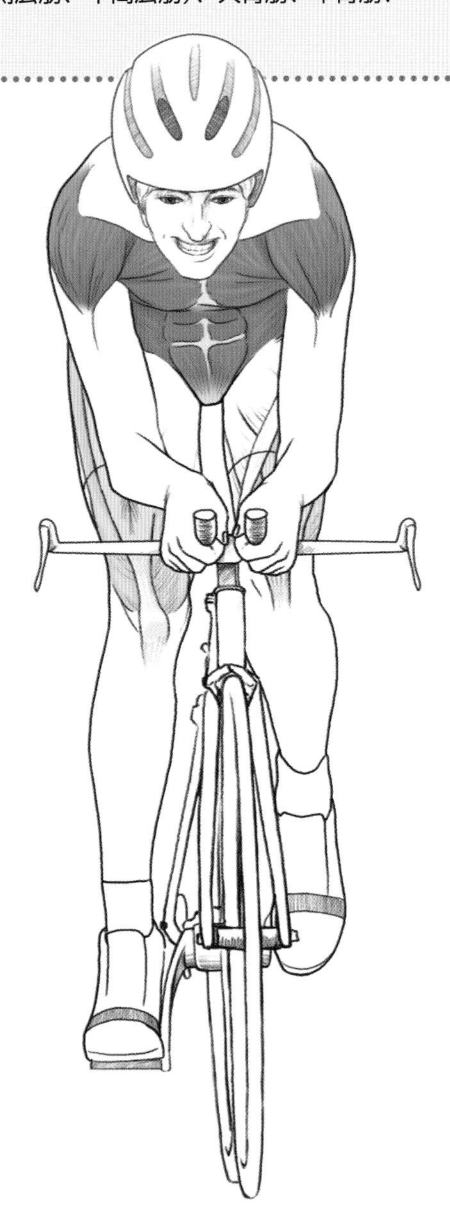

リバース・ウッドチョッパー

REVERSE WOODCHOPPER

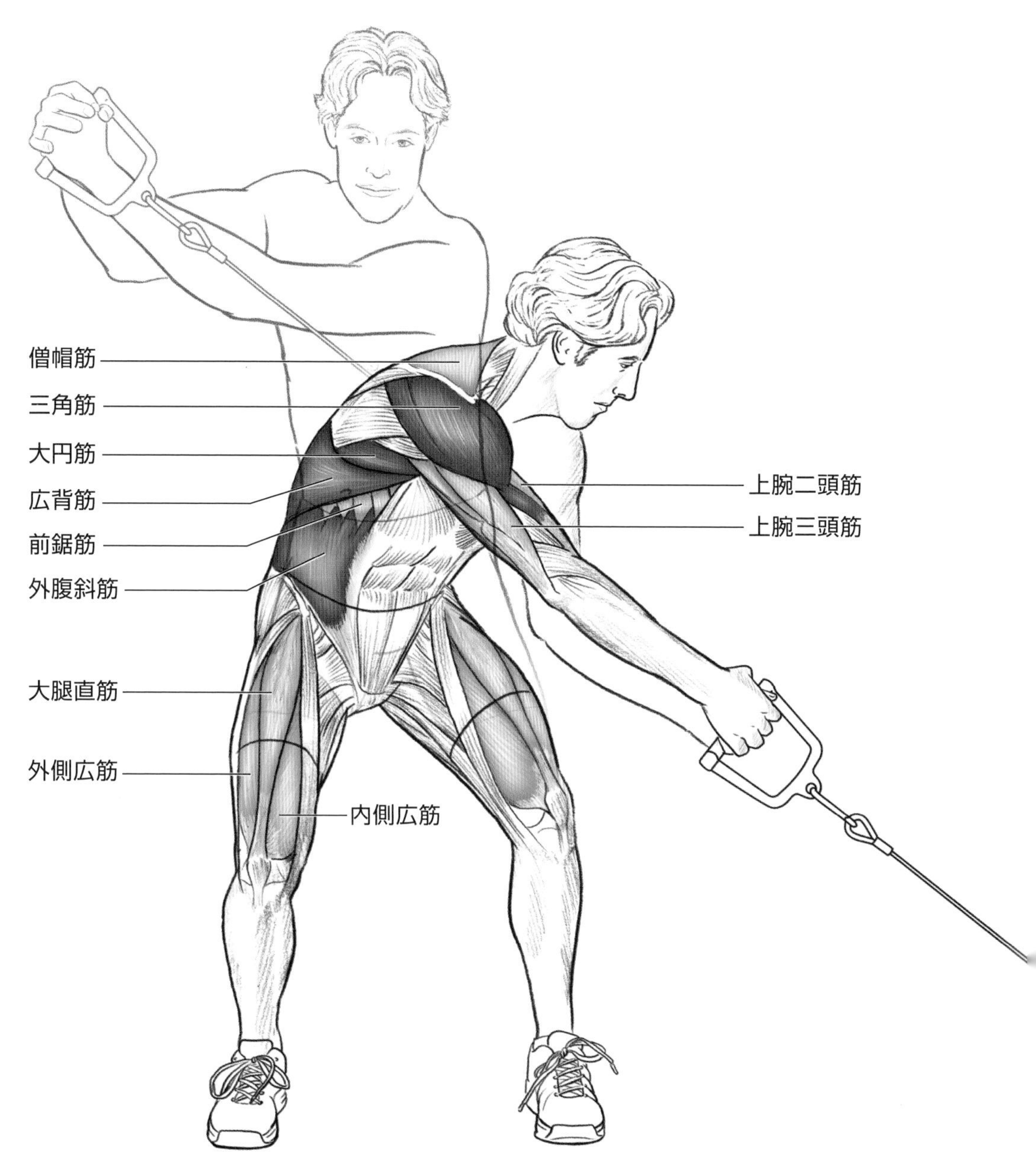

エクササイズ

1. ロー・プーリーと並んで立ち、両手でハンドルを握る。腕はプーリー側へ床に向かって斜め下に伸ばす。プーリー側へ前かがみになり、胴体をひねる。
2. 腕を上方向に引き始める。手が膝の位置を過ぎたら、ひねっていた腹部を戻し、真っすぐに伸ばす。膝が伸びるまで上方向に引き続きる。
3. 膝を伸ばし、胴体を真っすぐにして立ち、動きを終わらせる。腕はスタートポジションとは反対側の斜め上へ伸ばす。
4. 動きをコントロールしながら、スタートポジションに戻す。

安全に行うために

始める前にウォームアップをしっかりと行い、最初はウエイトの重さを制限する。このエクササイズでは、ひねりを戻すパワフルな動作でケガをしやすい。

動員される筋肉

主動筋：広背筋、外腹斜筋、内腹斜筋、三角筋、大円筋

補助筋：大腿四頭筋（大腿直筋、外側広筋、内側広筋、中間広筋）、大臀筋、中臀筋、小臀筋、僧帽筋、菱形筋、上腕三頭筋、前鋸筋、上腕二頭筋

サイクリング・フォーカス

通常のウッドチョッパーと似ているように見えるかもしれないが、このエクササイズは異なる筋群を鍛えている。通常のウッドチョッパーは身体の前部を鍛えるが、リバース・ウッドチョッパーは身体の後部を鍛える。前述の通り、自転車競技者は強い背筋を発達させる。リバース・ウッドチョッパーは、長時間にわたってパワーを維持するために、脚、背部、腕が必要な適性と筋力を構築する。このエクササイズをするに当たっては、スタートポジションから瞬発力を使う。

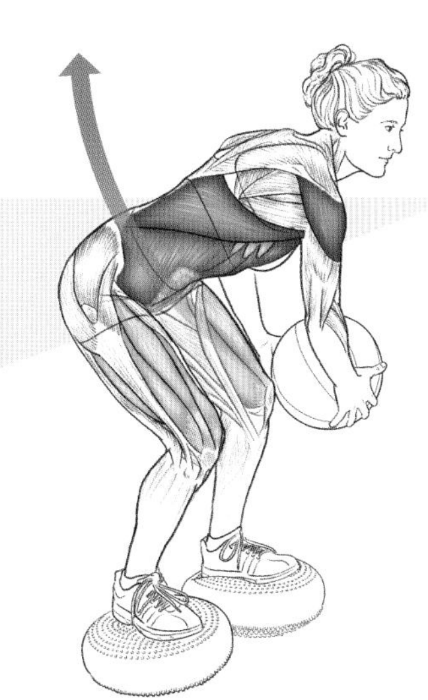

バリエーション

メディシンボール・リバース・ウッドチョッパー

Medicine Ball Reverse Woodchopper

メディシンボールを使って同じエクササイズをすることもできる。プーリー・システムの代わりに、メディシンボールを片側に低く持つ。瞬発力を使って、反対側の肩の上まで斜めにボールを持ち上げる。ボールをスタートからフィニッシュポジションへと移動させる時に、スプリングが解き放たれる様子を想像してみよう。バランスディスクの上に立って難易度を上げてもよい。

クリーン・アンド・プレス

CLEAN AND PRESS

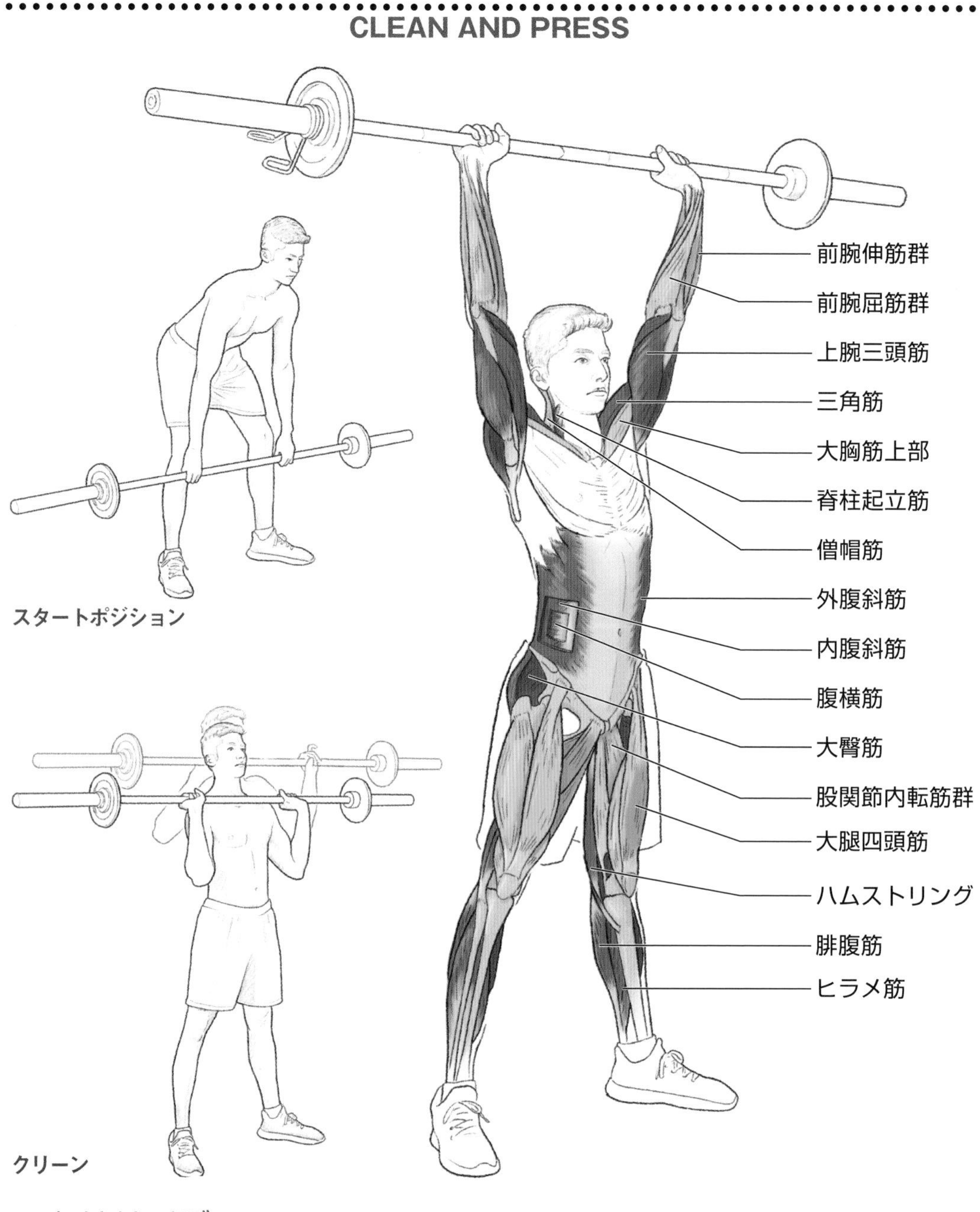

エクササイズ

1. バーに平行に立ち、足を肩幅に広げる。手のひらを下にしてバーベルを握る。バーをすねにあて、背中を真っすぐにし、腕を伸ばす。
2. デッドリフトの動作でバーを垂直に持ち上げる。
3. バーが膝を通過したらすぐさま足首と股関節を伸ばす。この動きは瞬発的に力強く行う。股関節と脚から発するパワーにより、身体に沿わせたバーが上方向に引き上げられるようにする。
4. バーがピークに達したら、バーの下で肘と肩を返す。胸の前でバーを担ぐ。
5. 最後の動作でウエイトを頭上に持ち上げる

安全に行うために

このエクササイズ中に背中を真っすぐに保つことは極めて重要である。始終あごを上げ、フォームを意識しよう。疲れてくると、動作でズルをしたくなる。しかしズルをすれば、不必要なストレスがかかりケガにつながることもある。

動員される筋肉

主動筋：大臀筋、ハムストリング（半腱様筋、半膜様筋、大腿二頭筋）、腓腹筋、ヒラメ筋、三角筋、上腕三頭筋、脊柱起立筋（腸肋筋、最長筋、棘筋）、外腹斜筋、内腹斜筋、腹横筋

補助筋：大腿四頭筋（大腿直筋、外側広筋、内側広筋、中間広筋）、薄筋、股関節内転筋群（短内転筋、長内転筋、大内転筋）、恥骨筋、僧帽筋、大胸筋上部、長掌筋、橈側手根屈筋、尺側手根屈筋、総指伸筋、短橈側手根伸筋、長橈側手根伸筋

サイクリング・フォーカス

渾身の力を込めてこのエクササイズを行おう！ ウォームアップを行い、正しいフォームを心がけたら、あとは思い切りやろう！　瞬発力を発達させることが目的であるが、何度も繰り返し行うことで持久力もついてくる。クリーン・アンド・プレスは、上り坂で対戦相手にアタック（急加速）をかける時に必要なパワーと持久力をつけてくれる。サドルから腰を上げて急加速する時には、ライバルとの間に少し間隔をあけなければならない。これは上り坂で相手が安々と追従することを防ぐためである。一度間隔をあけたら、思い切りペダルを踏んで、相手の猛烈な追い上げをかわそう。

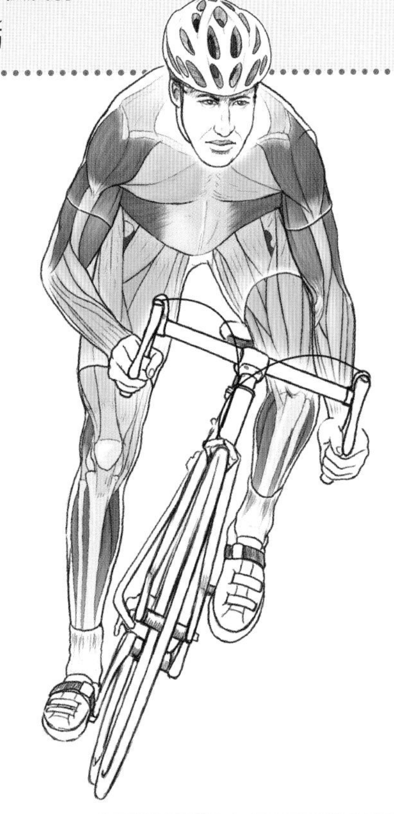

バリエーション

クリーン・アンド・プッシュ・プレス

Clean and Push Press

ほとんど同じエクササイズだが、プレスする間に股関節と脚からのサポートを受ける。バーベルを胸の前に担いだら、軽いスクワットの動きと瞬発的な上方向の動きを入れる。同時に、この勢いを使って頭上で腕を伸展させる。

ケトルベル・スイング

KETTLEBELL SWING

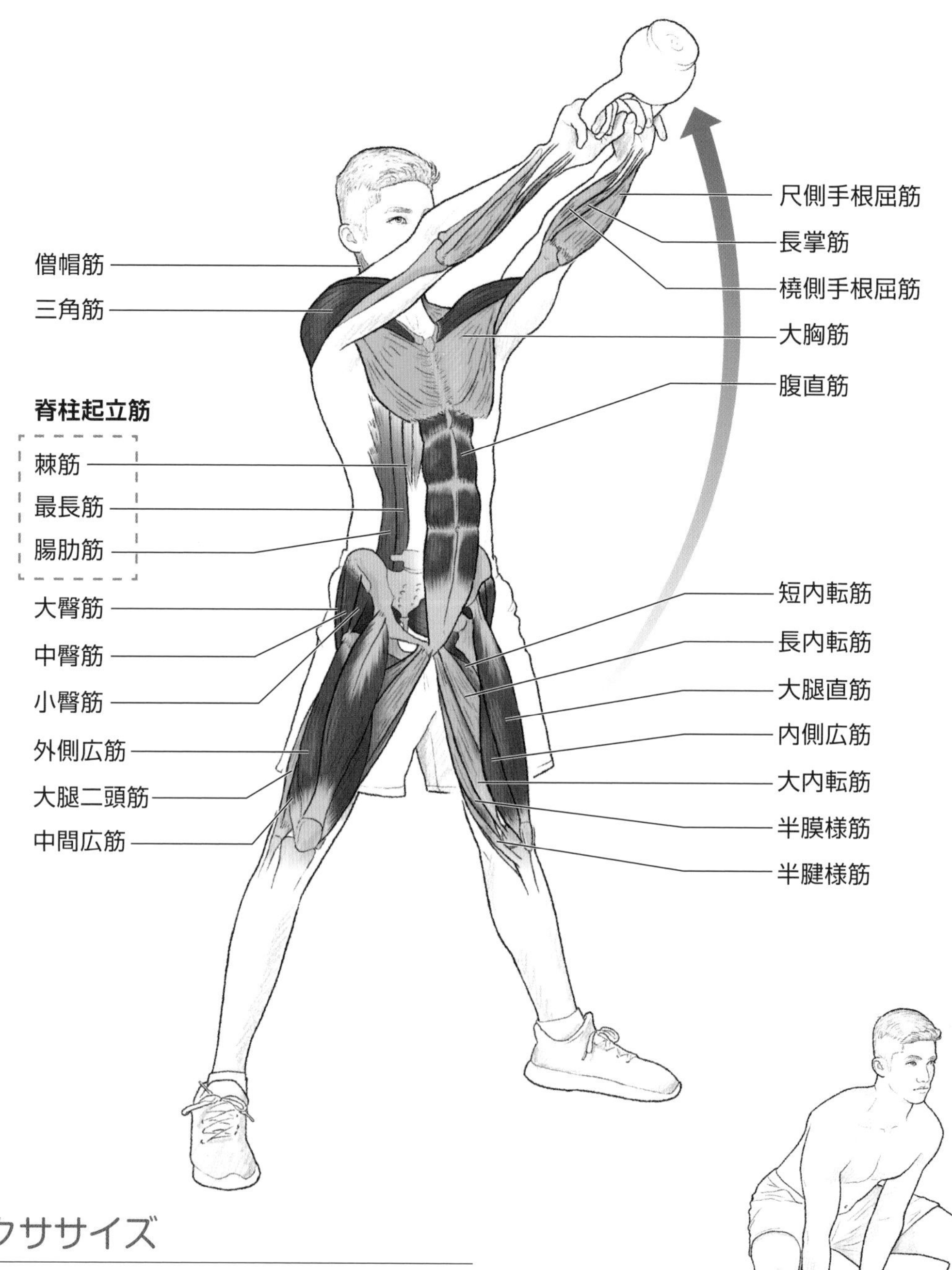

エクササイズ

1. 肩幅よりやや広いスタンスでスクワットポジションをとり、両脚の間に置いたケトルベルを握る。背中は真っすぐにする。
2. 主に下肢を使い、ケトルベルを前方に振り上げながら真っすぐに立ち上がる。この動きの中で股関節を前方に突き出す。
3. 腕を真っすぐにしながら、ケトルベルを肩よりやや高い位置まで上げる。
4. 背中を真っすぐに保ちながら股関節を曲げ、ケトルベルを両脚の間に振り下ろして、さらに後方に持っていく。

スタートポジション

安全に行うために
ケトルベルを振り上げる時に、前傾姿勢になりやすいアスリートが多い。常に背中を真っすぐに保つ。ケトルベルを振り上げる際には、体幹をできるだけ安定させ、垂直に保つ。

動員される筋肉

主動筋：大腿四頭筋（大腿直筋、外側広筋、内側広筋、中間広筋）、大臀筋、中臀筋、小臀筋、脊柱起立筋（腸肋筋、最長筋、棘筋）、三角筋、腹直筋

補助筋：薄筋、股関節内転筋群（短内転筋、長内転筋、大内転筋）、恥骨筋、ハムストリング（半腱様筋、半膜様筋、大腿二頭筋）、僧帽筋、大胸筋、長掌筋、橈側手根屈筋、尺側手根屈筋

サイクリング・フォーカス

レースの最後にゴールを目がけてスプリントする時、できるだけ速く自転車を前に進めるべく最大の力を発揮するため、身体は痛みで悲鳴をあげる。この章に出てくるほかの多くのエクササイズと同様に、ケトルベル・スイングは、疲労時の最大パワー出力に作用する。自転車競技で鍵となるタイミングは、スプリント、登坂走行でのアタック、集団から抜け出す時であり、すべて瞬発力が必要とされる。このエクササイズはそれらに備えたトレーニングを提供する。ジムでは下肢から急加速することを覚えておこう。この力が肩に向かってケトルベルを押し上げる。

バリエーション

シングルアーム・ケトルベル・スイング
Single-Arm Kettlebell Swing

片手だけでケトルベルを持って同じエクササイズを行う。このバリエーションでは軽いケトルベルを使おう。このエクササイズの非対称性が、すべての体幹スタビライザー（安定化筋）を強化する。

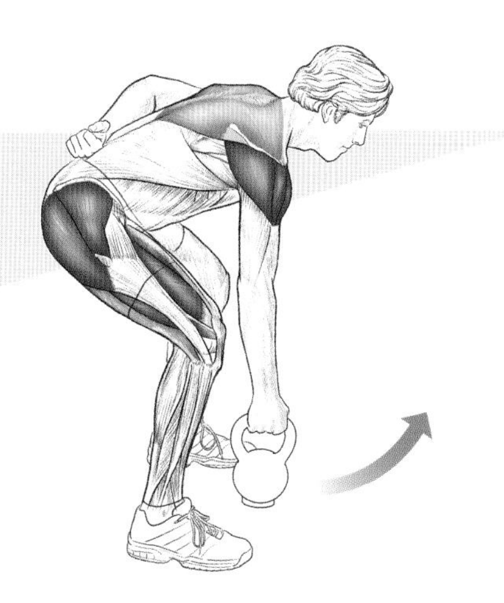

フロア・ワイパー
FLOOR WIPER

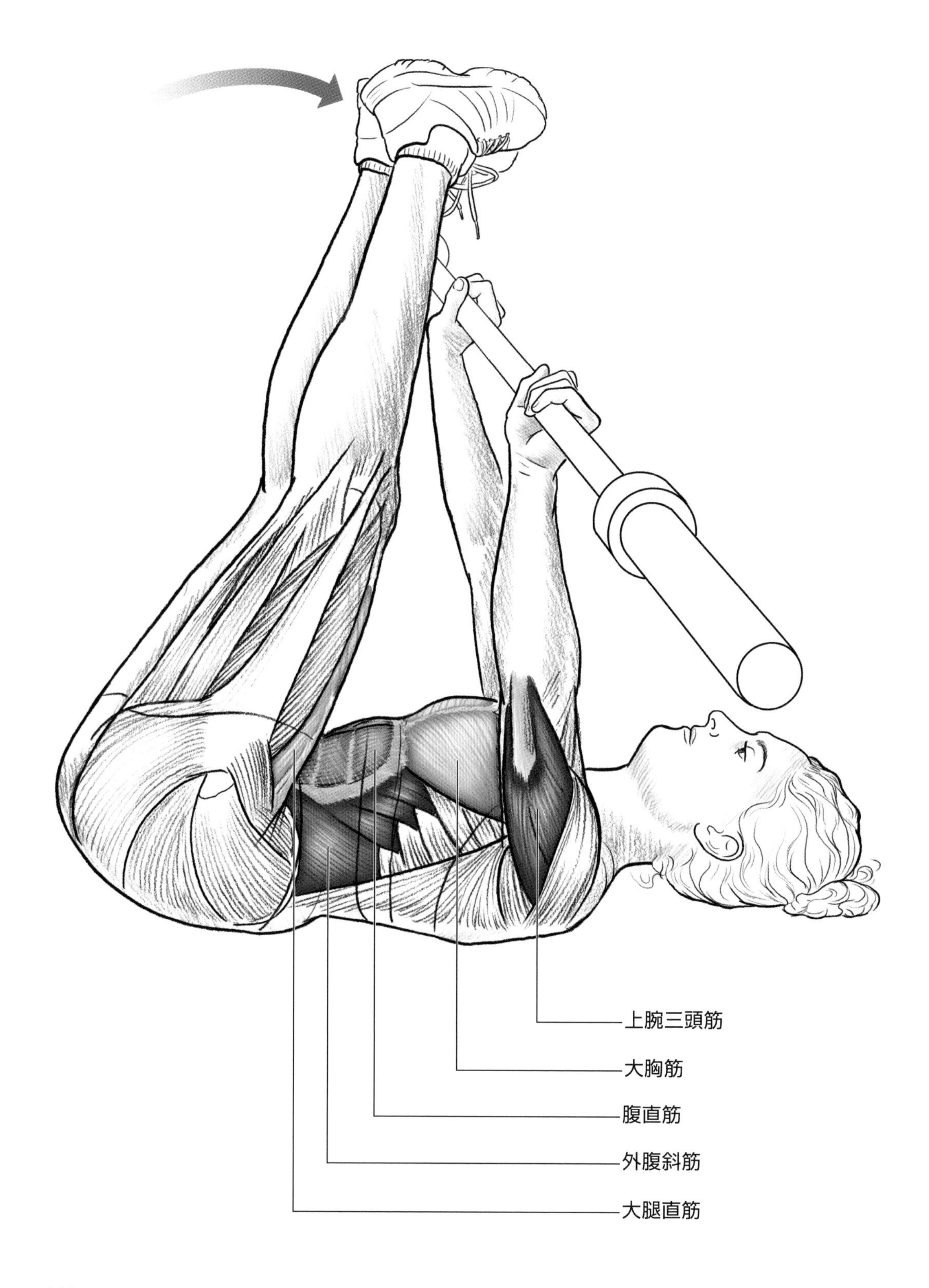

エクササイズ

1. 床に背中を平らにつけて横になる。バーベルを持ち、腕を胸の上で伸ばす。
2. バーベルを動かさずにストレート・レッグ・リフトを行い、両脚をバーベルの一方の端へ寄せる。
3. 脚を床に戻す。
4. 再びストレート・レッグ・リフトを行い、両脚をバーベルのもう一方の端へ寄せる（バーベルは始終動かさない）。

動員される筋肉

主動筋：腹直筋、外腹斜筋、内腹斜筋、腹横筋、上腕三頭筋
補助筋：腸腰筋、恥骨筋、縫工筋、大腿直筋、大胸筋

サイクリング・フォーカス

フロア・ワイパーは基本的なすべての体幹の筋を鍛える。自転車に乗って全力疾走する時、これらの筋がしっかりとした基盤になる。前述の通り、クランクに適切なパワーを供給するには、下肢は身体のほかの部位のサポートを得なければならない。覚悟してこのエクササイズに臨もう。かなりきつい！　フロア・ワイパーは呼吸を制限すると同時に、大小の体幹筋群を鍛える。パワー向上だけでなく、スプリントや急勾配の上りなど、非常にきつい運動における換気（呼吸）能力も高めてくれる。

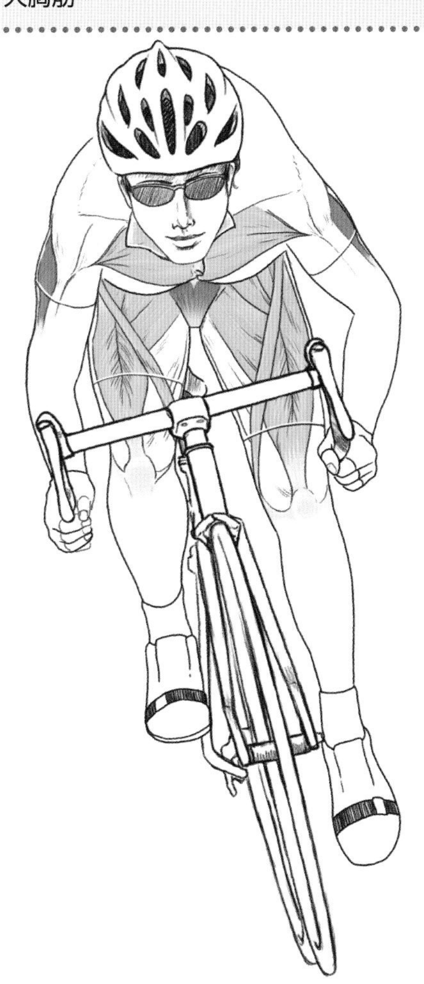

バリエーション

ダンベル・フロア・ワイパー
Dumbbell Floor Wiper

バーベルの代わりに、両手にダンベルを持つこともできる。腕は動かさず、肘を伸ばす。説明にある通り、左右にレッグ・リフトを行う。

アトミック・プッシュアップ
ATOMIC PUSH-UP

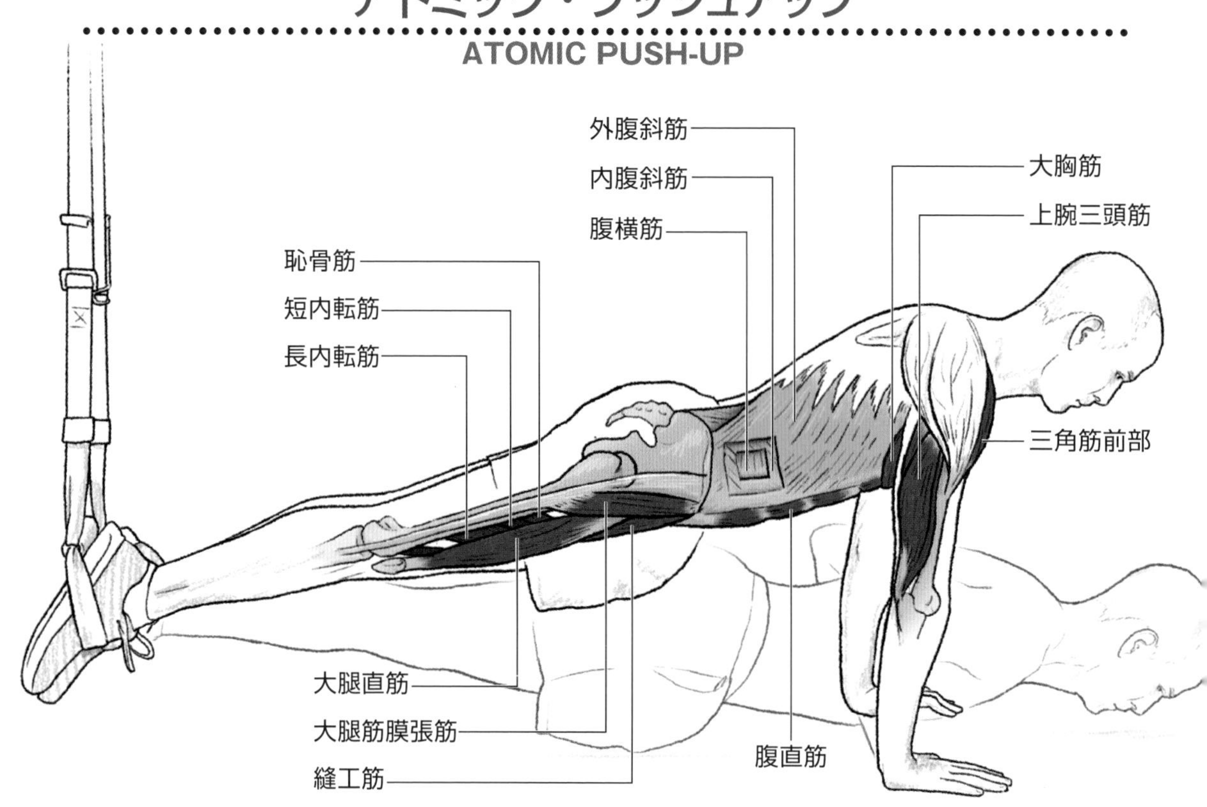

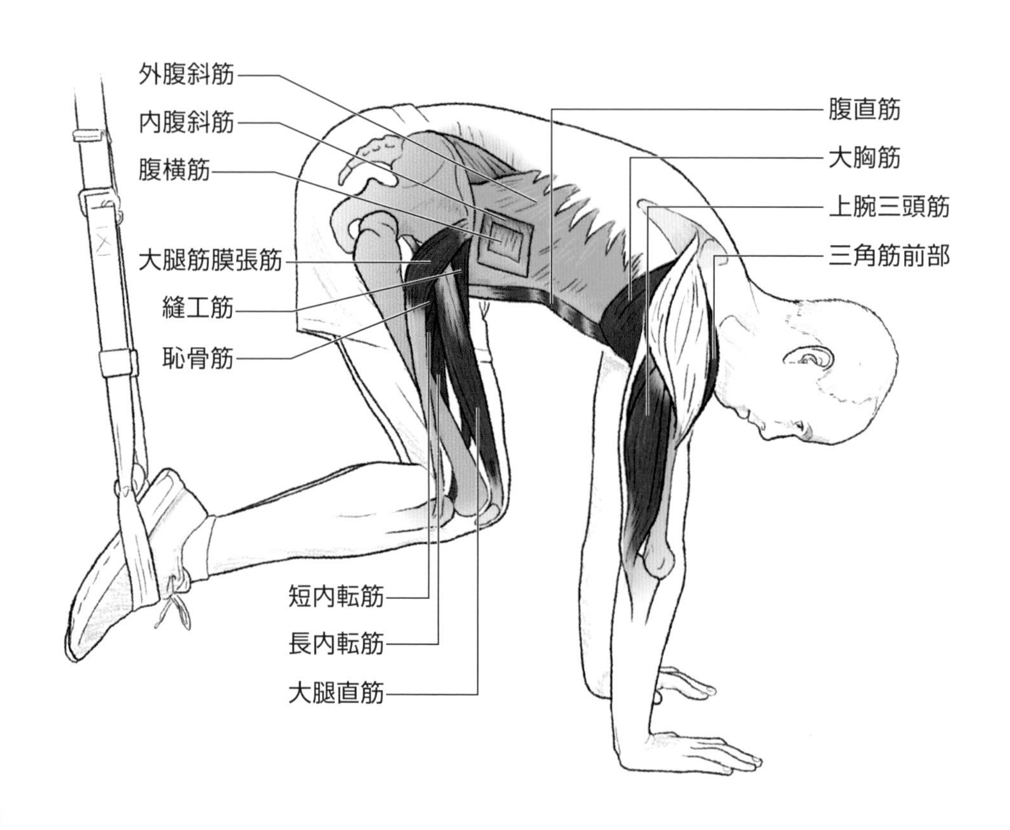

エクササイズ

1. 両脚をサスペンションハンドルにかけて腕立て伏せのポジションをとる。ハンドルは床から8～12インチ（20～30cm）離れている状態。
2. 体幹をしっかりと安定させて腕立て伏せを行う。
3. 腕立て伏せの腕が伸びた状態から、膝を胸の方に引き込んでクランチを行う。腕立て伏せのポジションに戻る。
4. 繰り返す。

動員される筋肉

主動筋：腹直筋（ふくちょくきん）、大胸筋（だいきょうきん）、三角筋前部（さんかくきんぜんぶ）、上腕三頭筋（じょうわんさんとうきん）、縫工筋（ほうこうきん）、腸腰筋（ちょうようきん）、大腿直筋（だいたいちょっきん）、大腿筋膜張筋（だいたいきんまくちょうきん）、恥骨筋（ちこつきん）、短内転筋（たんないてんきん）、長内転筋（ちょうないてんきん）

補助筋：外腹斜筋（がいふくしゃきん）、内腹斜筋（ないふくしゃきん）、腹横筋（ふくおうきん）

サイクリング・フォーカス

最大無気的（無酸素性）作業閾値において、身体は筋に酸素や栄養を送りづらくなる。ペダリング基盤を安定させ、肺による酸素摂取量とCO_2排出を最大化せるため、体幹全体がフル稼働する。ちょうどその頃、登坂ピッチは9%に達する。過酷なロード区間を乗り超えるべく、サドルから腰を上げ、もがき苦しむ。体幹は脚の土台を維持し、肺を最大限に拡張し、収縮させることに必死だ。アトミック・プッシュアップはまさにこの瞬間のためにある。体幹は硬く。脚はパワーを伝達する。ついに頂上に達し、あとは加速して走り去るのみだ！

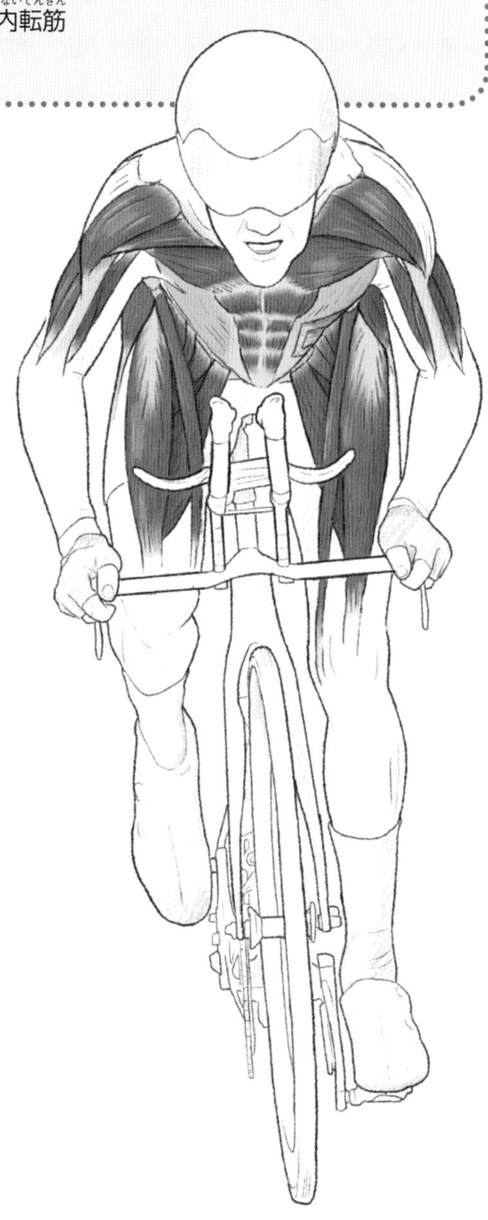

エクササイズ　索引

腕　ARMS（第３章）

肩と首　SHOULDERS AND NECK（第４章）

胸部　CHEST（第５章）

背部　BACK（第６章）

体幹（腹部） CORE（第７章）

脚の部分的強化 LEG ISOLATION（第８章）

脚の複合的パワー強化　LEG COMPLETE POWER（第９章）

自転車競技のための全身トレーニング　WHOLE-BODY TRAINING FOR CYCLING（第10章）

参考文献

Behm, D.G., A.J. Blazevich, A.D. Kay, and M. McHugh. 2016. "Acute Effects of Muscle Stretching on Physical Performance, Range of Motion, and Injury Incidence in Healthy Active Individuals: A Systematic Review." Applied Physiology, Nutrition, and Metabolism, 41 (1) : 1-11.

Fitts, R.H., K.S. McDonald, and J.M. Schluter. 1991. "The Determinants of Skeletal Muscle Force and Power: Their Adaptability With Changes in Activity Pattern." Journal of Biomechanics, 24:111-22.

Scofield, K.L., and S. Hecht. 2012. "Bone Health in Endurance Athletes: Runners, Cyclists, and Swimmers." Current Sports Medicine Reports, 11 (6) : 328-34.

Selye, H. 1950. "Stress and the General Adaptation Syndrome." British Medical Journal, 1 (4667) : 1383-92.

Sovndal, S. 2013. Fitness Cycling. Champaign, IL: Human Kinetics.

Vikmoen, O., S. Ellefsen, Ø. Trøen, I. Hollan, M. Hanestadhaugen, T. Raastad, and B.R. Rønnestad. 2016. "Strength Training Improves Cycling Performance, Fractional Utilization of $\dot{V}O_2max$, and Cycling Economy in Female Cyclists." Scandinavian Journal of Medicine and Science in Sports, 26 (4) : 384-96.

Yamamoto, L.M., J.F. Klau, D.J. Casa, W.J. Kraemer, L.E. Armstrong, and C.M. Maresh. 2010. "The Effects of Resistance Training on Road Cycling Performance Among Highly Trained Cyclists: A Systematic Review." Journal of Strength and Conditioning Research, 24 (2) : 560-66.

著者紹介

© Shannon Sovndal

シャノン・ソヴンダル（Shannon Sovndal）は、American College of Emergency Physicians（ACEP）認定の救急医である。ニューヨーク州のコロンビア大学医学部にて学び、カリフォルニア州スタンフォード大学で医学実習を修了した。

彼のエリート自転車競技とのつながりは深い。ガーミン／シャープ・プロフェッショナル・サイクリング・チームのチームドクターを7年間務め、欧州、米国の主要なレースのほぼすべてに帯同した。また、自転車関連の書籍（『サイクリング解剖学』『Fitness Cycling』）の著者でもある。2005年にThrive HFM（Health- Fitness-Medicine）を創設。Thrive HFMは、パーソナルでインタラクティブなスポーツトレーニングや健やかなライフ・マネジメントを提供するエリートレベルのトレーニングビジネスである。

ソヴンダルはEMS（emergency medical service）、消防サービス、タクティカルメディカルなどを含む病院前医療ケアについても広く活動している。現在は、Med Evac[medical evacuation](Rotor Wing Service)や、コロラド州の複数の消防署のメディカル・ディレクターを務める。同時に州公認の消防士でもあり、デンバーFBIタクティカル・チームにケアを施している。Association of Air Medical Services (AAMS)のディレクター委員会にも尽力、Rocky Mountain Tactical Team Association (RMTTA)のメディカル・ディレクターでもある。

ソヴンダルはコロラド州に妻のステファニーと4人の子供たち（ソレン、セロン、サヴィア、エリアス）とともに住んでいる。

監訳者紹介
田畑昭秀（たばた・あきひで）
Japan Cycling Team HPD（High Performance Division）代表。順天堂大学大学院体育学研究科修了。日本オリンピック委員会強化スタッフ（医・科学）としてアテネ・北京オリンピックを、HPDパフォーマンスアナリストとして東京オリンピックに向けたナショナルチームのトレーニング、国際大会をサポート。公益財団法人JKA、日本自転車競技連盟HPCJCにも所属。

翻訳者紹介
柴 みちる（しば・みちる）
ToTo World Entertainment代表。通訳者。ニューヨーク市立大学バルーク校ビジネスコース修了。時事通信ニューヨーク総局に勤務。帰国後、日本自転車競技連盟強化スタッフ、HPCJC（High Performance Center of Japan Cycling）の通訳となる。中距離トラックナショナルチームのニュージーランド人監督専属通訳として強化合宿、ワールドカップ、世界選手権に帯同。

増田恵美子（ますだ・えみこ）
通訳者・翻訳者。日本自転車競技連盟 強化スタッフ（2001～2005年）、ナショナルチームのオーストラリア人監督専属通訳として強化合宿、ワールドカップ、世界選手権、アテネ・オリンピックに帯同。2006年から自転車専門の映像制作会社のコーディネーターとして国際大会を多数取材。訳書に『災害救助犬トレーニングマニュアル』（ペットライフ社刊）。

サイクリング解剖学（かいぼうがく） 第2版（だいはん）

2011年6月30日　第1版第1刷発行
2021年1月20日　第2版第1刷発行

著　　者　シャノン・ソヴンダル
監 訳 者　田畑昭秀
訳　　者　柴 みちる・増田恵美子
発 行 人　池田哲雄
発 行 所　株式会社ベースボール・マガジン社
〒103-8482
東京都中央区日本橋浜町2-61-9 TIE浜町ビル
電話　03-5643-3930（販売部）
電話　03-5643-3885（出版部）
振替口座　00180-6-46620
https://www.bbm-japan.com/

印刷・製本　共同印刷株式会社
デザイン　岡本いずみ

ISBN978-4-583-11323-4　C2075